大洗牌

汽车行业的生死变局

第一财经——主编
唐柳杨　武子晔　魏文　肖逸思——著

中国出版集团　東方出版中心

序：轻“车”已过万重山

用这个标题其实有着多重含义。

第一重是中国汽车行业自身，在最近十年间所发生的巨变，可谓“两岸猿声啼不住，轻舟已过万重山”。汽车行业是工业文明的代表，也是一个国家整体科技和装备技术力量的体现，更是一个拉动性极强的产值十万亿级别的产业。正是这样一个巨无霸产业，这些年来所发生的巨变可以说是革命性的——如果时光倒流十年，我相信也没有人能够预料到今天这样的局面：新能源和智能网联汽车极速崛起，中国自有品牌占据了巨大的领先身位，甚至在全球市场也不遑多让。

让我们来看一组数据：2023 年前三季度，中国新能源乘用车销量总和为 416.1 万辆，占整个乘用车市场 27.3%的份额；前三季度自主品牌新能源乘用车在国内新能源车市场销售占比达到 80.2%；还值得关注的是全球新能源汽车市场占比情况，据中国乘联会数据，2023 年前三季度全球新能源乘用车销量 984 万台，同比增长 42%，其中中国车企新能源车占世界新能源车比重为 42.3%，如把特斯拉等外资车企在中国生产的新能源乘用车计算在内，占比为 61%。

其实在全球市场，沧海桑田的故事也同样在发生。2008 年年底，恰逢美国次贷危机之时，特斯拉濒临破产，公司和马斯克的现金储备不够支付下个月的工资，美国所有主流车企都已经放弃电动汽车，谁能够预想到今天这样的局面。

在我看来，在中国市场发生的这场革命是中国汽车行业第三次革命。第一次应该是在20世纪50年代，1956年7月14日，中国人自己制造的第一辆汽车——“解放”牌载货汽车从长春一汽总装线上盛装下线，中国汽车工业从此起步。第二次革命则是以20世纪80年代的桑塔纳轿车为代表，一批外资巨头进入中国市场，中国人以乘用车为主战场，以资金和技术换取市场，开启了中国汽车市场又一次深刻的变革，汽车进入普及化时代。

但是相比于前两次革命，第三次以电动化、智能化为特征的汽车工业革命，其推进速度之快，以及对传统市场格局冲击力度之大，特别是自有品牌的快速崛起，都是颠覆性的，大大出乎业内的预料。

对于媒体而言，这种颠覆性的大变局也需要快速地去适应。这也是“轻车已过万重山”这个标题的第二重含义。我很清楚地记得，大概是四五年前，我要求汽车报道团队必须转向，不仅要关注新能源，还要向IT报道团队学习智能网联知识，但是在燃油车领域长袖善舞的记者们还是颇为犹豫，好在共识在半年左右时间较快形成。

第一财经的汽车采编团队从最开始的被动适应，通过快速学习，勤于思考，深入一线，笔耕不辍，短短三四年间已经形成了报道的引领优势，创作了一大批极具深度而又生动的作品，从市场、技术、管理、人员等非常全面的维度，不仅深度解剖了近年来中国汽车行业的裂变，也为行业的未来发展提供了诸多有益的思考。尤其是“湮灭与新生”这个栏目迅速奠定了一财汽车报道的业内影响力，团队并不只是关注行业新动态、新技术、新势力、新车型，而且把更多目光投入到车企在理念、制度、文化、流程、生产模式、人才这些影响汽车行业深层次竞争格局的领域，角度新颖，分析专业，细节生动。一大批优秀稿件不仅让圈外人士基本理解弄清了行业正在发生的巨变，更关键的是赢得了汽车行业内部人士的击节赞赏，引发了业内很多的积极反馈和思考。这种报道视角和专业写作，其实也是本书的最大价值。

这些文章能够结集出版，也是因为我最初的倡议。第一财经向来提倡专业性，尤其是在网络不良信息泛滥的今天，主流媒体更应该以责任心和专业性，为受众提供有价值的新闻产品。以集纳一财记者每年宏观和各行业观察分析稿件为主的《商业·洞察》系列丛书已经连续出版了五年，但是能够结合时代和产业巨变，分行业把一财记者优秀的深度报道作品集纳成册，服务到行业和各方读者的想法，我也是愈发强烈。这是专业媒体价值的直接体现，感谢优秀的采编团队，感谢支持本书出版的各界朋友，相信本书对于关注汽车行业深刻变革的读者们一定大有裨益。

第一财经总编辑　杨宇东

2023 年 11 月 4 日

第一章

凛冬已至

第 1 节

广菲克二次败退中国

“不是所有吉普都叫 Jeep”，走进上海某广菲克 4S 店，这句名噪一时的广告语依然张贴在展厅内部。这句广告语是王石、冯小刚等名人共同为 Jeep 中国拍摄的系列短片的关键语。

这句广告语见证了一个新时代的开启。2014 年，菲亚特收购克莱斯勒，组建 FCA（菲克集团）。菲亚特在中国的合资公司广汽菲亚特顺势导入克莱斯勒，改建为广汽菲亚特克莱斯勒汽车有限公司（下称“广菲克”）。

2014 年，克莱斯勒旗下 Jeep 品牌仅凭进口车就在中国获得了 8.8 万辆的销量，同比增幅接近 50%。Jeep 国产，似乎为广菲克和 FCA 亚洲业务的前景展开了美好的画卷。

但现实往往不如想象中美好。在 2017 年销量达到顶峰后，2018、2019 和 2020 年，广菲克销量连续 3 年断崖式下跌，2020 年前九月仅售出 2.78 万辆，约为巅峰时期的五分之一。在销量下跌过程中，广菲克产能大面积闲置，企业出现经营亏损，并爆发数十家经销商维权事件。2020 年 10 月，广菲克再度因拖欠供应商款项成为网络热门事件。

接近 FCA 的人士李明（化名）告诉记者，FCA 已经单方面提出从广菲克撤资，但尚不明确这一计划的进展情况。值得注意的是，如果 FCA 从广菲克撤资，这将是菲亚特和克莱斯勒两家公司第二次在中国“败走麦城”。

最高年销量 20 万辆

克莱斯勒在中国的发展史可以追溯到 20 世纪 80 年代，处于鼎盛期的克莱斯勒收购了生产 Jeep 品牌的美国汽车公司 AMC，从而获得了 AMC 在北京吉普的股权。这一投资让克莱斯勒成为 20 世纪 90 年代中国市场上最火爆的跨国汽车公司之一，北京吉普产销两旺，中国用户早期对于 SUV 的认知大都来自北京吉普，以至于许多上年纪的中国用户管 SUV 统称“吉普车”。

克莱斯勒在中国的好日子，随着戴姆勒集团与克莱斯勒的合并而告终。在时任戴姆勒-克莱斯勒集团董事长的于尔根·施伦普的全球蓝图中，每个大洲都应该有业务核心，美洲的业务核心是克莱斯勒，亚洲的业务核心则是集团旗下的日本三菱。

施伦普的规划限制了克莱斯勒在华壮大，几年产品空窗期后，克莱斯勒在华业务日渐势衰。2007 年，戴姆勒与克莱斯勒“分手”，次年，北汽与克莱斯勒也分道扬镳。这是克莱斯勒第一次“败走麦城”。

2007 年之后，克莱斯勒主要通过代工或进口方式在中国销售旗下产品，随着 2009 年 Jeep 品牌的导入，克莱斯勒迎来中国市场第二个“小阳春”。

2014 年，菲亚特收购克莱斯勒，随后将克莱斯勒导入与广汽的合资公司广汽菲亚特，从而成立广菲克。

2015 年，Jeep 国产车型投产后，广菲克年销量持续攀升。2017 年，广菲克销量达到 20 万辆。与此同时，由于销量低迷，广菲克旗下的菲亚特早在 2018 年就实质性停止运营，广菲克实际上只生产和销售 Jeep 旗下的 4 款国产车。

尽管只有 Jeep 品牌支撑，但 FCA 对中国市场的态度依旧很乐观。

2017 年，FCA 发布消息称，至 2022 年，该集团计划将其在华的销量从目前的 20 万辆提升到 85 万辆。如今时间过半，目标则渐行渐远。

据乘联会数据，广菲克 2017—2019 年三年销量分别为 20.5 万辆、12.5 万辆和 7.39 万辆，2020 年前九个月则进一步下滑至 2.78 万辆。销量连续暴跌引发渠道、供应商等一系列问题，根据广汽集团 2020 年上半年财务数据，截至 6 月 30 日，广菲克净资产仅为 1 678.5 万元。

2020 年 3 月，广汽集团发布公告称，股东双方将分别为广菲克提供 5 亿元委托贷款，以补充广菲克的现金流。接近广菲克高层的人士称，广汽集团的 5 亿元已经到账，但 FCA 的 5 亿元还没有到位。

与此同时，李明透露 FCA 已经提出从广菲克撤资。根据广汽集团此前财报，李明认为广菲克有可能资不抵债。

经销商维权

“想要讲清楚广菲克的来龙去脉，郑杰是一个绕不开的人物。”李明对第一财经记者表示。

与北汽分道扬镳后，克莱斯勒另起炉灶，独自在中国展开进口车销售业务。2010 年 10 月，郑杰升任克莱斯勒（中国）汽车销售有限公司总裁兼总经理，全面负责克莱斯勒在中国内地所有营销运营工作。

在郑杰领导的 Jeep 中国推动下，Jeep 在华销量节节攀升，2014 年达到 8.8 万辆，同比增幅近 50%。2015 年，克莱斯勒导入广菲克后，并没有如同广汽丰田、广汽本田成为一家产销一体化的合资公司，而是生产与销售并列，广菲克主导生产制造，广菲克销售公司主导销售。

广菲克销售公司虽然效仿一般的合资公司实施“双头制”，但核心业务均由外方掌控。据广菲克发布的信息，2015 年郑杰出任广菲克销售公司总裁，分管销售管理、市场营销、售后服务、渠道拓展等业务。来自广汽集团的高管陈道宏则分管人事、行政、法务、采购等支持部门。

2017 年，广菲克销量达到 20 万辆，郑杰也因业绩出色被提拔为 FCA 集团执委，同时被任命为 FCA 中国区首席运营官，全面负责 FCA 集团在中国的业务。

广菲克销售公司一名离职管理层人士张山（化名）对第一财经记者表示，为了追求销售业绩表现，广菲克销售公司经常以高库存为手段，在销量最高的 2017 年，其 20.5 万辆批售数字中有约 6 万辆是库存。

“更加可怕的是到了 2018 年，广菲克销售公司并没有减库存，而是继续为了业绩加大库存，这直接导致了数十家经销商集体维权。”张山说。

曾参与 2018 年维权的一名经销商告诉记者，当年大部分经销商库存系数在 3—5 不等，部分经销商库存系数超过 6。库存系数 = 月底库存数量÷上月销售数量，行业内通常认为 1—1.2 为较为合理的库存系数，即仓库内留有足够 1 个月销售的车辆辆次。库存系数为 6，意味着经销商库存车辆足够销售半年。

2019 年 4 月，FCA 宣布郑杰被免职。2019 年 5 月，广汽集团与 FCA 联合宣布，自 2019 年 5 月 1 日起，广菲克和广菲克销售公司的运营机制进行调整，调整内容为广汽集团与菲克集团两家公司将整合为“一体化合资公司”，由股东双方各派一名高管分别担任“一体化合资公司”的总裁和执行副总裁；同时整合两公司的职能部门。

FCA 和广汽集团表示，此举将有助于实现产销融合，建立更加高效的团队，以应对中国市场环境的变化和快速响应广大客户的需求。

“这次合并实际上体现出广汽集团加强对广菲克控制的考量。”李明表示，名义上广菲克和广菲克销售公司是平等合并，但实际上是以制造公司的制度去覆盖营销公司的制度和流程，产销一体化方面有进步，但是更多的问题没有解决。

2020 年 3 月份，广菲克内部传出销售公司将搬迁至长沙，实际并未执行，但其带来的人心动荡，导致大量人员流失。广菲克内外交困加剧。

记者走访广菲克国内经销商时，多家经销商向记者表示，广菲克全国400多家门店中，超过一半是在网不进车的“僵尸店”，约80%的经销商处于亏损状态。根据乘联会数据，广菲克2020年前九个月销量为2.78万辆，平均每家经销商月均销量为15辆。

上海某合资品牌4S店总经理向记者表示，以上海的租金、人力成本等综合计算，4S店的盈亏平衡点至少要满足“月销100辆车”；即便是二线城市，月销50辆车、售后产值超过100万才能实现盈亏平衡。

全球化与本土化冲突

“我很想问问FCA总部，FCA和Jeep品牌在中国的原动力，究竟是在上海红宝石路（FCA亚太办公地所在），还是在湖南长沙（广菲克合资公司总部所在地）?”张山对第一财经记者这样说。

张山表示，50∶50合资公司是中国市场特殊产物，但从大众、丰田、本田、奔驰等外企经验来看，只有以合资公司为唯一利益主体去拓展业务，才能稳健发展和壮大。他认为，FCA在全球化和本土化当中没有清晰的解决办法，只能押宝于某一个强势的职业经理人。

“FCA从来没有把广菲克当作中国业务的唯一支点，只是把广菲克当作生产公司，把中国市场当作收割利润的阵地，没有长期耕耘的战略。”张山说，他认为菲亚特两度败走中国是FCA在中国缺乏长远战略的一个明证。

1999年，菲亚特和南京汽车合资成立南京菲亚特汽车有限公司（下称“南京菲亚特”）。2007年，因销量低迷，南京菲亚特宣告破产。从1999年成立到2007年宣告破产，南京菲亚特累计生产3款车型，分别是派力奥、西耶那和周末风，累计销量仅为16万辆。

2010 年，菲亚特重返中国，与广汽集团合资成立广汽菲亚特汽车有限公司。2012 年，广汽菲亚特首款国产车型菲翔投产。2014 年，广汽菲亚特推出第二款国产车型致悦，同年菲亚特品牌销量达到来华后顶峰 6.8 万辆，此后便进入连续下坡阶段。

2015 年，广菲克旗下菲亚特品牌销量下跌至 3.2 万辆，2016 年 7 618 辆，2017 年 2 273 辆，2018 年仅有部分月份维持生产，多数月份产量低于 100 辆。此后广菲克不再推出菲亚特品牌的新车型，其经销商渠道也和克莱斯勒合并。菲亚特实质上停止在中国的运营。

上海某外企高管提出，广菲克产销两张皮背后所体现的中国业务垂直一体化和全球业务水平化之间的矛盾冲突，也体现在长安福特、奇瑞捷豹路虎等合资公司上。从多家公司的案例可以看出，产销一体化更适合中国。

奔驰就是很好的一个案例。2000 年初期，奔驰在中国曾出现过戴姆勒亚太、利星行和北京奔驰博弈的情况，销量规模大幅落后于宝马和奥迪。2004 年奔驰终结内耗，确立了北汽奔驰为利益一致的主体。此后随着新产品周期到来，奔驰在华业务一路上扬，奠定 BBA 豪车市场格局。

李明也提出相似的观点，他认为 FCA 缺乏在中国的长远战略和系统设计，品牌定位不准确，在管理模式上，FCA 更强调总部直控，没有充分重视中国市场的特殊性。虽然广菲克和广菲克销售公司合并，但一些关键职能仍由 FCA 亚太把控。

“广菲克的产品研发体制是落后的，但落后的根源在于 FCA 亚太。”李明说，广菲克的商品策划由 FCA 亚太总控，但 FCA 亚太负责商品企业的项目总监的汇报线是 Jeep 底特律总部，且无须向销量结果负责。

“Jeep 北美销量占比太高，决策权在北美，中国公司又没有能力做改造，中国需求无法被准确传递到北美，形成决策，导致产品和市场需求的差异很大，这也是到后来销量不好的原因之一。”李明说。

合并的阴影

10 月 27 日，标致雪铁龙（PSA）董事会和 FCA 董事会各自签署了适用于该合并项目的跨境合并条款，从而使合并项目又向前迈出了一步。外媒报道称，PSA 和 FCA 高达 380 亿美元的合并案即将获得欧盟批准，取决于合并协议中规定的惯例成交条件，预计本合并项目将于 2021 年第一季度内完成。

不过这桩催生全球第四大汽车集团的合并案，并没有获得太多中国员工的祝福，反而引发了大量的担忧。

“PSA 在中国的产能有 80 万辆，FCA 两个工厂近 40 万辆，累计产能 120 万辆，但（2020 年前三季度）销量加起来还不到 10 万辆，这么庞大的产能如何消化?”PSA 在华某公司管理层王武（化名）对记者说道。

他同时担忧的还包括潜在的裁员可能。FCA 和 PSA 合并之后，PSA 亚太与 FCA 亚太如何整合，中国市场的品牌隔绝如何重新规划。

PSA 法国巴黎总部一位人士向第一财经记者表示，PSA 全球总裁，同时也将出任合并之后新公司总裁的卡洛斯·塔瓦雷斯以成本杀手著称，在公司内部被称为“铁腕的财务主义者”和“总是带着微笑面容的成本杀手”。

2014 年塔瓦雷斯出任 PSA 总裁后，通过大幅削减产品线、大规模减员、关闭工厂和出售资产，将 PSA 从濒临破产的死亡线上拽了回来。

在产品和技术方面，塔瓦雷斯的策略是技术和平台同质化，通过外观设计实现客户差异化，但带来的后果是品牌产品除了 LOGO 和设计，其他部分区别不大，神龙汽车双品牌正是由于缺乏本质性的区别，长期存在双品牌内耗的情况。

上述人士透露，FCA 和 PSA 合并后，技术和平台同质化的策略还将进一步推行，Jeep 品牌下一代的自由侠将在标致 2008 平台上开发。

“菲亚特和标致雪铁龙的定位本就很重叠，主流的乘用车市场没有办法容纳那么多乘用车品牌，合并之后品牌战略如何规划？保留哪些？关闭哪些？广菲克和神龙究竟保哪一个？”他说道。

FCA 在华某公司管理层人士提出，在全球汽车市场收缩、传统工业向智能电动汽车转型的大背景下，FCA 为了降低成本，提高单品利润率，人为地延长产品开发周期，在相当长一段时间拿老产品和对手的新产品竞争，“省下来的钱用来派发红利，顺利完成合并”，这将会使得 FCA 在下一个产品周期产品竞争力降低。

2016—2020 年来，多家合资公司在中国出现销量断崖式下跌的情况，包括 PSA、FCA、福特等，它们之间是否存在共性？

李明认为，上述公司的外方母公司通常缺乏软体输出能力，技术、管理难以在非母国生根，带出一个同样价值观的团队，普遍缺乏全球化的能力；同时它们大都处于全球战略收缩的周期，在中国的战略也趋于保守，以快速投资和回本为目标，而不是长远耕作；最后是本土适应化能力远不如通用、丰田等公司。

“没有全球化的管理能力，缺乏系统资源，崇尚个人英雄。产品周期好的时候，能够随大流一起增长。当市场不好的时候，为了达成短期目标不惜伤害经销商和客户，没有保持水土的能力。”李明说。

第 2 节

夏利陨落，无人接盘

经历了连续多年亏损、数次自救无果后，曾经属于一代人记忆的夏利汽车，彻底挥别历史舞台。

2020 年 10 月 16 日，第一财经记者在现场看到，天津一汽夏利股份有限公司（下称“一汽夏利”）工厂已经停止了作业，公司园区内不见物流车辆和工作人员，萧条而沉寂。而设在一汽夏利公司场地内的天津博郡汽车有限公司（下称“博郡汽车”）也已人去楼空，场内也没有任何关于博郡汽车的标识。

2020 年 9 月中旬，一汽夏利连发 15 份重组公告，主要内容为重大资产出售、发行股份、购买资产、募集配套资金、关联交易等。如果交易顺利完成，一汽夏利将剥离所有汽车整车业务，一汽夏利从此将成为历史。

天眼查信息显示，一汽夏利仅剩的汽车资产，天津博郡重组失败遗留下来的整车生产资质、汽车厂房和制造设备，已经剥离给了下属的天津一汽夏利运营管理有限责任公司（下称“夏利运营”）。

一汽夏利高层李杨（化名）对第一财经记者表示，公司正在寻找“接盘侠”。“天津方面还是想把生产资质留在当地，主管部门也在开会商议，但前面有博郡、拜腾失败的例子，目前来看也很难找到接盘方。”李杨说。

一汽夏利的困局，是中国一批地方国有汽车公司的缩影。自 2019 年中国汽车行业洗牌加速，国内已有多家公司破产或濒于死亡边缘，一汽夏利、湖南长丰汽车、一汽海马、华晨汽车等均是此类企业的代表。

以夏利汽车为例，它曾是中国家庭轿车的开创者和启蒙者，“上海滩头红夏利，长安街前黄大发”的车市谚语正是一汽夏利曾经辉煌业绩的写照。湖南长丰猎豹、长丰三菱、一汽海马、华晨汽车等公司也都曾有过高光表现，2003—2008年，一汽海马生产的福美来曾和上汽通用凯越、北京现代伊兰特并称“车市新三样”，华晨骏捷也曾是自主轿车领域的畅销车型。

但是它们中的多数都没能维持住良好发展势头，在市场下滑甚至市场下滑来临之前，便出现经营困境。它们的没落背后有何共性？为何同为地方国企，广汽集团等公司能够走出一条“康庄大道”？

混改梦碎

一汽夏利厂区内有几个黑白双色外墙的车间，在一片陈旧的建筑中格外显眼，它们是划入天津博郡的工厂资产。

天津博郡曾是一汽夏利整车业务的“最后一搏”。自2015年起，在连续亏损所带来的资金压力下，一汽夏利不断出售汽车资产以缓解资金压力，先后出售内燃机制造分公司、变速器分公司、产品开发中心以及汽车研究中心。此外一汽夏利还将持有的一汽丰田15%的股份以25.6亿元和29.23亿元的价格两次转让给一汽股份。

2019年10月，为获取生产资质，博郡汽车与连年亏损的一汽夏利成立合资公司天津博郡。其中，一汽夏利方面以整车相关土地、厂房、设备等资产及负债出资；博郡汽车则以现金出资20.34亿元，成为多数股东。天津博郡同时接收了800多名来自原一汽夏利的员工。

“当时我们内部叫二次创业，一汽夏利总经理田聪明带队，加上800多名核心人员，最新的工厂、设备、生产资质全都划过去了。”一汽夏利老员工张军（化名）回忆道。

然而，合资公司成立后，博郡汽车并未履行义务。一汽夏利在其公告中称，截至 2020 年 1 月 12 日，博郡仅向合资公司支付 1 400 万元，剩余注资并未到账。

2020 年 8 月，天津博郡内部清算计划被曝光。多名博郡汽车员工向第一财经记者证实，该公司已经欠薪超过半年，天津博郡自公司成立以来并未有过实质性生产。李杨告诉记者，天津博郡已进入清算阶段，800 多名员工已买断清退，而一汽夏利也只剩下 100 多名员工。

李杨透露，博郡汽车创始人黄希鸣曾希望通过天津、南京市获得资金帮扶，虽然天津市主管部门同意，但当地的产业基金公司并不支持。

“当时南京方面已经同意投入 15 亿元，但因为江苏省造车新势力接二连三地‘暴雷’，提出要由另一家公司领投。如果天津能够支持，南京也会跟进，一些社会资本也会跟着进来，总体上能够融到 30 亿元左右，天津博郡也就能够启动了。”李杨表示。

但现实中没有“如果”。2020 年 9 月份，一汽夏利重组方案正式明确，主要包括一汽股份无偿转让持有的一汽夏利股份、重大资产出售、发行股份购买资产以及募集配套资金四个部分。一汽夏利拟将名下所有资产和负债以 1 元的作价卖给一汽股份。

交易完成后，一汽夏利的主营业务将从汽车整车制造、销售，变更为以面向轨道交通产业为主的物资供应链管理，以及轨道运维技术服务和铁路建设等工程物资生产制造及集成服务业务。

“夏利，曾经国民家轿的一哥、车坛常青树，陨落在壮年。”李杨感慨道。

夏利陨落

20 世纪 90 年代初，夏利轿车每辆售价高达 10 万元，一度成为财富和地位的象征。

夏利前身是天津市微型汽车厂，1997 年改制成立天津汽车夏利股份有限公司，并于 1999 年在深交所挂牌上市。2002 年，一汽集团重组天津汽车集团公司之后，夏利并入一汽集团自主事业板块。

李杨告诉记者，2000 年以前，市场属于政府主导型，在这种经济体系下、社会转型过程中，夏利是典型的受益者。20 世纪八九十年代，中国汽车市场还以政府、企业、出租行业用车为主，如今售价仅需六七万元的桑塔纳，当时高达 30 万元左右。夏利以其相对较低的价格，皮实、耐用、省油的特性，受到出租行业和部分用户的青睐。

2000 年后，中国汽车开始从富人的生活进入寻常百姓家，中国汽车市场迎来转折点，奇瑞、吉利等企业开始出现。中国车市的高增长红利一直从 2000 年延续到 2017 年，但是在 2008 年时，一汽夏利就出现了转折点。

“当时夏利的销量是上涨的，但市场份额在降低。”李杨说，当时风险已经出现，此后一汽夏利年销量最高达到 25 万辆，纵向比实现了销量增长，但在同行业里增速大幅落后。

2012 年开始，一汽夏利扣非净利润开始为负。在此后的八年间（2012—2019 年），一汽夏利不断亏损，由于 2013 年、2014 年连续两年出现亏损，曾被深交所实施退市风险警示变为“＊ST 夏利”。之后几年，随着市场竞争加剧，变卖资产成为一汽夏利缓解资金压力的主要手段。

2015 年，一汽夏利将产品开发中心整体资产、动力总成制造部分相关资产转让给一汽股份，从而实现扭亏。2016 年，一汽夏利又以同样的方式实现盈利，出售了持有的一汽丰田 15%的股权。2018 年，一汽夏利再次出售了剩余 15%的丰田股份。而在 2019 年，一汽夏利未变卖资产，业绩立马下滑，利润出现大幅度亏损。

2014 年，一汽夏利推出了骏派品牌，2018 年 4 月，夏利品牌正式停产，骏派系列车型成为一汽夏利发展的重心。不过，骏派车型大部分售价在10万元以下，仍然走中低端路线。一汽夏利逐步推出了骏派A50、骏派CX65以及骏派D80车型。不过，自从2018年推出骏派D80，再无新车推出。

近两年，一汽夏利希望借助造车新势力实现自救。先后与拜腾、博郡进行合作。2018年，一汽夏利将全资子公司华利汽车以1元转让给南京知行（拜腾汽车母公司），拜腾汽车正式接手一汽华利，一汽夏利由此顺利摆脱了8.5亿元债务及职工薪酬。2019年9月，一汽夏利宣布与南京博郡新能源汽车成立新能源合资公司，用5亿元资产和一汽夏利的造车资质换取与博郡汽车合资公司的19.9%股权。

但如前所述，一汽夏利寄希望于造车新势力自救的举措没能成功。

为何辉煌不能长久

“产品问题是核心问题，当先发优势被消耗，后续新产品就无法达到预期的效果。”李杨说，夏利的问题在于决策性错误。

他表示，早在2000年左右，公司就计划引入丰田卡罗拉，但按照当时的国家汽车产业规划“三大三小”国有企业的定义，一汽夏利属于“三小”之一，只能生产小排量的微型车和小型轿车，产品与市场需求脱节。

“夏利一直想上丰田的卡罗拉，样车都运过来了，但是得不到批准、不让做，项目放弃掉了。”李杨说。

受制于排量和车身形式，夏利引入丰田NBC（NEWBASICCAR）平台系列车型中的两款车型，推出夏利2000和威姿。在夏利汽车推出夏利2000的同时，上汽通用也推出一款名为“赛欧”的小型轿车，并且打出“10万元家庭轿车”的概念。

赛欧源自欧宝在巴西生产的一款两厢车，在引入中国时改进为三厢轿车。同时，上汽通用按照中国用户的需求特点全面提升配置，并且使用了在当时被认为更加高端的别克车标。夏利 2000 采用了原汁原味的丰田设计和配置，售价上高出赛欧 2 万多元。赛欧与夏利 2000 之战以前者全面获胜终结，2001 年夏利系列轿车共销售 5.12 万辆，主营业务收入 34.06 亿元，同比减少 25.4%；亏损 8 705.25 万元，是一汽夏利自 1999 年上市以后首个亏损的年份。

“汽车行业至少要提前看准未来五年市场，尤其是在研发水平没有那么成熟的时候，只要出现一个产品周期断档就死掉了。当时夏利没有做中大型车，这是决策的问题。但往往在体制机制下，这类企业的纠错能力较差，没有那么灵活。”李杨表示。

但李杨的解释并没有得到国内另一家自主车企高管的认同，后者提出，广汽集团同样在产业规划的“三小”之列，按照要求也应该发展小排量车，但在广州标致失败后，广汽集团迅速与本田汽车合资组建广汽本田，投放的首款车就是大排量的中型车雅阁，由此奠定了广汽集团后来的发展基础。

2002 年，随着奇瑞、吉利等一批自主品牌崛起，夏利的市场地位进一步被削弱，当年亏损额扩大至 7.91 亿元。同年，一汽集团与天津汽车集团公司签署重组协议，夏利被并入一汽集团，随后改名为一汽夏利。

2008 年，一汽集团对自主业务重新梳理，规划出红旗、奔腾、夏利、欧朗、森雅、威志等自主品牌。多名一汽夏利老员工称，一汽集团自主业务的总体规划“把项目控制得死死的，很僵硬，夏利没有发展机会，长达 8 年的时间一直处于低水平维持运营状态”。

根据公告，2013—2018 年，一汽夏利累计亏损超过 80 亿元。2018 年，一汽夏利公司总体销量为 18 791 辆，其中夏利系列为 0 辆，表明 2018 年起夏利系列轿车已经停产。2019 年，一汽夏利总体销量进一步降低至 1 186 辆。

种种原因，让夏利与中国车市的黄金发展周期失之交臂。“当时夏利产品定位为精品小车，与市场需求相悖，随着消费升级、城市化迎来大进程，中大型车逐渐成为消费热点。产品定位的决策性错误一直影响到现在。”李杨说，另一个转折点就是一汽集团的改革，徐留平上任一汽集团董事长后，对自主板块进行了梳理，红旗、奔腾成为重点发展的对象，夏利被战略性“放弃”。

“造小车精品，做小车大师”的大幅标语巍然屹立在夏利办公楼顶，而固守微型低端市场的夏利却颓然倒下。

第 3 节

神龙汽车由盛转衰

得知“竞聘上岗”取消，文帅（化名）感到前所未有的轻松。

一年多前，在神龙汽车规模空前的“机构优化改革、竞聘上岗”后，文帅被任命为营销某部门总监。2018 年 12 月，得知将启动新一轮的“竞聘上岗”时，文帅感到烦不胜烦，甚至萌生了离职的念头。

文帅对第一财经记者说，隔一段时间就要竞聘上岗，这根本就没办法用心工作。

从 2017 年 4 月至 2019 年 1 月，神龙汽车共实施 6 次机构改革和 10 余次人事任免。然而事与愿违，神龙汽车年销量依然“跌跌不休”。2018 年，神龙汽车销量为 25. 5 万辆，为 2009 年以来最低水平，和 2015 年历史高点 71. 1 万辆相比减少 64%。

“以改革的名义搞来搞去，还把人心搞散了。”从神龙汽车营销部门离职的高管魏军（化名）说，频繁的机构改革和人事调整，是神龙汽车由盛转衰的主因。

紧急叫停减员和关厂计划

第一财经记者独家获悉，为了降低运营成本，神龙汽车执委会计划在 2018 年 12 月启动营销领域新一轮的竞聘上岗，并计划在 2019 年减员 1 500—2 000 人，关停武汉一家工厂，以及把成都工厂租借给东风日产。

该计划由神龙汽车外方股东标致雪铁龙集团（PSA）派驻的高管坚持发起，在过去几年遭遇经营危机时，PSA 多次在欧洲关闭工厂和裁员。

“为了人事费用率、人均销售数量等经营指标，法方要求直接裁减 2 000—2 500 人，把公司总人数压缩到 5 500 人。最后定下来是削减 1 500—2 000 人，公司高层（2018 年）11 月就口头通报了。”神龙汽车质量部员工明鑫（化名）在前不久对第一财经记者表示。

除了减员之外，神龙汽车执委会还计划关停生产爱丽舍、301 等 A0 级轿车的武汉三厂，并把位于成都的第四工厂租借给东风日产。

自 2016 年销量大幅下滑以来，神龙汽车已经多次计划或实施关停工厂举动。2017 年，神龙汽车曾计划把武汉二厂出售给东风本田。后者派驻了 20 多名技术人员对工厂进行工业化路径的评审后，认定神龙汽车武汉二厂与东风本田制造工艺无法很好对接，此事就此作罢。

2018 年 9 月，神龙汽车生产 C5、C6、508 等中型轿车的武汉二厂停产，1 000 多名工人合并到武汉一厂，原本在武汉二厂生产的车型也转移到武汉一厂生产。

伴随着销量下跌，神龙汽车营业额和利润也大幅缩水。2017 年神龙汽车销量下滑 37%至 38. 1 万辆，销售额下降 24. 8%至 506. 5 亿元。2018 年，神龙汽车销量进一步下滑至 25. 5 万辆，销售额 348. 3 亿元，同比下滑 31. 2%。2016 年时，神龙汽车税前利润 45. 16 亿元；2018 年上半年，神龙汽车税前利润为 2. 27 亿元。

“2019 年公司定的销量目标大概是 26 万辆，一个工厂就够了。”明鑫表示，内部测算盈亏平衡点是年销量 35 万辆，既然无法开源，就只剩节流一途。

不过，这次法方新提出的一系列计划被突如其来的人事任免中断。2018 年 12 月 13 日，神龙对包括总经理、执行副总经理等在内的上一届执委会成员进行大换血。新上任的中方一把手、执行副总经理李军，则联合中方高管向法方决策层和股东提出反对意见，要求以稳定、团结为重，待新班子尽快全面调研后再予以慎重决策。

“改革之痛”

2016 年是神龙汽车的转折点，除了业绩大幅下挫，还爆发了经销商集体抵制提车事件。在 2017 年 2 月的经营会议上，神龙汽车决策层提出通过变革创新“重回赛道”。两个月后，规模空前、涉及 600 多名管理干部和 8 000 多名员工的改革大幕正式拉开。

2017 年 4 月，改革的第一枪在商务领域打响，神龙汽车宣布实施商务领域的首次深化改革组织演变和人事任免，涉及 81 人的岗位调整，减少了主任级的岗位 15 个。2017 年 9 月，神龙汽车实施商务领域第二次改革，将东风雪铁龙和东风标致两个品牌的大区均由 10 个减少为 5 个。

2017 年 11 月 30 日，神龙汽车改革的步伐进入采购领域，宣布构建科学的采购管理体系，降低采购成本，实行“全体起立”重新竞聘上岗。但是，采购部原本有 240 多人，新的岗位只有 210 多个，没有竞聘上的 30 多人被通知“等公司安排”，结果一等几个月仍然没有安排。

“每天上班没事做，心里闲得发慌，没办法只有主动辞职走人。”神龙汽车采购部一位离职的员工说。

2017 年 12 月，神龙汽车改革进入深水区——工业领域。工业领域改革涉及三个部、五个厂近 8 000 名员工，包括 58 名主任、163 名室经理领导干部。此次改革的方案是武汉地区的三大工厂合并成立制造总部，整合管理职能，以实现各地区工厂的统一管理。

“一次起立就能挤走上百人，普通员工、经理走得比较多。”明鑫说，2017 年初，神龙汽车武汉三个工厂总共有 5 000 多名员工，“机构优化”加上分流到集团内其他子公司，至 2018 年初时员工减少到 3 000 多人。

2018 年 1 月，神龙汽车再次启动商务领域改革，宣布将东风标致（北京）和东风雪铁龙（上海）两个品牌商务部合并，两个品牌的市场部集中到上海办公，其他部门搬迁至武汉办公，要求员工们一周后就到武汉办公。这一决策不仅导致东风标致品牌商务部绝大多数员工的强烈不满，还发展为神龙汽车危机公关事件。

搬迁的当月，东风标致销量下滑 50.4%。魏军指出，每年 1 月向来为销售高峰，结合 2017 年底销售数据来看，东风标致 2018 年 1 月销量腰斩完全是“人祸”。

东风标致在北京原有 209 名员工，接收到武汉办公的寥寥无几，接收到上海办公的只有两人，其余人员均离职。神龙汽车并未招聘到足够的员工，来填补东风标致的岗位空缺。2018 年，东风标致累计销量 13.91 万辆，同比下滑 43.6%。

实际上，过于频繁的变革带来的更多是人心的动荡，管理的混乱。

与此同时，神龙汽车决策层并没有因为管理上的动荡而暂缓改革，反而进入了“销量下滑—改革—销量持续下滑—继续改革”的循环中。

在此起彼伏的“全体起立”中，两年里神龙汽车超过 100 名管理干部出走，数千名基层员工主动或被动离职。2017 年初，神龙汽车员工总人数约为 1.3 万人，至 2018 年底减少至 8 000 人左右。

2018 年 12 月，神龙汽车执委会计划又一次启动营销领域“竞聘上岗”，孰料这次计划随着前文所提到的突如其来的人事任免而发生变数。

“这说明此前的改革并不被认同。”神龙汽车内部人士评价这次人事任免说。

冒进战略埋下恶果

2016 年，神龙汽车销量下滑 15.6%，进入连续 3 年销量断崖式下跌的阶段。值得注意的是，2016 年中国乘用车销量增幅为 15.28%，是 2014 年以来车市行情最好的一年。为什么在车市最好的年份，神龙汽车却出现销量陡降？

“神龙汽车的情况很复杂，我觉得最初的错误是战略上的冒进导致了不好的结果，而后来不断的改革让形势恶化。”神龙汽车离职高管张骏（化名）对第一财经记者说道。

2013 年，神龙汽车确立“三年倍增计划”：2015 年的销量在 2012 年的基础上实现翻番，达到 80 万辆以上。得益于产品规划等前期准备，该计划一开始实施顺利，2014 年，神龙汽车年销量就已达 70 万辆。正因此，在 2014 年 9 月，神龙汽车乐观地提出 2017 年达成 100 万辆、2020 年达成 150 万辆的宏大目标。

除了制定新的战略目标外，神龙汽车还“未雨绸缪”地实施 100 万辆产能扩张，2014 年 10 月奠基的成都工厂即是这一决策下的产物。然而没过多久，过剩的产能就成为神龙汽车的负担，开始关停工厂降低运营成本。

“武汉的三个工厂的设计产能只有 60 万辆，但是通过双班生产等手段，完全可以满足 80 万辆以上的产能。一厂最多的一年生产过 40 多万台车，三厂也生产过 20 多万台车。”神龙汽车制造部门一位人士说。

相比之下，日系车企对产能扩张等投资行为更加谨慎。在 2003 年成立、同在武汉的东风本田按“小规模起步、滚动式发展”的理念来发展，直到 2010 年才建设第二工厂，而且设计产能 24 万辆的新工厂也是分批建设，并非一步到位。此外，东风本田还非常善于挖掘产能潜力，2017 年东风本田共售出汽车 72.7 万辆，超出了两个工厂设计产能（48 万辆）的 51.5%。

反观神龙汽车，除了产能扩张冒进之外，过于乐观估计形势、追求过高的销量目标，也破坏了经销商与供应商生态体系。

在追求销量目标的进程中，神龙汽车经销商承受高压。第一财经记者从神龙汽车商务部门和经销商处了解到，2015 年神龙汽车的销量看起来比

2014 年微增了 1 万辆，但实情是从 2015 年 6 月起，神龙汽车就开始出现销量下滑，通过压库等办法，神龙汽车勉强维持住 71 万辆的年销量。进入 2016 年，神龙汽车并未放弃销量目标的追求，继续向经销商施压，导致当年经销商集体抵制进货事件的爆发。

内部人士评论，罔顾合作伙伴利益、盲目坚持战略冒进计划，对神龙汽车经销商生态体系破坏严重。神龙汽车只好品尝当年埋下的苦果。

2016 年，神龙汽车原本有 1 000 家经销商，截至 2018 年年底，现存的经销商不到 700 家。而这 700 家中真正还在进货、卖车的经销商，全国预估只有 30%—40%，也就是 200 多家。“许多经销商提出退网，但厂家不批。这批经销商干脆就清清库存，做做售后，反正是不进车了。”神龙汽车原商务部一位人士说。

2016 年年底至 2017 年，神龙汽车进入产品大年，东风标致 4008、5008，东风雪铁龙 C5 天逸连续推出，补齐了神龙汽车在紧凑型和中型 SUV 市场的产品空白，这正是营销团队提振经销商士气，扭转局势的大好机会。

然而就在这最关键的一年，神龙汽车启动了全面性的机构改革，从此便每况愈下。

股东双方存分歧

沈明（化名）曾服务于东风标致某 4S 店 10 年之久，2017 年他加盟另一集团担任上汽通用某 4S 店总经理。“中方对于神龙汽车价格政策和商务政策没有话语权”，这是他加盟上汽通用 4S 店之后最大的感受。

“我觉得东风标致的营销团队和经销商的渠道能力都是不错的，营销的节奏，对市场的把握，踩得很准，商务政策针对性很强，也很及时。问题出在价格上，产品价格与市场、品牌脱节。”沈明说，神龙公司接触市场一线的是中方人员，但是商务政策、价格政策，必须法方说了算。

研发和营销的本地化，被视作跨国公司在中国本土化程度的一个重要体现。合资企业如上汽大众、上汽通用，中外方的分工通常是外方负责研发、制造等领域，营销交由更熟悉中国市场的中方来负责，甚至企业的一把手也由中方派驻高管担任。

和上汽通用等合资公司相比，神龙汽车的本土化程度不够，首先体现在中国研发中心直到 2015 年才成立，这是东风汽车入股 PSA 之后推动的成果之一。可惜的是，由于销量连续下滑，多个研发项目中断，神龙汽车研发中心大量研发人员离职，让本该助推神龙汽车进入发展新境界的“翅膀”，失去了动力。

其次，就是外方对于营销等事务话语权过重。

2016 年年底，东风标致推出全新换代的 4008，这是东风标致严格意义上首款面向主流紧凑级 SUV 市场的车型，经销商对这款车充满期待。然而，上市当天公布 4008 的售价为 18.57 万—27.37 万元区间，起售价比该细分市场的标杆车型本田 CR－V 高出了 1.5 万元左右。

“价格与品牌和市场的脱节”导致 4008 销量不达预期。或许是吸取了“教训”，半年后东风标致推出中型 SUV 5008 时采取了低定价的策略(18.77 万—27.97 万元)。然而，5008 的起售价比 4008 只贵了 2 000 元，这直接影响到 4008 的销量。

这两起事件背后，实际上是中外双方在产品定价方面的冲突和博弈。神龙汽车内部人士称，唐唯实（Carlos Tavares）出任 PSA 总裁后，将利润指标放在更高位置，受此影响，神龙汽车法方高管坚持产品高定价策略。

复苏面临多项挑战

2018 年 12 月 14 日，神龙汽车宣布对执行委员会作出调整，10 人之中，5 人直接“下课”。神龙汽车原执行副总经理麦柯然虽然暂代总经理职务，但任期至 2019 年 1 月 31 日就结束了。

值得一提的是，此次调整取消主管商务的副总经理一职，将东风雪铁龙和东风标致两个品牌商务部的正副总经理擢升为执委会成员，执委会成员也因此由 10 人扩至 12 人，让更接近市场、更了解经销商、更了解用户的人进入决策团队，这是一个重大的进步。

与此同时，李军的出现也让神龙汽车一些员工感受到信心。神龙汽车多名内部人士称，相比起前任，李军更重视员工的感受，注重发挥团队力量，强调“一个团队、一致行动、一个声音”，让他们感觉李军会是一个好的“领路人”。

在入职演讲时，李军说：“我坚信我们一定会在股东、经销商、供应商、员工、社会等所有的利益相关者中找到最大的公约数，那就是客户导向，那就是合资公司的利益最大化，那就是我们在东风日产一直说的‘一群人、一条心、一起拼、一定赢’。”

在场的一位人士对第一财经记者说，李军的讲话体现出他对问题的认识“非常深刻”。

但是，神龙汽车营销部门一位离职的高管表示，李军及其团队能否成功拯救神龙汽车，还是个未知数。理论上神龙汽车销量接近谷底，接下来应该是爬坡的阶段。但由于此前对团队、经销商、用户和品牌已经产生巨大伤害，想要修复员工、经销商乃至于用户的信心，并非易事。

汽车销售以 4S 店为主体，渠道如果没有败，市场好的时候很快可以复苏，渠道如果“坏了”，即便市场转暖，也很难迅速扭转困境。这也是神龙汽车复苏面临的最大挑战。

而且车市的下滑仍在加剧。2018 年 5 月以来，中国乘用车销量连续下滑，11 月和 12 月下滑幅度均超过 15%，全年出现 28 年来首次负增长。业内预计车市的低迷还将维持，神龙汽车将要经受外部环境急剧变化与自身体系修复的双重挑战。

第 4 节

猎豹汽车之死

2022 年 7 月 14 日，湖南猎豹汽车股份有限公司（下称“猎豹汽车”）经销商投资人刘镇（化名）接到了一个电话，是负责此次重整案管理人的律师打来的。律师给他打预防针，称猎豹汽车可分配资金 20 余亿元，而总体债务达 90 亿元，清偿比例会低至 7%—8%。

7 月 15 日，猎豹汽车等 6 家“长丰系”企业合并重整第一次债权人会议正式召开。刘镇在会上听到的《合并重整计划草案》和前一天律师说的内容基本一致。

“猎豹汽车欠我的 1 100 多万元的债务现在只能拿回 93 万元，倒亏 1 000 多万元。”刘镇在会后向第一财经记者表示，不仅如此，猎豹汽车的破产重整案还把刘镇牵扯进了和中信银行的“三角债务”中，“钱付了，车没拿到，现在还倒欠中信银行 160 余万元。”

刘镇近年来跟随猎豹汽车命运一起大起大落，从农村小伙到猎豹汽车全国排名前列的经销商，在商务年会上被厂家公开表彰，再到 2019 年无车可卖、遣散员工、欠下巨额债务。两年过去了，刘镇已经可以笑着和记者谈起这些过往，但事实上，这些经历仍对他的生活有着不可挽回的打击。

35 岁的刘镇如今已成为“老赖”，无法注册公司开始新的生意，只能依靠朋友关系偶尔兼职做些二手车业务。

而刘镇的这些经历并非个例。猎豹汽车重整清偿率低，再叠加和银行之间的“三角债务”，数百家经销商都颇受其扰。来自四川的猎豹经销商王强（化名）告诉记者，他已走出了过去的阴影，当起了奇瑞汽车经销商，但因为中信银行的官司，奇瑞金融渠道也关闭了，如果法院最后要强制执行的话，会直接影响其现在的业务。

7月17日，在第一次债权人会议召开后的第二天，王强和几十家经销商汇聚长沙，希望此行能和猎豹汽车有一个满意的彻底“切割”。与此同时，猎豹汽车厂区内还摆放着一些未完成的工程试验伪装车，它们已经闲置2年多，等待着新的主人。

“猎豹”之殇

猎豹汽车的前身是中国人民解放军第7319工厂，始建于1950年。猎豹汽车的第一个转折点发生在1995年，当时猎豹汽车邀请日本三菱汽车公司京田部长首次来厂考察，双方达成合作意向，引进帕杰罗的整车生产技术。在此之后的第二年，猎豹汽车改制为国有独资有限责任公司，2001年9月移交湖南省人民政府，成为省国资委监管企业。

这段时间也是猎豹汽车最辉煌的时候。引进了三菱帕杰罗越野车制造技术的猎豹汽车，以此为基础开发出猎豹汽车系列产品，其中最著名的是“猎豹黑金刚”，这段时间的发展也奠定了其在消费者心中“军警部队用车”的形象。

依靠三菱技术，2005年，猎豹汽车的生产规模已经达到了10万辆。猎豹汽车一度占到中国国内轻型越野车市场43%以上的市场份额，成了当时国内最大的SUV制造商。

猎豹汽车的另一个转折点发生在2009年，广汽集团完成对其的收购。经过这一轮收购，广汽集团接过了与三菱的合作关系，并在2012年成立了广汽三菱。而就在同一年，猎豹汽车与广汽集团“分手”，并从广汽集团手中回购原“广汽长丰”永州基地全部整车资产、“猎豹”品牌商标所有权。

从这个阶段起，猎豹汽车重新搭建研发、销售、供应链和制造体系，构建起北京汽研院和长沙工程院两个研究院，三个关键零部件公司（动力公司、中德公司、风顺公司），以及四个整车制造基地（永州公司、滁州公司、长沙公司、荆门公司），具备年产 50 万辆 SUV 和皮卡车的生产规模。

此外，猎豹汽车还宣布进行混合所有制改革，重启猎豹股份 IPO 进程，筹划再次登陆资本市场，并定下“2020 年实现年产销整车 40 万辆，销售收入 400 亿元、净利润 20 亿元”的“十三五”规划目标。

2015 年，猎豹汽车发布了第一款转型发展之作猎豹 CS10，并开始大规模招募经销商。得益于军改民及国企的品牌背景，猎豹汽车的扩张之路并没有遇到太多阻碍，刘镇和王强都在 2016 年入网了猎豹汽车。

在他们入网的前两年，猎豹汽车销量也实现了大涨，2016 年实现销量 9.32 万辆，同比增长超 1 倍。2017 年，猎豹汽车销量更是来到了历史巅峰 12.5 万辆，同比增长超 34%。

信心大增的猎豹汽车加速扩张，给 2018 年定下了 20 万辆的销售目标，还以 100 亿元投资建设新工厂。刘镇称，猎豹汽车还在 2018 年新增了 100 来家直营店，这引起了经销商的强烈不满。当时，刘镇也没想到猎豹汽车这样的急速扩张会带来巨大的隐患。

到了 2018 年，随着汽车销量整体负增长，猎豹汽车也“急踩刹车”，当年销量同比几近腰斩至 7.8 万辆。猎豹汽车寄予厚望的高端车型 Matte，当年仅售出了 4 300 辆。刘镇向记者表示，他那时候依旧没有意识到危机的到来，因为他家店当年甚至还实现了 20%的销量增长，商务年会上还因此业绩排在全国前列受到了猎豹汽车的表彰。

刘镇在 2019 年 3 月还打算信心满满大干一场，提前支付了巨额车款。

但正是在 2019 年，猎豹汽车形势加剧恶化，先是宣布因质量问题在全国范围内召回 14. 7 万辆 CS10 汽车，几乎等同于这款主力车型过去三年的销量之和。接下来又因为没有“国六”排放发动机，无法生产和交付“国六”排放车辆。

2019 年 7 月，“国六”率先在重庆试点的时候，刘镇还没有收到猎豹汽车发来的“国六”车，他店内开始无车可卖。再到后来，店内零配件也断供了，客户到店后无配件可修。

猎豹汽车一名离职的管理层人士告诉记者，2019 年 5 月猎豹汽车资金链就已出问题，没有钱去购买“国六”发动机，导致生产经营处于半停顿状态。乘联会数据显示，2019 年下半年至 2020 年，猎豹汽车多个月份的产量不到 100 辆，整个 2020 年销量仅 1 000 辆左右。

值得一提的是，2019 年 9 月，一张疑似银行内部邮件的截图被广为传播。该邮件截图显示猎豹、众泰、华泰、力帆 4 家车企年底将进入破产程序，预计涉及上下游汽配供应商产业链合计 500 亿元坏账。随后猎豹汽车发布严正声明驳斥此消息，但最终事情的走向证明上述邮件截图并非空穴来风。

2020 年 8 月，猎豹汽车经销商联合发布了一份《关于停止中国境内猎豹汽车免费售后的声明》，表示因厂家停止零配件供应，无法提供维修服务。猎豹汽车有将近 40 万车主无法享受售后服务，往后的售后维修都需自费处理。

很多猎豹汽车车主只能选择将车辆卖出，刘镇指出，但没有售后的猎豹二手车价格直接打“骨折”。在刘镇眼中，虽然之前产品投诉率和故障率确实高，但不至于在短短两三年间破产。猎豹汽车的“猝死”更多在于过于快速的扩张导致的资金链断裂问题。

2021 年 8 月 31 日至 2022 年 3 月 16 日期间，长沙中院先后裁定“长丰系”猎豹汽车、长丰集团、长丰动力、长丰猎豹、风顺车桥重整。4 月

28日，长沙中院根据管理人的申请，裁定对上述企业加上长城花冠6家企业进行实质合并重整。

对于猎豹汽车的“倒下”，第一财经记者独家获得的《合并重整计划草案》中这样写道：“受国内外经济下行、汽车行业陷入低迷、金融机构流动性收紧、公司经营管理不善和投资扩张较快等多重因素的影响，长丰集团及其控股企业均陷入严重的债务危机。2019年永州、长沙生产基地相继停产，虽经多番努力包括企业自救，仍未能恢复正常生产，无法清偿到期债务，只能谋求破产重生。”

清偿率低引不满

2022年3月25日，猎豹汽车管理人以猎豹汽车、长丰集团、长丰动力、长丰猎豹、风顺车桥、长城华冠6家企业存在法人人格高度混同，区分关联企业债权债务关系成本过高为由，申请长沙中院裁定进行实质合并重整。次月长沙中院裁定对长丰集团6家企业进行实质合并重整。

根据猎豹汽车6家企业合并整合第一次债权人会议文件，猎豹汽车等6家企业经审计机构审计确认的长丰集团等六家公司货币资金总额为1.076亿元，共有土地25宗，各类房屋建筑物总建筑面积约46.73万平方米，用于汽车及各零部件生产、研发的各类机器设备12 782台/套/件，部分机器设备存在抵押、融资租赁等情形。此外，猎豹汽车等6家企业长期股权投资13家公司，这些公司毫无例外均处于停业状态。

在进入破产重整程序后，猎豹汽车债权人申报债权1 358笔，申报总金额为159.5亿元。其中经销商和售后服务商申报金额为5.5亿元；供应商和合作开发商申报金额为29.2亿元；金融机构、融资租赁、其他借贷债权申报金额为51.3亿元。

经审查，猎豹汽车重整案管理人初步认定债权金额近70亿元，不予确定的申报债权金额为60.2亿元，暂缓确定债权为20.2亿元。

而猎豹汽车可用于偿债的资产却仅20余亿元，包括新的重整投资人投入的8亿元、猎豹汽车长沙分公司设备处置的12.16亿元和公司账户余额4 220余万元。

猎豹汽车管理人就偿债能力建立了两个模型，在同等资产范围内，清算程序下长沙分公司机器设备等可变现的资产总额约为17亿元。有财产担保债权等优先债权、交易税费、管理人报酬、职工收入等优先债权总额约为14.83亿元，剩余可支配资产2.77亿元，普通债权的测算清偿比例约为3.31%。

重整程序资产价值有所提升，剩余可分配资产总额提高至7.33亿元，对应普通债权的测算清偿比例提高至8.74%。

具体而言，有财产担保债权在相应特定财产变现值或评估值范围内优先受偿，未能完全受偿部分转为普通债权受偿；职工债权以货币形式100%清偿；税款债权以货币形式100%清偿；普通债权中60万元（含）以下部分按30%比例清偿，60万元以上部分暂按7.46%比例清偿。

经销商、供应商的债权属于普通债权，在重整程序下，总体平均清偿率为8.81%。

在记者所说的经销商维权群中，多数经销商的债权金额在60万元以上。王强的债权金额是130余万元，若按此方案，他最终受偿金额23万余元，亏损100余万元。而刘镇债权金额高达1 100余万元，最终受偿金额93万元，亏损1 000余万元。

不仅受偿率低，刘镇告诉记者，因为和中信银行的"三角债务"未解决，包括他和王强在内的部分经销商的债务还被认定为暂缓确定债务。（详见第一财经报道《独家｜承兑汇票被莫名质押，猎豹汽车经销商深陷"三角债务"》）

记者了解到，多数猎豹汽车的原经销商对此重整方案并不满，已经在

7 月 15 日猎豹汽车等六家企业合并重整第一次债权人会议上投了反对票。7 月 17 日，包括王强在内的几十家经销商汇聚长沙，希望能解决清偿率低、与中信银行之间“三角债务”的问题。

刘镇因为“老赖”的关系，无法参与此次长沙之行，不过，他对记者表示，除解决两个问题外，希望有人能对猎豹汽车的破产担责，真正给经销商和供应商一个交代。

猎豹汽车经销商李民（化名）称，由于无车可卖，猎豹汽车全国经销商大面积亏损，猎豹汽车厂方拖欠了经销商总计约 2 亿元的返利费用，部分经销商向猎豹汽车打了提车款，却迟迟提不到车，这些费用之和约为 3.4 亿元。

猎豹汽车另一位经销商投资人贾烨（化名）对记者表示，由于猎豹拖欠了大量供应商货款，很多零部件配套商不再为猎豹汽车提供配件，导致了经销商售后服务配件短缺，从而引发大量的客户投诉。

“四川大部分经销商都没有退网，不是我们不想退，而是有很多客户投诉，主管部门不让我们注销公司。”贾烨说。

威马参与破产重整

记者获取的《合并重整计划草案》中指出，衡阳弘电新能源科技有限公司（下称“弘电新能源”）被确定为重整投资人，弘电新能源将提供 8 亿元用于长丰集团 6 家企业清偿债务，并取得后者相应的整车生产资质、整车生产基地、发动机生产基地、汽车研发基地、车桥生产基地等资产。

根据相关约定，此次参与重整的长丰集团、猎豹汽车、长丰猎豹、长丰动力、长城华冠和风顺车桥 6 家企业主体均予保留，不过，企业股权将全部无偿转让给弘电新能源。

若最终重整完成，猎豹汽车整车生产资质和产能预计将利用起来。弘电新能源也不排除引进其他传统汽车企业或其他汽车产业投资合作者，利用永州工厂现有能力，生产传统品牌汽车。

另外，在长丰动力、长城华冠、风顺车桥上，弘电新能源预计将分别投入6 000万—8 000万元、3 000万—5 000万元、2 000万—5 000万元，用于公司的生产重启和后续经营。

启信宝信息显示，弘电新能源成立于2019年10月31日，注册地址位于湖南省衡阳市祁东县归阳工业园，现有股东2名，其中衡阳弘祁投资有限责任公司持股96%、威马汽车科技（衡阳）有限公司持股4%。前者由衡阳市国资委控制，后者则是由威马汽车全资控股。

威马汽车虽然在弘电新能源中的股比不高，但在这场重整案中扮演重要角色。《合并重整计划草案》显示，弘电新能源在收购"长丰系"后，将聚焦在15万—25万元/辆的纯电动乘用车大众市场，威马汽车将提供从三电到整车标定、智能座舱和智能驾驶的技术支持，并考虑通过威马汽车已经建成的渠道进行销售。弘电新能源还将全方位借鉴威马汽车的车企人才内部培训、激励政策、薪酬体系和监督机制。

公开信息显示，也就在弘电新能源成立前不久，威马汽车新能源汽车项目落户衡阳祁东县归阳工业园。2020年7月，衡阳方面曾在《关于贯彻新发展理念大力建设现代产业强市的意见》中提出，打造以新能源汽车为引领的区域性汽车产业基地，力争2025年全市汽车产业实现产值1 000亿元。

不过威马在国内已经有温州和黄冈两个生产基地，产能大幅高于实际销量水平。此外，威马汽车成立于2016年，曾一度位于造车新势力第一梯队，不过近年来掉队明显。2022年上半年，威马汽车仅售出16 031辆汽车，同比增长2.3%，而行业整体增速为122.8%。对于威马汽车的技术与管理输出能力，业内大多持保留态度。

事实上，这并非湖南当地第一次"出手"拯救猎豹汽车。2019年下半年，在地方的接洽与搭桥之下，猎豹汽车位于长沙的工厂交由吉利汽车托管，荆门工厂移交当地政府，后被长城汽车收购，安徽滁州工厂也进行了出让，原有的四大生产基地仅存永州工厂一家用于车型生产。

一位熟悉湖南汽车产业的人士评价说，主管部门的意图是在当地保留生产资质与生产能力。但作为汽车行业多年的从业人员，他认为汽车行业的洗牌在所难免，尤其是进入 2022 年，技术革命带来了更多的不确定性，不光是边缘性的自主车企，二线合资品牌也会有大量企业出局。

事实上，过去几年里传统车企和造车新势力已经出现了数轮洗牌，夏利、昌河、哈飞、华泰、众泰、大乘、汉腾以及赛麟、拜腾、博郡等已经成为历史。

“中国汽车行业很明显进入了小品牌快速出清的淘汰赛阶段，但是从众泰、银翔等一些公司的情况来看，当地仍不愿意放手。对于一些机会不大的企业，如果拯救不成功，对资金和资源会不会产生浪费?”一位要求匿名的 VC 投资经理表示。

第 5 节

银翔汽车挣扎一搏

重庆市合川区天顶汽车工业园，沉寂了近 3 年的北汽银翔汽车有限公司（下称“北汽银翔”）悄然萌发出生机。

2021 年 6 月中旬，记者驱车前往时，看见北汽银翔工厂大门和塔楼等处“北汽银翔汽车有限公司”的铭牌，已经更名为“北汽瑞翔汽车有限公司”，工人们在清晨的薄雾中渐次走进工厂，附近不远处的配套玻璃厂开始招聘工人、司机和杂工。北汽银翔大门对面的牛杂面馆的老板，也明显感受到来吃面条的人多了一些。

“现在还没有正式生产，只是小批量做了些车，厂里有几百人上班，还在继续招人。”一名工人向第一财经记者说道。

北汽银翔曾经是中国车市的一匹黑马，2018 年因资金链断裂、资不抵债进入破产重整程序。过去三年里，第一财经记者数次驱车前往天顶汽车工业园，发现北汽银翔的停产给周边经济生态带来重大影响。北汽银翔厂区附近的餐馆、超市、药店，几乎全部人去楼空，只留下蒙灰的招牌和紧锁的大门；周边的一些商品房住宅项目施工停顿，已经建成的部分住宅小区租金大幅下滑，一套 80 多平方米的两居室，整租价格仅约 600 元/月。

“银翔城、银翔盛世中庭、银翔盛世悦庭、西南大学银翔实验小学，都是以北汽银翔和它的供应链为核心发展起来的配套，以前这里住了有几万人，一些工人在当地也买了房。北汽银翔一倒，这一片都萧条了。”合川区一家地产中介公司的工作人员表示。

2021年2月，北汽银翔破产重整草案经重庆第五中级人民法院裁定通过，以重庆当地国资为主体的新投资人以货币、股权等形式注入约15亿元，北汽银翔更名为“北汽瑞翔”重新开启征程。6月12日，“北汽瑞翔”首次在重庆车展亮相，并展出了即将上市的新车。

救不救北汽银翔在汽车行业引发了争议。2017年起，中国车市进入了汽车消费总量下滑、头部效应加强与消费升级为特点的新时期，在此背景下，东风裕隆、东风雷诺、众泰汽车、力帆汽车、猎豹汽车等一批汽车公司也相继出现重大经营危机，其中部分已经破产彻底退出中国汽车市场。

银翔变瑞翔

6月12日，北汽瑞翔汽车有限公司（下称“北汽瑞翔”）在重庆车展上发布全新汽车品牌“北汽瑞翔”，其高管团队和首款车型也首次公开亮相。

北汽瑞翔方面称，该公司由重庆市政府、合川区政府和北汽集团联合打造，将搭建包括线下体验中心、城市展厅、移动展台、线上营销平台、营销服务及客户运营系统、智慧型门店在内的（1+N+M）/E线上线下渠道营销体系；以“新品牌、新产品、新管理、新团队”的“四新”经营思路，践行“乘用车与商用车并举，传统能源与新能源并行，国内市场与国外市场并重”的“三并”战略。

北汽瑞翔首席执行官廖雄辉介绍，该公司未来将从北汽集团导入生产EU5、EU7、DV611、EV12、欧辉客车等5款新能源车型，另外，还有2款SUV以及A6共计3款燃油车型。按照北汽瑞翔的规划，2021年内产量将达到5万辆左右，除了北汽瑞翔X5，还将陆续推出包括乘用车、商用车在内的多款新能源和燃油车型。

启信宝信息显示，2021年4月23日，北汽银翔更名为北汽瑞翔，但法人代表、股东等工商注册信息尚未发生变更。北汽银翔诞生于2010年，由重庆银翔集团与北汽集团合资组建。按照行业观点，银翔集团完全是以“野蛮人”的姿态进入汽车行业。

“重庆摩帮的这些人，都有一个共同点，很有头脑，也敢干敢闯，所以他们总是能够抓住时代的风口。”重庆本地一位汽车行业的人士周远认为。

资料显示，重庆银翔集团原本是造摩托车起家，2010年前后，银翔摩托的单体产销量已突破80万辆，位居重庆民营摩企榜首。但市场变化加上政策趋严，整个摩托车行业产销一直在走下坡路，银翔集团希望转型。此时，作为国内五大汽车集团之一的北京汽车集团正在全国布局，双方共同合作并投资15亿元（一期）在重庆合川打造一个年产30万辆的微车基地。

“虽然叫北汽银翔，但北汽只是以品牌入股，并为银翔旗下车型提供准生证。在研发、技术以及生产制造领域，双方都是独立的。北汽每年从银翔分走部分利润。”曾在北汽银翔工作过的员工袁立告诉记者。

2014年，国内SUV市场正处于快速的增长期，北汽银翔抓住当时的风头，采取“多生孩子好打架”的多产品以及低价策略卡位市场，迅速在市场上站稳脚跟。2015年，北汽“幻速”在品牌发布一年后，销量就超过了20万辆。

“那时候的市场确实特别火。”北汽银翔的一位前员工王明告诉第一财经记者。北汽银翔选择了从SUV和MPV进入汽车市场，这一定位非常符合当时西南市场消费者对于第一辆车的追求：低价格、大空间、7座宜家宜商的功能多样性。在2015—2017年间，“幻速”先后推出了系列SUV和MPV车型，几乎每款新车都取得了不错的成绩。2017年，银翔年销量达到30万辆的巅峰。

“银翔的发展，在很大程度上源于国内车市爆发带来的红利。”王明认为，重庆以及其辐射的西南市场人口密集，汽车需求起步较晚，但增长快速。而从消费水平上看，西南地区的汽车消费集中在10万元以下的中低端市场。凭借多年的摩托车行业经营经验，北汽银翔能够通过低成本的采购和逆向开发，将满足当地消费者需求的新车快速推出市场，抢占时间窗口。

然而一旦市场下行，这些尚未建立起核心竞争优势的企业，便随着潮水的退却而被抛在沙滩上。2018年，国内车市出现近30年来的首次负增长，随着国内车市下行，北汽银翔旗下双品牌“比速”和“幻速”的销量出现大幅下滑。

2018年8月，经历了三个月“高温假”式的停产和清理库存后，北汽银翔就开始进入间歇性停产的状态。随后更是经历了银行抽贷、经销商堵门讨债、员工大量离职，从“黑马”到“病马”，北汽银翔短短5年便走入末路，成为“重庆摩帮”造车企业中倒下的第一家。

2019、2020年第一财经记者前往北汽银翔工厂走访时看到，该公司车间全面闲置，不少车间里设备均已搬空。北汽银翔一名离职员工告诉记者，银翔实业集团旗下一些房产都被抵债偿还给了供应商。

在重庆当地的推动下，2018年9月，北汽集团公司所属企业江西昌河公司与重庆合川交通公司共同出资设立重庆昌河公司，作为北汽银翔公司纾困平台，并在战略重组阶段作为战略重组过渡平台。2020年10月12日，重庆渝富基金、战新基金、纾困基金与合川交通公司共同设立专项基金，计划通过市场化运作，全方位、多层次支持北汽银翔资源整合，实现转型升级。

2021年2月，重庆当地法院批准北汽银翔重组方案草案，名震一时的北汽银翔破产重整尘埃落定。在新的投资方资金注入下，北汽银翔更名为北汽瑞翔，再度向汽车市场发起进攻。

地方政府充当白衣骑士

北汽银翔如何重组，在重庆汽车圈曾流传出数种传言。第一财经记者前往重庆合川工业园天顶团组管委会求证时，相关负责人仅表示重庆市政府正在和北汽集团谈判，双方签了保密协议，什么都不能说。

“第一套方案是债转股，但是现在这个情况没有多少债权人愿意当股东。第二套方案是重组之后成立一个新的公司，新公司承担债务，北汽集团和重庆市政府持大股，银翔集团持小股。目前得到的消息是第二套方案可能性最大。”2020 年，接近北汽银翔高层的人士向记者表示。

2021 年 5 月底，中国裁判文书网刊登了《北汽银翔汽车公司申请破产重整民事裁定书》［（2020）渝 05 破 244、245 号之七］，这份裁定书详细披露了北汽银翔的重组过程。

裁定书显示，根据沃克森提供的基准日为 2020 年 9 月 10 日的《资产评估报告》和《偿债能力分析报告》，北汽银翔公司和北汽幻速公司实质合并口径下资产市场评估价值为 58.69 亿元，资产清算评估价值为 17.91 亿元。截至 2020 年 10 月 30 日，债权人向管理人申报债权共计 163.38 亿元。经管理人审查确定债权金额共计 105.11 亿元。因存在涉诉、涉仲裁、债务人为担保人提供反担保、背书票据等情形，尚未审查确定的预计债权金额共计 24.5 亿元。

在北汽银翔和北汽幻速破产清算的情况下，假定其全部资产均可按照清算评估价值变现，以截至 2020 年 9 月 10 日评估基准日的数据模拟测算，普通债权的清偿率为 3.62%。由于模拟清算状态下普通债权清偿率存在不确定性，普通债权实际清偿率可能比上述预计更低。

由于北汽银翔、北汽幻速已经不能清偿到期债务，且其资产不足以清偿全部债务，在当今国内国外汽车制造产业竞争激烈背景下，北汽银翔若以现有资产为重整资源，其机器设备利用率不高、企业品牌价值不大、供销产业链信用度偏低，在没有新的投资人投资情况下，不做出资人权益调整，将无法重整恢复生产经营，亦无经营收入清偿债权，更无公司利润实现股东权益分配。

因此，裁定北汽银翔公司、北汽幻速公司采用存续式重整方式，在不改变北汽银翔、北汽幻速主体资格情况下，投资人投资部分用于全面恢复生产经营和清偿部分债务，在重整计划执行期间以经营收入、融资分期清偿债务，最终实现重整目标。

具体方针为“引入投资人，从资金和产业技术上支持债务人重整”，北汽集团公司及其指定的所属企业与重庆市、区两级国有企业以及银翔集团公司协力支持债务人重整。

记者查询获悉，早在 2018 年 9 月，北汽集团公司所属企业江西昌河公司与重庆合川交通公司共同出资设立重庆昌河公司，作为北汽银翔公司纾困平台。截至 2020 年 12 月 20 日，北汽银翔职工债权金额合计 1.97 亿元，重庆昌河公司已经在重整申请受理前垫付资金清偿了职工债权。

为推进北汽银翔公司战略重组，2020 年 10 月 12 日，重庆渝富基金、战新基金、纾困基金与合川交通公司共同设立专项基金。启信宝信息显示，上述重庆渝富基金、战新基金和合川佳通公司实控人分别为重庆市国有资产监督管理委员会和重庆合川区国有资产管理中心。

根据裁定书，上述专项基金以 12 亿元货币，银翔集团公司以 4.87 亿元货币，合川交通公司以其持有的重庆昌河公司的 3.2 亿元股权，北汽集团公司及其指定所属企业以持有重庆昌河公司的股权，发动机及整车技术、产品等（资产约 4.2 亿元，包括但不限于 A6 轿车、Q 系列、EV 系列、发动机技术及智能网联技术等），共同对北汽银翔进行投资。

北汽银翔和北汽幻速原出资人权益调整为零，原股东将股权全部让渡给专项基金等投资人，股东变更为专项基金、合川交通公司、北汽集团公司及其指定的所属企业、银翔集团公司。最终各方投资金额按照重庆市、区两级国有企业（专项基金及合川交通公司）在北汽银翔合计持有的股权比例，高于北汽集团公司及其指定所属企业股权比例一个百分点确定。

能否涅槃重生

合川区前玉路对面的斜坡下方，原本是北汽银翔的新车物流发运地，进出的卡车满载着新车运往全国的4S店。6月18日第一财经记者再次造访时，这片场地上的车辆已经完全清空。

北汽银翔原本的经销商近期收到了北汽瑞翔的入网邀请，其中一名经销商向记者表示北汽瑞翔的产品主要来自北汽自主品牌，后者在市场上并不强，他不太看好北汽瑞翔的前景。

截至2020年10月30日，北汽银翔债权人向管理人申报债权共计163.38亿元。除了职工债权外，其他债权均可选择按照10元债权转10元注册资本的比例进行债转股，也可以选择债权本金留债，6年分期清偿。

以普通债权为例，2021年支付20万元（重整计划批准之日起3个月内支付），剩余债权本金从2022年起在每年12月31日前清偿，2022年、2023年各清偿10%，2024年清偿20%，2025年清偿25%，2026年清偿35%。由于普通债权尚不能全部清偿，故劣后债权不予清偿。偿债资金的主要来源为北汽银翔自身经营造血，银行贷款融资支持等。

与之对应，北汽瑞翔设定了6年扭亏为盈、还清所有债务的生产经营计划。北汽银翔在生产经营计划中表示，经过6年经营，预计实现产销95.2万台、营业收入达到1 030.76亿元。其中2021—2026年实现持续盈利，2025年、2026年北汽银翔净利润将分别达到11.62亿元、11.77亿元。其中2021—2026年每年的销量目标分别是5.27万辆、12万辆、14.96万辆、18.43万辆、22.08万辆和22.46万辆。

其具体举措还包括打造全新研发体系，商用车、乘用车、传统燃油车与新能源车并行，完善产品布局，整合北汽银翔公司供应链资源，与国际国内先进的供应商进行战略层面的合作，盘活北汽银翔现有价值的技术专利、配件、设备，厂房资源，适用最新 IT 技术、打造智能化系统等。预计未来六年将开发乘用车型 5 款、商用车型 7 款，同步开发新能源车型；并导入北汽集团公司及其指定的所属企业优势车型 A6 轿车、Q 系列、EV 系列。

“2026 年年底前成功完成重整后，北汽银翔将着手启动资产证券化，为选择债转股的债权人提供股权退出渠道。”裁定书显示。

“我只能说这是一个非常乐观的计划。”国内某自主车企营销高管表示，过去几年里二线自主品牌与二线合资品牌受到头部企业大幅的挤压，市占率快速下滑，而“北汽银翔制定的销量增长目标却很激进”。

有观点认为，重庆当地应按照市场经济的规律，让北汽银翔“自生自灭”。对此记者未能联系上重庆市主管部门予以置评。

北汽银翔厂区对面的银翔城，为银翔集团所开发打造。按照此前的规划，在这片土地上，围绕着北汽银翔的整车项目，将引入学校、温泉娱乐等项目，将此地打造成一个具有 7 万产业人口，9 万相关人口，百万人次旅游消费人群的“生态居住示范区”。

但随着北汽银翔长达 3 年的停产，前玉路对面整条临街的铺面，几乎都处于关闭状态。工业园区另外几家此前给银翔做配套的生产企业，原本机器轰鸣的嘈杂声也被一片沉寂取代。

如果北汽银翔重整失败怎么办？裁定书对此表示：北汽银翔、北汽幻速在重整计划的执行期限内不执行或不能执行重整计划，管理人或者利害关系人有权向人民法院申请裁定终止重整计划的执行，并宣告北汽银翔公司和北汽幻速公司破产。

“如北汽银翔、北汽幻速在留债期间内未能履行相关清偿义务，可宣布留债期限提前届满，并要求北汽银翔公司、北汽幻速公司清偿全部留债债权，有财产担保债权人可行使担保物权。”裁定书如此说道。

第二章

向死而生

第 1 节

长安福特摒弃短期主义

“2019 年 5 月，我们在‘鬼门关’上走了一遭。”回忆起 20 个月前，长安福特职员贾方（化名）依旧有些后怕。

2019 年 7 月 1 日，是国内多个省市汽车尾气排放标准“国五”切换“国六”的时间节点，占据全国汽车消费总量 70%的市场不再允许售卖“国五”排放车。在多家公司内部的 2019 年半年经营分析报告中，大量充斥着“国五车型清库紧迫”“价格踩踏”“市场秩序混乱”“商家亏损”等字眼。

而当时长安福特工厂加上经销商的国五车约有 120 天的库存，按照当时的销量水平，这些库存正常情况下需要 4 个月才能消化完。

“如果库存到 7 月 1 日前清不完，‘国五车’积压在经销商手里，一方面经销商会大面积‘死亡’，另一方面长安福特现金流入的通道也会堵死，资金链面临断裂的风险。”贾方说道。

事实上，这只是 2017 年长安福特步入连续 3 年断崖式下跌以来的危急时刻之一。外界通常看不见的库存数字，对企业来说往往意味着生死存亡。

2017 年起，中国有 4 家年销量规模在 70 万辆以上的合资企业出现连续断崖式下跌，除了长安福特，它们还有北京现代、神龙汽车、东风悦达起亚。它们由盛转衰的首要原因都是过于追求销量目标，高库存压垮了经销商。自救的路径和效果却有所不同，时至今日，北京现代、东风悦达起亚和神龙汽车还处于持续下跌的通道，销量迟迟未能见底，长安福特则在2020年企稳反弹，销量增长的同时实现净利润为正。

“我们虽然还不能说长安福特已经走上稳健增长的通道，但其从兴盛到陨落、再到企稳反弹过程中的经验与教训，值得全行业的公司去借鉴和深思。”某合资车企营销高管向第一财经记者表示。

鬼门关

2019年7月排放政策切换的同时，长安福特还面临着另一个巨大的不利因素，2019年初长安福特有200多家经销商处于“僵死”状态，占全国经销商总数的30%左右，其中一部分最早从2018年起就停止从长安福特厂家提车，通过经销商之间的“串货”和售后业务维持运营。

在网的经销商也有部分战斗力极其低下，连续销量下滑导致4S店销售顾问大面积流失。2019年2月，第一财经记者走访山东泰安车市时，发现当地的长安福特4S店退网之后仅剩一家还在正常运营，整个展厅只有两名销售顾问。

在这样一种渠道状况之下，卸掉120天的库存包袱是一个艰巨的任务。也因为此，2019年5月成为长安福特成立18年以来最险峻的时刻。

“当时内部定的方针是不惜一切代价清库存。”贾方说道，2019年4月，长安福特全国销售服务机构（NDSD）推出了4项举措，一是积极的终端促销政策，扩大消费需求端的漏斗；二是快速修正商务政策，放弃不顾经销商实际能力的高目标；三是出台兜底政策，向经销商承诺如果6月底库存车无法清完将实施回购；四是承诺绝对不会压库，请求经销商重新打开金融额度，促使“僵死”的经销商开始提车。

“那一仗非常惊险，到6月底库存基本上清理掉了，但还不能说高枕无忧，因为企业整体各方面的状况还很糟糕，就像还处于ICU中的病人一样。”贾方说。他没有预料到的是，到2020年1月份，长安福特还会遇到两个“鬼门关”，一是2019年底之前没有新产品，经销商渠道仍然面临着大面积退网的风险；二是新冠疫情的出现。

但是危机的诞生并非完全因为政策及外部环境突如其来的变化。包括长安福特、福特亚太、福特中国、长安福特经销商、长安福特供应商、长安福特离职员工在内的受访对象向第一财经记者表示，在长安福特历史销量最高的2016年，危机就已经萌芽，只是在亮眼的销量数字、冲击年销百万辆的乐观情绪下，危险的迹象被人为忽略，企业在危机实际爆发初期没有及时采取行动，最终导致长安福特2017、2018、2019连续3年销量断崖式下跌。

2016年，长安福特销量达95.75万辆，净利润达180.58亿元。2018年，长安福特销量跌至37.78万辆，开始出现亏损。2019年，长安福特销量进一步下跌至18.4万辆，亏损额扩大到38.5亿元。

外界通常将长安福特下滑的原因归结为2016年起连续3年没有新产品、中国车市由高增长转为微增长乃至于下滑、本土品牌的崛起及其对二线合资品牌的挤兑，但多名受访对象表示，更深层次的原因是当企业竞争力减弱、外部环境恶化时，长安福特仍然制定高销量目标，通过强制压库的方式维持企业批发销量规模，导致经销商大面积隐性退网、拒绝提车。

“放在20年的时间轴里观察，你会发现长安福特历史上也有过几次起落，背后的原因也非常一致。只不过之前市场处于高增长的状态，企业可以通过市场增长的红利修复错误，到2017年市场环境发生了变化。”为长安福特效力超过10年的离职员工李思（化名）对记者表示。

短期收割主义

李思解释说，传统车企大多采用“B（厂家）—S（经销商）—C

（消费者）”的业务模式，该模式的好处是不用投资即可获得大量的代理商，并通过代理商在消费者实际购买前收回货款，缺点是中间环节一旦断开，销量将直线下滑。

“B—C—S”业务模式确立了厂家对于经销商的强势地位，压库也成为中国不少车企实现自身业绩快速增长的“常规手段”。

2012—2015 年，长安福特进入产品强周期，在福睿斯、福克斯、翼虎、蒙迪欧、锐界五款车推动下，长安福特年销量由 41 万辆快速上升到 83 万辆。2016 年，长安福特提出百万辆销量目标，当年销售数字最终定格在 95.75 万辆。

但多家经销商称，2016 年终端的销量较 2015 年比出现了一定幅度的下滑，主力车型如锐界、翼虎加大促销力度，库存也较 2015 年有所提高。“2016 年我们的库存很大，库存车颜色很齐全，我们到处租地方放车，从浦西租到浦东去了。”上海一家长安福特经销商高来（化名）表示。

2016 年 4 月，湖南省内的 24 家长安福特经销商联合发函给长安福特公司，称由于库存压力大、经营困难、亏损严重，一致要求“自 2016 年 4 月 7 日起暂时停止从贵公司提车，并不再接受自动配送的板车资源，否则，一切后果由贵公司自行承担”。此外，全体湖南经销商还一致要求福特汽车金融公司及其集团财务公司暂停信用额度授权。

李思表示，95.75 万辆已经到达长安福特产品力、品牌力和渠道力的“极限”，但是 2017 长安福特并未给经销商松绑“休养生息”，继续提出百万辆销量目标，导致终端库存进一步增加。

高来告诉记者，2017 年该店月销量在 120—150 台之间波动，较 2016 年下滑了近一半，锐界降价幅度由 2016 年不到 1 万元扩大到 2 万多，销量下滑的原因之一是厂家强制把滞销车压给经销商。

“长安福特强势的时候，把他们想发的滞销车直接分到系统里面，经销商必须接收。车是什么颜色、什么内饰，来之前我们都不知道，分下来你就得卖。到年底我们把滞销车一板车一板车地往外地拉，甩给外地的二网。”高来说。

上海另一家经销商赵留（化名）告诉记者，2017 年起多家经销商放弃了厂家商务政策，通过集团店或其他店进车，“把一网做成二网”。针对经销商这一消极做法，2018 年长安福特出台政策考核经销商集团总销量，该店索性彻底转为“僵死”状态。

不过 2017 年长安福特的批售数据并未真实反映终端的变化，直到 2018 年，长安福特的危机开始显性化。

2018 年长安福特开始出现首个销量腰斩，全年销量 37. 78 万辆，同比下降了 54. 38%。包括福克斯、锐界等在内的主力车型销量近乎全面下跌，锐界在 2018 年 1 月宣布官方降价 2 万元—3 万元，仍不能挽回颓势，当年销量下滑超过 40%。

同一年，长安福特经销商渠道已经处于崩塌的边缘。“2018 年我们店资金链是断的，合格证全是被监管的，人员也是不断地提离职，到年底库存还有 200 多台（库存系数约为 4），有十几台翼虎 1. 5T 四驱版库存时间超过 1 年。到年底车子也‘飞’不动了，因为二网也大量关掉了。”赵留说。

高来则表示：“2018 年一个字，惨。销量触底，完全靠售后撑，房租还在涨。月销量掉到 40—50 台，销售顾问流失很严重，优秀的全都跳槽了，剩下的都是没什么经验和能力弱的，当年亏损了 400 万元左右。”

另一家经销商表示，2018 年起长安福特开始考核集团经销商销量，从政策上限制“一拖几”的玩法，该公司索性全面放弃厂家商务政策。“我们只能扛，因为进车还要占资金、付利息，卖不掉得亏钱处理，到年底积压一堆库存，所以我们一整年都不提车。”

第一财经记者获得的一份数据显示，2018 年长安福特全国超过 60%的经销商处于亏损状态，仅约 38%的经销商赢利，当年 20%—30%的经销商退网。为什么当经销商出现大面积亏损乃至于“僵死”时，长安福特仍没有主动减库存，实施“休养生息”？

多名离职的长安福特管理层人士表示，2015 年长安福特收购哈飞工厂之后，外方在合资公司中占据更大的主导权。而福特汽车是一家以财务为导向的公司，2018 年 10 月福特中国升级为向福特汽车总部汇报的独立业务单元前，代表股东参与长安福特管理与决策的福特亚太区更注重短期收益。

管理割裂

“经销商渠道是末端，相当于人的脚。现在我们看到长安福特脚跛了，但问题的源头是大脑。下面的正确声音传不到福特亚太，政策出不来，决策和市场匹配不到一起去，这是最大的问题。”一位离职的长安福特管理层人士冯琦（化名）表示。

冯琦称，不同于大众中国、通用中国等外资公司通常作为合资公司和总部“协调者”的身份，福特亚太对长安福特“管得非常细”，“从产品导入、产品定位、产品定价、经销商商务政策，售后零部件价格也要管，因为这些涉及福特的利润情况。而他们做决策的依据往往是调研公司的报告，政策出台非常缓慢，决策跟不上市场变化”。

参与过福特一款主力车型的离职项目负责人向记者表示，长安福特自身的主导权较弱，新产品引进主要听从于福特欧洲和福特亚太。福特欧洲和福特亚太对中国市场的了解主要来自一些跨国调研公司的调研报告，而这些调研项目为了保证专业性通常规模较大，花费较高而且执行时间较长。同时期中国地区的经济又处于突飞猛进的发展之中，某些城市和地域乃至消费群体的变化往往日新月异。

“所以总体上来说等到决策者研究清楚调研报告的内容之时，时间已过去大半年。其时中国市场已经产生了非常大的变化。而那些身居几千几万公里之外的决策者更相信通过调研得到的数据报告，而不信任身处现场和一线的合资公司工作人员。”上述人士表示。

多名受访对象评价前任长安福特总裁沈英铨和马瑞麟“对企业成长起到巨大作用”，2010年沈英铨离职前曾对媒体表示，虽然汽车是外国发明的，但是对于中国市场没有多少经验可以借鉴，中国汽车市场过去几年的规律和外国截然不同，要想在中国成功最重要的是要充分了解中国市场的特性。

蒙迪欧致胜被认为是种种问题的集中体现。2007年，长安福特计划导入福特全球最高端的产品蒙迪欧致胜。在当时蒙迪欧致胜囊括了福特几乎最新的设计研发技术，同时长安福特在福克斯的销量推动之下，进入了中国前十主流乘用车公司阵营。

“一款能够体现利润的产品是管理层策划已久的翻身之作，所以无论从任何一个角度都说明了蒙迪欧致胜就是一个只许成功不许失败的产品。”曾接触蒙迪欧致胜项目的离职福特职员周笆（化名）表示，这款新产品在集中了所有人关注的同时也意味着有了很多的体系规则在其身上实施，任何小小的变化和更改都要向福特亚太和福特欧洲汇报，由于市场和文化差异大，很多案例的更改都通不过，所以运作上市的品牌和产品团队都倍受制约。

另外，蒙迪欧致胜是一款来自欧洲的产品，其内饰很大程度上是运用欧洲消费者认可的内饰水平。但是在中国市场上，消费者普遍感受到的是日系车精良人性化的内饰设计，蒙迪欧致胜的内饰设计在竞争中就趋于劣势。加上老款蒙迪欧为了清库存大幅促销导致的消费者对蒙迪欧致胜定价不认可、经销商为了出清老款蒙迪欧而销售蒙迪欧致胜意向不强等原因，最终蒙迪欧致胜销量大幅低于设定目标。

“从蒙迪欧致胜上市这一案例中我们可以看到国际企业的一些成熟成

功的经验和运作体系，并不能顺利地在中国这个快速发展的市场上发挥作用。这是一个怎样在独特区域市场上顺利移植全球化跨国企业运作平台、运作策略的问题。”周笆说。

中国手术刀

冯琦用物理学上的“动量”公式来形容长安福特自2016年之后的断崖式下跌，以及下跌之后企业整体所出现的状况。

“一个物体从高点落下来，速度越来越快，动量越来越大，销量连续的下滑引起企业体质、体系性的变化。经销商渠道大面积亏损僵死，经销商对主机厂失去信任，员工的士气极度低落、大量离职，甚至于公司制造部门和销售部门之间也存在着许多的矛盾。”冯琦说。

李思则表示：“到2019年长安福特才开始踩刹车，这个时候要踩住很难，因为下滑的势能已经非常大。母公司希望通过半年就稳住，一下子触底反弹，坦率地说很势利，也是不可能的。现在的问题是3到5年前种下的因，是企业长期不注重产品战略、追求短期效益、不投资透支了企业原本的能力。”

福特举起的第一把手术刀，是首次启用华人高管管理中国业务。2018年10月，奇瑞汽车股份有限公司原总经理陈安宁加盟福特汽车，出任福特汽车全球副总裁兼福特中国总裁，同时福特中国升级为独立业务单元，直接向福特汽车全球总部汇报。

李思评价说，这意味着福特汽车总部对原本掌管福特中国业务的管理团队“彻底失去了信心”。

2019年4月，福特中国发布“福特中国2.0”计划，这是其升级为独立单元之后首次发布的在华业务发展规划，主要集中于加速产品研发和投放速度、研发智能科技、深化战略伙伴合作关系、坚持创新和本土人才培养五大核心计划。通过建设依托于中国的设计中心和本土化人才，计划在三年内，在中国市场推出超过 30 款新车型，产品涵盖福特和林肯两大品牌。同月，东风日产和日产汽车北美营销前高管杨嵩加盟福特中国，出任 NDSD 总裁。

2019 年 9 月，长安汽车与福特汽车签署关于加速推进“长安福特振兴计划”及相关战略合作的谅解备忘录，计划从 2019 年到 2021 年底，长安福特将陆续投放至少 18 款新产品。

2019 年 12 月起，长安福特连续推出多款全新车型，包括中型 SUV 锐际和探险者，并匹配老车主置换赠送终身免费保养等促销政策。与此同时，长安福特放弃了压库等销售办法，将库存系数调整为 35 天，利于恢复经销商盈利性和销售服务能力。

高来告诉记者，2019 年长安福特显著的变化包括改变商务政策、不压库，以及“改款的产品开始学日系车，把配置放明面上”。

“以前奖励是跟提车（批发量）挂钩，提完车才能拿到所有的奖励。现在是搞积分，跟批发不挂钩了，进什么车也完全我们说了算。厂家不追求单一的销量，我们可以自己调节提车的数量和结构，安安心心做自己的市场占有率。”高来说，该店售前业务恢复赢利，加上售后有一定的基盘，2020 年净利润预估在 300 万元左右。

第一财经记者了解到，2020 年长安福特僵尸经销商数量减少至 20 家左右，同时经销商赢利面扩大至 75%左右。经销商整体性复苏加上新产品的攻势，2020 年长安福特实现企稳反弹，2020 年共售出汽车 21. 37 万辆（不含国产林肯），同比增长 16. 7%，结束连续 3 年下滑。

横向来看，与长安福特接近量级的北京现代、东风悦达起亚和神龙汽车还处于持续下滑的通道中，其中神龙汽车迟迟未见销量底部。合资品牌中，除了日系的三家，包括头部的德系、美系车在市场下滑、豪华车下探与自主品牌上攻的压力下均出现了销量大幅下滑。广菲克等弱小的合资公司处境艰难，仅有长安福特在 2020 年实现企稳反弹。

一份调研报告显示，在雪佛兰、现代、起亚、斯柯达等二线合资品牌对比中，长安福特经销商盈利性、库存系数、高价格商品占比、企业盈利性均大幅领先。但经此一役，长安福特是否已经回到持续向上的轨道？

包括经销商和内部人士在内的受访对象并不乐观。首要原因在于福克斯和福睿斯，“双福”是长安福特最重要的车型，在长安福特销量巅峰的阶段，“双福”累计年销量超过 50 万辆，整体销量占比超过 50%。但 2018 年 11 月换代的“双福”采用了市场不接受的三缸发动机，至今销量低迷。

其次是经销商渠道仍不稳固。2017 年起长安福特终端销量已经开始下滑，2021 年恰逢售后客户大面积流失的开端，多家经销商预测 2021 年售后利润将滑坡 30%，2022 年进一步减少。如果新车销量和利润不能维持增长，2021 和 2022 两年仍存在经销商大面积退网风险。同时，长安福特的品牌、渠道力处于历史低位。

“长安福特想要彻底扭转困境，需要革新性的产品，强有力的经销商激励政策，领导力超群的领导者，迅速扭转员工士气，同时股东要有足够的耐心和定力。”李思说，现在的长安福特只是“刚刚走出 ICU 的病人”。

第 2 节

现代起亚如何破解“囚徒困境”

丰田汽车前任社长张富士夫曾多次将现代汽车集团（下称“现代起亚”）称为“可怕对手”，但近些年，现代起亚在丰田汽车的后视镜里逐渐远去。

2017 年起，现代汽车全球的销量、利润等业绩持续下滑，2019 年全球销量跌至 719 万辆，较历史最高水平减少了将近 100 万辆。在中国市场，现代起亚的业绩下滑更加严重。2016 年，现代起亚在华销量将近 180 万辆，在外资车企中仅次于大众和通用汽车。2017 年起，现代起亚在华销量连续断崖式下跌，2019 年累计销量为 100 万辆，较 3 年前萎缩了 44%，此外，2020 年第一季度，现代汽车在华批发销量同比下降超过五成。被丰田、本田、日产三家日企集体反超。

伴随着销量下跌，现代起亚在华产能大幅过剩，合资公司连续经营亏损，经销商大面积亏损的同时，出现不同程度退网迹象。

为什么现代起亚在华突然失速？北京现代和东风悦达起亚经销商投资人倪凯（化名）认为，2017 年的危机事件只是诱因，主要原因在于两家公司长期以压库为手段追求高速增长，牺牲了价格体系、品牌力、经销商与用户利益。

“现代起亚采用了破坏生态体系式的发展模式，对品牌和用户的伤害尤其巨大，这使得它们遇到了‘囚徒困境’：往上攻不上去，往下攻不下来。在一线合资和自主品牌的两头攻击下，生存空间不断萎缩。”倪凯说。

曾在现代起亚在华子公司任职的某自主车企管理层人士认为，过去18年里，现代起亚原本有机会改变在华廉价车的品牌形象，但因为过于追求销量目标错失了绝佳机会。

“对比韩系车企的激进和日系车企的保守，你会发现‘慢才是快’。”该人士说。

“挤压式”增长模式失效

现代起亚是全球汽车产业的明星公司，虽然成立时间短于欧洲、美国和日本公司，但在第二代领导人郑梦九的带领下，现代起亚在短短20年里就发展成全球第五大汽车集团。

现代起亚高管崔元泽（化名）向第一财经记者表示，郑梦九是韩国汽车行业推崇狼性文化的代表人物之一，这种狼性文化同样被移植到中国两家合资公司上，其典型特征包括追求销量高速增长、不达目标立即更换高管等。

“2008年9月，郑梦九接到汇报称起亚在中国无法完成销量目标，当天，他就做出了让东风悦达起亚总经理高玉锡走人的决定。”崔元泽说，这时距离高玉锡上任仅仅10个月。公开资料显示，成立18年里，东风悦达起亚共更换了10次总经理。

在销量增速的压力下，现代起亚在华合资公司的发展模式与丰田、本田为代表的日系汽车公司大相径庭。比如丰田和本田严格控制经销商库存，产品实施垂直换代，对利润的追求高于销量规模。而现代起亚在华合资公司通常会制定超出经销商承受能力的提车指标，采用多代同堂的产品策略，以及大幅度的促销政策等为特色。

倪凯将北京现代和东风悦达起亚此前的销量扩张总结为“挤压式”增长，“比如我一个月的实际销售能力是50台，区域经理会给我定70台、80台的任务。提车完成率如果达到120%—130%，还会追加更多的返利，一台车成本能相差 4 000 元—6 000 元。为了跟同城同品牌经销商竞争，有能力的经销商都会争取多提车，拿更高的返点。”

倪凯通常在每年夏天增加库存，最高达到过 7 的库存系数，年底旺销季节“卸货”，把库存系数降到 3。高库存通常会导致经销商亏损，但超额完成提车任务的经销商能够拿到更多的返利，因此主销车型仍有利润，不至于全系车型长期价格倒挂。此外，厂家会根据经销商提车完成度、销售服务满意度等情况，以年底红包等模糊奖励形式补贴经销商，弥补经销商利润，这使得经销商虽然背负着巨大的库存压力，但仍然愿意负重前进。

但随着市场环境恶化，这一模式开始失效。“之前没有出现问题，是因为市场好，大家都卖得动。但是市场不行了，经销商出现亏损还继续压库，经销商只能甩货清库存，市场秩序开始混乱，这是一个恶性循环，到最后经销商就被压垮了。”东风悦达起亚某 4S 店总经理李龙（化名）表示，根据全国经销商微信群等信息，他认为过去两年里东风悦达起亚退网的经销商在 100 家左右。

此外，2017 年起，北京现代、东风悦达起亚开始出现运营亏损，两家公司相继减少对经销商的补贴力度，这使得主要靠厂家补贴赢利的经销商出现亏损，倪凯认为两家合资公司经销商亏损面达到 70%。需要说明的是，这一数字第一财经记者并未得到北京现代和东风悦达起亚的确认。

“多代同堂”是现代起亚在追求销量规模的过程中，实施的一项产品策略。其表现为一款车型换代时，旧款车型降价继续销售，最多时出现过“四代同堂”的情况。与之对比，日系品牌通常会实施“垂直切换”，即新车上市时旧有车型停产，以维持产品既有的价格体系和品牌价值。

“多代同堂”的优势是老旧车型能持续贡献利润，低价抢占市场，这也是现代起亚在华销量一度高歌猛进的主要原因。劣势是降低二手车残值，伤害早期用户利益以及产品品牌，最终形成了“廉价合资品牌”“低端合资品牌”的用户认知。

一名车主告诉记者，2012 年他以 16 万元的价格（不含购置税、保险）购买了现代某款中型轿车，两年后出售价格仅为 9 万元，“车子的品质的确不错，但我买车要计算全生命周期的成本，经过这件事之后我再也不会买现代起亚的车了”。

倪凯认为，自主品牌过去几年“凶悍”的进攻是现代起亚丧失阵地最重要的外部因素。某自主品牌区域销售负责人表示，当二线合资品牌放弃外资品牌的光环，进入自主品牌的价格区间，拼产品力无法抵挡自主品牌的进攻，“自主品牌的客户群体比合资群体挑剔多了，他们不光要产品好，还要便宜。打性价比，二线合资怎么打得过我们”。

多家北京现代和东风悦达起亚经销商向第一财经记者表示，基于每个月提车数量和开出去的承兑汇票金额，北京现代的平均单车售价为 11 万元左右，东风悦达起亚为 10 万元左右。与之对应，长城哈弗平均单车售价约为 10 万元，成立不到 4 年的领克汽车平均单车售价达到 15.6 万元。

李龙提出，丰田、本田销量规模增长相对缓慢，但产品结构持续改善，高价格车型销量占比不断提高，锁定了经济实力更强的用户群体，现代起亚在华则是背道而驰。

“双面”摩比斯

与其他合资车企相比，北京现代与东风悦达起亚的一个特别之处在于，其供应链和经销商售后系统均由现代摩比斯主导。有观点认为，现代起亚还有很大的降成本空间，因为现代摩比斯的存在，限制了它降成本的能力；不过，对于这一观点也有不同的解读。

据韩国金融监管系统网站信息，现代摩比斯最大股东为起亚汽车公司，占股为 17.28%，其次是国民年金（养老基金）、郑梦九及现代制铁，同时现代摩比斯又是现代汽车公司的第一大股东，占股达 21.43%。因此，韩国公正交易委员会将现代摩比斯视为现代汽车集团整体的主要控股公司，并将该公司视为郑梦九、郑义宣家族控股现代汽车集团“循环出资”的重要一环。

2007 年，时任东风悦达起亚董事长的胡友林曾公开表示，现代汽车集团在中国市场过度追求利润，并将配套的权力完全集中在韩方手中，导致在利润分配上“韩肥中瘦”。2017 年，国内媒体进一步披露以现代摩比斯为代表的韩资供应商不愿意配合北京现代降低零部件采购成本。

一位要求匿名的现代摩比斯高管向第一财经记者表示，现代摩比斯作为现代汽车的中枢子公司之一，为现代汽车集团旗下现代、起亚两家品牌提供绝大多数核心零部件，并将现代、起亚汽车旗下的零部件供应商提供的配件进行模块化加工，向各个生产线进行供应。

根据现代摩比斯 2019 年财报，现代摩比斯最主要业务范围分为两块，一块是将现代汽车的一级、二级供应商的零配件进行模块化加工，将其制造成可供模块化的零配件以后，再供给至现代汽车、起亚汽车等现代汽车集团旗下的主机厂。

另一块则是为现代、起亚汽车提供维修及售后市场零配件，并向维修企业或 4S 店提供维修所使用的零配件，且目前这项政策的贯彻涵盖全球的现代及起亚汽车品牌，中国也涵盖其中。同时，该项业务也成为现代摩比斯最受消费者及零配件企业诟病的环节之一。

据韩国新韩证券的预测，2019 年年底，以摩比斯为代表的“现代系”零部件企业在北京现代、东风悦达起亚的零部件采购的占比为 65%—75%，其中针对韩国本土企业的采购比重更占到 80%左右。

为东风悦达起亚供应零配件的某韩资一级供应商负责人表示，其生产的零配件实际上并不会直接供应到主机厂，而是要交给现代摩比斯进行再加工，“相比于说是现代汽车的供应商，倒不如说是现代摩比斯的供应商了，见现代摩比斯工作人员的次数，要远多于见现代汽车工作人员的次数”。

摩比斯对北京现代和东风悦达起亚降成本的阻碍，也得到韩国汽车零部件协会的一位高管的认同。他向第一财经记者表示，即便是在韩国本土或美国等其他国家，现代汽车仅向现代摩比斯供应的零部件提供“正品”认可，并借此通过现代汽车、起亚汽车自有维修网络进行高价销售。

事实上，此前韩国公正交易委员会曾委托韩国绿色消费者连带协会，针对现代汽车部分零配件的销售价格进行采样调查时，指出现代摩比斯的部分零配件，价格远远高于非摩比斯提供的零配件，且价格相差程度严重偏离“正常范畴”，而挂上“正品”认可的刹车片、空调过滤器、汽车电池、机油等主要零配件的消费者售价，相较于其他厂商供应的零配件，少则相差 1 倍、多则相差 4—5 倍之多，平均差距也达到 1.83 倍。

上述汽车零部件协会的负责人认为，无论是摩比斯，还是其他零配件提供商，随着汽车零配件行业技术的成熟化，只要是符合国家标准及国际标准的产品，并由具有一定技术含量的企业生产的前提下，所谓的“正品认证”的零配件与非认证的零配件的性能差异微乎其微。但现代摩比斯却通过宣传“正品等同于安全”等模式，诱导消费者的选择，隐瞒一些重要信息，甚至成为零配件企业不得不受限于主机厂供应链，形成从属关系的主要原因。

针对上述质疑，现代摩比斯高管却表示很难认同。他向第一财经记者解释称，由于韩国法律规定，车企在一辆汽车上市之后，至少在 8 年的时间内要提供维修及连续性的服务，现代将该规定扩大至全球施行，为此现代摩比斯需要针对一款车型的零部件进行 8 年以上的持续生产，其中会产生一定的维护及研发的费用，应当予以考虑，而据内部估算，现代摩比斯与摩比斯体系外的价格差在全球范围内均控制在 50%以内，远远没有达到所谓的 5 倍之多。

不过韩国消费者联盟汽车分科负责人郑智妍在接受第一财经记者的书面采访时表示，韩国政府应当对于现代摩比斯在现代汽车供应链中的垄断地位，以及是否通过垄断地位获取暴利进行调查。

如何破局

3月19日，郑梦九之子郑义宣被任命为现代汽车新一任董事长。在郑梦九执政的最后5年，现代起亚全球业绩持续下滑。2020年一季度，现代汽车全球销量情况持续恶化，除北美、俄罗斯外，在欧洲、中国、韩国、印度、南美等市场均出现下滑，其中中国销量下滑幅度达到51.1%。

郑义宣计划如何扭转全球以及中国市场不断下滑的局面，如何解决现代和起亚廉价车的品牌形象，为现代汽车开创一个全新的未来。

根据郑义宣及现代起亚CEO李元熙在2020年3月现代起亚董事会等场合的发言内容，郑义宣规划的蓝图是，通过推出高端豪华品牌捷尼塞斯提高品牌形象，通过推出氢燃料汽车提升用户对现代起亚技术能力的认知，通过高附加价值的新车增加销售额及利润，同时将“果断而根本性地降低成本”，以及实施未来出行事业的规划。

在中国市场，郑义宣打破现代起亚长期以来封闭的人事任命传统。2019年9月，北京现代原常务副总经理李峰作为韩方代表，被任命为东风悦达起亚总经理，这是该公司18年来首次启用非韩国籍总经理。2020年3月，现代起亚进一步任命上汽大众与沃尔沃中国原营销高管向东平，担任北京现代副总经理、销售本部长，主要负责北京现代的市场销售、营销网络等业务。

韩国新韩证券分析师李先烨认为，郑义宣在不断起用中国籍高管的背后，一方面通过引进外部人才提升内部人员流动性，同时也是在“现代不够了解中国”这样的认知背景下，希望通过吸引更多了解中国的高管，来恢复中国市场的业绩。

郑义宣还尝试打破封闭的供应链体系。在他的推动下，现代摩比斯去年底在中国设立“中国采购中心”“中国事业力量强化组”等部门，计划加大中国本土零部件的采购力度。但根据韩资零部件供应商提供的信息，现代摩比斯对现代起亚零部件采购系统的主导地位尚未被打破。

为了缓解产能过剩的压力，北京现代第一工厂全面停产，东风悦达起亚则将第一工厂租借给造车新势力公司华人运通，同时加大了出口外销力度，通过对接起亚全球生产体系和市场体系来消化过剩产能。

此外，北京现代和东风悦达起亚还计划加大新产品投入力度，除了传统燃油车外，增加插电式混动、纯电动车数量，以新车和新技术提升销量、改善品牌认知。针对经销商库存问题，北京现代和东风悦达起亚采取“订单式生产”持续降低经销商库存，当前库存系数约为 1.5。东风悦达起亚还通过包牌价等方式避免大幅现金降价，提高二手车残值率。两家合资公司都计划调整产品销售结构，提高 10 万元以上车型的销售比例，减少小型车的销售，提高单车的利润率。

经历此前两年持续性的退网之后，东风悦达起亚到 2020 年尚有 400 多家经销商，北京现代在网经销商数量为 700 多家。倪凯认为，相对健全的经销商体系是现代起亚未来复苏最大的倚仗，但他并不完全认同两家合资公司的自救举措。

“提高品牌溢价和改善销量结构不是短期内能解决的，短期要恢复，还是要走性价比路线。先活下来，再图发展。”倪凯表示，剔除停产和租借的工厂，现代起亚在华闲置产能仍然高达 90 万台。

根据厂家销售人员传递的信息，北京现代盈亏平衡点为 90 万辆，倪凯认为北京现代至少需要两款月销万辆以上的爆款车才能达到盈亏平衡点，要实现这一目标，仍需加强成本控制和终端促销力度。

李先烨也认为，现代起亚加大在氢燃料、未来汽车及出行方面推出创新的步伐，但这也需要一笔较大规模的投资及利润作为支撑，因此如何平衡好支出和收入，是现代起亚应当关注的焦点。

第 3 节

造手机的来造车，造汽车的开始造手机

2022 年 5 月，仍在百度供职的朱峰（化名）接到了一通猎头的电话，对方直言希望他能够去蔚来，“薪酬好商量”。朱峰告诉第一财经记者，从开始工作以来，他基本专注于手机 APP 前端的开发，突然收到一个车企的邀请，让他备感意外。

吉利汽车在手机领域的布局更早。2021 年 9 月，吉利汽车董事长李书福就和亿咖通董事长沈子瑜共同创立了星纪时代科技有限公司（下称“星纪时代”），2022 年 7 月，星纪时代收购珠海魅族科技，成为行业的重点事件。

中国最大的国有汽车集团也在摩拳擦掌。上汽集团技术管理部副总经理沈浩明透露，手机厂和汽车厂商进行合作是大趋势，上汽集团正在思考策划与手机制造商的深度融合。

手机行业的老兵们看到的则是手机、车机、XR（穿戴设备）三个高频产品融合的巨大赛道机会。星纪时代 CEO 王勇认为，手机行业已经进入了寡头时代，未来 10 年，汽车的智能化、网联化，会成为万物互联最大的引擎。

只不过，手机和汽车虽然都是工业产品，但两个行业的差异如同鸿沟般巨大。差别不仅仅在于消费级和车规级对于产品各项性能指标的区别，还包括几十上百年形成的思维、经验、流程、体系，以及与之对应的文化差异。

当两个行业的人相遇，会经历哪些碰撞、磨合？汽车公司进军极度“内卷”的手机行业，究竟是降维打击还是巨大的冒险？

“摩尔定律已经结束”

2022 年初，张向荣放弃了三星终身员工以及前往韩国总部工作的机会，加入了星纪时代，一家以手机和 XR 为核心业务，并致力于实现融合智能化体验的新公司。

放弃跨国企业的终身员工身份，加入一家全新公司，无疑是一次职业冒险。张向荣和星纪时代的双向面试“拉扯”经历了三四个月才最终定下来。“我对只做手机没有太大兴趣，想做更复杂的产品。星纪时代的主线是做手机、车机和 XR，以及和这些相关的智能化设备，发挥的空间比较大。”

张向荣只是手机行业涌向汽车公司或汽车关联公司大军中的一员。过去 5 年来，中国智能手机出货量持续下滑，手机产业从群雄乱战进入 6 家公司占据了超过 90% 份额的寡头时代。到 2020 年，中国智能手机的出货量跌至 3 亿部的平台期。

与此同时，手机的技术更新与迭代更加缓慢，“挤牙膏”式的产品创新逐渐成为常态。英伟达创始人兼 CEO 黄仁勋在接受媒体采访时说，以类似成本实现两倍业绩预期已成为过去式，“摩尔定律结束了”。

在此背景下，头部手机公司纷纷收缩产品序列，优化人员，人才流出。另一方面，随着汽车技术革命的推进，汽车公司开始注重芯片、软件、操作系统的自研，并在去年开始反向入侵科技公司的大后方。

2021 年 9 月，李书福与沈子瑜共同创办了星纪时代，正式进入手机制造领域。2022 年 7 月，星纪时代宣布战略投资魅族科技，进一步加速手机业务的扩张。中兴通讯原高管王勇、华硕手机业务原高管周勇相继加入星纪时代，分别担任 CEO 和分管产品的副总裁。

与此同时，蔚来手机业务的进展也陡然加速。李斌不再提“内部正在研究”，而是在 2022 年 8 月 4 日注册成立蔚来移动科技有限公司，注册资本 1 亿美元，法定代表人为秦力洪。8 月，美图移动高级副总裁易炜已加盟蔚来手机团队，担任软件部门负责人。

记者梳理招聘网站信息发现，蔚来正在招聘安卓系统工程师、安卓 wifi 软件工程师、Camera 软件算法工程师等职位。其中，相机软件算法工程师要求熟悉 HDR、多帧降噪、夜景增强、超分辨率、美颜等算法原理和方案设计。

“现在造出手机不难，但造一部好用的手机还是很有挑战性的。蔚来目前要做的事情很简单，就是给蔚来用户造一台好用的手机，而且每年就开发一款手机，像苹果那样。”李斌说。

上汽集团技术管理部副总经理沈浩明此前也表示：“手机和车的联合，随便哪个企业一讲出来都会引起媒体关注。随着汽车的进化，手机厂和汽车厂商进行合作是大趋势，上汽集团也在思考策划与手机制造商的深度融合。”

车企为什么要造手机？一家科技公司高管向记者表示，科技企业的程序员们往往会比车企的工程师们更早接触软件、芯片等领域的顶尖技术。到 2022 年，汽车产品上最先进的特斯拉 FSD 芯片，采用的依旧是 14 纳米制造工艺；而高通的骁龙 8 已经开始使用 4 纳米工艺。800 万像素是汽车摄像头的天花板，而在手机领域，上千万像素已成为标配。

智能电动汽车时代，汽车产品越来越接近 IT 产品，传统车企过去在软件和智能上的缺失和落后正被逐渐放大。人力上的鸿沟则更让传统车企追赶得颇为艰难。大众汽车以全球 2 000 多亿欧元的营业收入规模，能够支撑起 5 000 人的软件工程师团队。但更多的车企很难靠既有的业务规模支撑起大量软件工程师的成本开支。

一个显而易见的事实是，在同等营收规模下，科技企业的软件人才要远超于需要兼顾更多硬件的传统车企，在这种情况下，当手机公司下场造智能电动汽车时，在软件领域对传统汽车公司将会形成降维打击。

因此，切入手机制造，既是突破软件人才瓶颈的需要，又是进入更高级别消费电子价值链、接触更先进技术与产品的需要。

此外，车企绝大部分的利润和收入来自硬件，软件收入相对于汽车销售几乎可以忽略不计，而手机公司的盈利模式截然相反。举例来说，软件供应商进入手机系统需要向手机公司付费，但是汽车公司需要付费给软件供应商，才能让软件进入汽车的车机系统。

“汽车公司拥有大量的用户，但是这些用户几乎没有被激活，在软件上也没有变现。从手机的功能机到智能机、再到现在移动互联时代，车企也发现需要建设起软件生态。”星纪时代副总裁周勇说。

双向壁垒

采埃孚工程师张可把刚买到的问界 M5 开到公司，兴奋地向同事展示起了问界 M5 的智慧座舱，鸿蒙系统中车机和手机一键互传功能，在同事面前反复演示华为 Mate 50 和问界 M5 鸿蒙车机之间的信息互传。

在被问起张可为什么不买采埃孚的客户，如奔驰、宝马的车型时，张可说，他是一个“花粉”（华为粉丝），手机、智能家居等都选择了华为，AITO 问界只是他华为“全家桶”中的一个组成部分。

而类似张可的购车案例，很可能是未来的消费趋势，也引发了车企的警惕。麦肯锡的研究报告显示，中国市场消费者更在乎智能化上的体验，超过80%的中国消费者认为自动驾驶和智能互联功能对他们而言非常重要。

2022 年 7 月，苹果公司发布了新一代 Carplay，苹果工程经理艾米丽·舒伯特（Emily Schubert）提供了一组令人震惊的数据：美国 98%的新车都安装了 CarPlay，79%的美国买家只购买支持 CarPlay 的车辆。

艾米丽・舒伯特在演讲中展示了与 Carplay 展开合作的诸多品牌，值得注意的是，宝马、特斯拉等全球性公司并不在其中。

“苹果的 CarPlay，它让很多的汽车厂非常忌惮。使用 CarPlay 能提升消费者体验，但等消费习惯培养出来了，苹果再推出一个车，那用户为什么不去买苹果车?”周勇表示。

苹果从特斯拉、福特等车企挖了多位高管，加盟造车的“泰坦”项目。小米在官宣造车后，也招揽了于立国、周钘等原车企高管。手机公司和汽车公司之间双向攻防的同时，也有着双向的壁垒。

李斌在和用户交谈中曾直言：“苹果现在对汽车行业很封闭，比如蔚来第二代平台的车标配 UWB，苹果不开放接口，搞得我们很被动。想一想，如果到 2025 年，苹果公司真发布了一款车型，而蔚来的用户中有60%或更多的人使用苹果手机，那么蔚来就完全没有防御能力。”

因此，李斌表示如果蔚来不造手机，“那么就等同于把车钥匙交到了别人手上”。

也有手机从业人员告诉记者，汽车公司对手机公司也存在壁垒。比如说车主在汽车上有 ID 账号，在手机上也有 ID 账号，现在汽车和手机的 ID 几乎都是不能打通的。尽管汽车用户的 ID 账户使用频次很低，它们也不愿意和手机企业共享以及开放接口。

有一个解决方案是开发一个与汽车适配的手机 APP，但星纪时代 CEO 王勇指出，三方软件系统体验比不上底层协议打通的原生系统，这其中不仅涉及车企是否愿意开发，还涉及安全，如果不是在汽车研发的前期介入，很难实现底层的打通。

“随着智能手机出来以后，大家发现对软件系统要求极高，因为软件不仅仅让手机本身良好运行，还要适配大量的应用，去对接各种智能家居产品，不像原来功能很单一。现在汽车也是一样，那么多传感器、执行器，没有一套好的系统去管理它们，没有办法很好地去运行。所以必须要自研，用叫‘外卖’的方式是不行的。”王勇说。

而且，汽车对安全性要求极高，车企很难轻易开放给没有紧密联系的厂家，好比在家里来了一个不是很熟悉的人一样，会很紧张。此外，这还是涉及数据隐私的问题，随着互联网的大发展，数据会成为越来越重要的资产。

王勇表示，从智能手机替代照相机、MP3、MP4、导航的经历来看，高频使用的产品替代低频使用的产品是产业的趋势，未来一定是融合而不是单品。这是未来一个可见的变化，由于多设备融合技术的发展，越来越多的公司将会既做手机又做汽车。智能手机行业积累的人才、服务、体验和生态，会快速地移植到汽车上来，而身处其中的公司，会像苹果一样做垂直一体化，实现沉浸式的体验。

“移动互联网、车联网还有物联网，这三个网早晚要融合。目前移动互联网和物联网已经被小米、华为等移动互联网企业整合得差不多了，传统的家电厂几乎没有还手之力。车联网暂时还没有这些科技企业整合，造车本身的门槛很高，小米做智能家居，可以投很多生态链企业，但是造车投资动辄上百亿元，根本不是一个量级。”周勇表示。

当离开上一家公司时，他就决定不再只从事手机制造行业。“未来 10 年，汽车的智能化、网联化，会带动科技公司一直想做的万物互联，成为强大的引擎。”周勇说，星纪时代造手机也是一样，核心不是为了造手机，而是为了打造多设备融合的方案，“不要把我们理解成造手机的公司，手机只是其中一个形态。”

碰撞与冲突

从手机行业进入汽车行业，多名受访者的第一个感受是“慢”。

“节奏差异比较大，车企太慢了，走得慢走得稳。过去我们做手机，旗舰机的开发周期也就 1 年，改型机半年，极端情况下改型机的开发周期只有 3 个月。汽车的开发周期往往是 3 年，有些车型的开发周期要到 5 年。车机几乎不太升级，要反复地验证跟测试，等产品出来的时候，跟最新的技术比至少落后了一代。”从手机行业跳槽到车企的赵明向记者说道。

赵明称他能理解车企谨慎的原因，汽车上增加任何一个产品、功能，都要考虑到很多安全的因素、供应链交付的因素。手机如果出了故障，无非是退回厂家换一部新手机，汽车出了故障人命关天，“我们能理解，但还是需要适应的过程”。

与手机公司相比，车企人员的思维更“偏硬件一些”，手机越来越像算力中心，软件的价值越来越明显。就像苹果从来不认为自己是硬件公司，手机只是用来实现生态的工具。而车企绝大部分盈利来自硬件，这决定了它们和手机公司人才的思维差异。

“传统车企如果不做出改变的话，效率相对会低一些。但是我们看到一些汽车公司，正在做出改变。”赵明说。

科技公司对汽车工业的另一个冲击，还在于成本、开发理念和模式的底层逻辑不同。传统汽车公司做一个产品要核算成本、测算市场，尽可能把产品线铺满。科技公司讲究针尖刺穿效应，围绕核心几款产品，追求单品爆款。

小米等手机公司习惯于 C2B 模式，即订单拉动式生产，通过预售制和快速动态响应的供应链响应客户需求，降低需求变动带来的影响。

一位供应链人士分析说，C2B 预售模式使得小米在供应链的资金流上得到保障，订单信息拉动生产，以需求信息集约化来组织供应链运营，对小米而言实现的几乎是“零库存”，每一动态的库存都属于客户。

订单拖动式生产是所有汽车公司的终极梦想，能够极大程度减少中间环节的浪费，大幅提升经营质量。但现实中除了丰田汽车，绝大多数车企都无法做到极致的精益生产，更多采取的是计划式做法，通过规模来降低成本和提高竞争力，当销量规模扩张受阻时，为了维持上游的低成本会通过向下游匹配更多促销费用、压库的方式来达成既定目标，这是汽车行业长期以来的矛盾冲突。

“大部分车企并不是生态的参与者，它们还是喜欢用惯有的模式定义产品；而手机企业是这个生态的参与者之一，它们更清楚用户到底想要什么。”一家自动驾驶公司的投资人沈群告诉记者。

不过周勇认为，手机产业链中通用电子元器件很多，手机、电脑、平板上有大量的通用件，开放的产业链支撑了手机快速迭代和供应链的效率。但汽车的产业链比较封闭，许多零部件都是定制化的，比如汽车底盘中最常见的麦弗逊悬挂，不同车型的参数、性能规格都不同，不像手机中的一些元器件可以跨设备即插即用。所以手机公司在供应链方面的优势并不一定能移植到汽车行业。

其次就是车规级比起消费级苛刻得多的标准。一家日系车企高管曾告诉记者，供应商为该公司提供的一个安全气囊芯片存在万分之一的失效概念，为此他们召回了所有采用该批次芯片的车辆，他很难想象手机公司也会这么做。

最后，汽车和手机相比无论技术还是资金的门槛都更高，护城河也比较深。举例来说，科技公司做生态企业，千万元级别的投资就可以把一个品类做起来；扫地机器人公司几十名开发人员，就算是比较大的投入了。但汽车产品的开发动辄是百亿元的投资规模，远非手机和智能家居产品能比。

此外，以汽车、手机和 XR 融合为目标，行业内同时具备汽车资源、手机人才、XR 经验的公司并不多。

王勇认为，传统车企造手机面临的压力包括人才储备、组织文化的 DNA。手机公司造车面临的挑战则是对车规级的安全等级在认知和理解上的重视程度。

“所以要想做好跨界的融合，一是技术上的融合，二是人才组织上的融合。谁的企业愿景价值观整合得好，谁才会是最可能的赢家，单一强调某一个方面都不会成功。”王勇说。

第4节

特斯拉如何颠覆传统汽车工业

2016年，当时在一家领先的合资车企Benchmark（基准分析）部门工作的张毅接到了一个任务——分析一款特斯拉Model X车型。公司对张毅的要求是认真总结特斯拉新产品的亮点设计、特点和不足，从而明确公司后续的电动汽车产品，积累一定的经验。

“当时我们对于电动车的了解并不多，国内大部分新能源产品都是享受政策优惠的插电式混合动力车型，少数100多公里续航的纯电产品，我们也看不上。在看过Model X之后，我们更加坚定电动车只是一个政策产物的看法。但不可否认的是，和我们中规中矩的产品相比，Model X的确有很多新颖的功能和设计。”张毅告诉记者。

虽然特斯拉有科技公司的背书，而且Model X是一款价值百万美元的纯电动汽车产品，但这款车并没有得到这家传统合资企业工程师的一致认可。生产端的工程师认为，Model X的装配工艺太差，根本达不到下线标准；HMI工程师认为中控大屏放置太低，不利于驾驶员观察；整车工程师认为，Model S拥有大量电子按钮，可靠性肯定不如机械按钮。

“当时大家看到的缺点多于优点，所以当时我们几乎都认为，传统车企一旦进入电动汽车市场，特斯拉和‘蔚小理’都很难有一战之力。”张毅说道。

但大众、丰田、日产、通用纷纷进军新能源汽车市场后，张毅预想的“碾压”并没有到来。反而是被认为无法达到线下标准的特斯拉，逐渐坐稳了全球纯电动汽车销量第一的宝座。

乘联会数据显示，特斯拉 2022 年在华批发销量将达 43.9 万辆，而新能源转型最激进、产品攻势最快的大众品牌，2022 年其 ID 家族在华销量已达 18.1 万辆。

与此同时，特斯拉也成为全球市值最大的汽车公司，其市值超过了大众、丰田、通用汽车等众多传统跨国巨头车企的总和。

“当我们真正进入市场时，我们才意识到特斯拉的强大和对传统汽车行业的颠覆。”转投新能源汽车公司后，张毅表示。

一家汽车公司外壳下的科技公司

电动汽车并不是什么新鲜事。1881 年，法国电气工程师兼发明家古斯塔夫·特鲁韦（Gustave Troué）推出了第一辆功能齐全的电动汽车。英国发明家兼实业家托马斯·帕克在伦敦使用他自己定制设计的高容量充电电池制造了第一辆实用电动汽车。两年后，德国人卡尔·本茨（Karl Benz）获得了发明专利，第一辆经过官方认证的内燃机汽车诞生了。

但在此后近百年的历史中，由于电池、电机等技术和能量补充系统的制约，诞生较早的电动汽车逐渐被内燃机汽车超越。通用汽车、奔驰等车企在过去几十年里都曾尝试推出纯电动汽车，但最终都没有取得稳定的销量。

2003 年 7 月，马丁·埃伯哈德和马克·塔彭宁组建了特斯拉公司，一方面是为了纪念伟大的发明家、电动机先驱尼古拉·特斯拉，另一方面“T”还是电动机的截面。两人于 1997 年开发出了世界上第一批电子阅读器，名为 Rocket eBook。在 Rocket 电子书的研发过程中，他们发现电子书使用的 18650 锂离子电池具有非常长的待机时间，使用 18650 锂离子电池制造电动汽车的想法也出现在了两人的心中。

当时，大多数纯电动汽车仍然使用铅酸电池和镍氢电池，使用锂离子电池的产品很少。特斯拉在成立之初就奠定了创新的基础。

2004 年，马丁·艾伯哈德和马克·塔彭宁找到了通过出售 Paypal 实现财务自由的硅谷“钢铁侠”埃隆·马斯克，马斯克不仅投资 650 万美元，成为公司最大股东和董事长，还直接参与运营和管理。2008 年，由于特斯拉首款产品 Roadster 生产困难，两位创始人马丁·艾伯哈德和马克·塔彭宁先后离开特斯拉，马斯克完全掌握了特斯拉的研发和运营。

上大学时，马斯克研究了如何使用超级电容器作为电动汽车的储能装置。他本来打算去斯坦福大学攻读博士学位，也想继续研究先进的储能技术。在后续采访中，马斯克表示，他心里早就有研究电动汽车的想法，但建造火箭似乎更酷。

2008 年 2 月，特斯拉举行了 Roadster 新车交付仪式，但实际交付的只有 7 辆。这批汽车作为“创始人系列”提供给马斯克和其他投资者，其中包括谷歌创始人佩奇和布林、eBay 创始人斯科尔以及特斯拉真正的创始人艾伯哈德等。这种交付方式被蔚来汽车在 9 年后模仿。2017 年，蔚来 EP9 还定制了 6 台并交付给投资者。

Roadster 并不是一款能够带来大规模盈利的车型。相反，由于研发和生产成本的猛增，每辆 Roadster 车辆的制造成本从 10 万美元上升到 12 万美元。因此，马斯克决定将汽车的价格从 92 000 美元提高到 109 000 美元。此举让订购特斯拉的 400 多名客户极为愤怒。在洛杉矶的一次客户会议上，马斯克差点被打败。

在特斯拉看来，基于莲花跑车打造的 Roadster 只是一款名牌产品。因此，马斯克同时开始规划一款大众市场车型，也就是后来的 Model S。在 Roadster 发布会上，马斯克表示，未来三年内将推出一款更便宜的轿车，预计售价 5 万美元。

2009 年，得益于与戴姆勒在电动 Smart 上的合作，特斯拉实现了电池组的出口，并获得了戴姆勒 5 000 万美元的投资。此后，丰田也投资了特斯拉，以 5 000 万美元的价格收购了特斯拉 3.15%的股份，并与特斯拉联合开发了丰田 RAV4 电动版。随后，丰田还以 4 200 万美元的“白菜价”将丰田汽车位于加州的工厂卖给了特斯拉。这座工厂从此成为特斯拉第一座超级工厂——加州弗里蒙特超级工厂。

2012 年，特斯拉发布了 Model S，这款车型被认为是全球电动汽车划时代的产品。马斯克的电动汽车普及路线也从 Model S 开始变得越来越清晰——用赚来的钱生产买得起的车；用赚来的钱生产更便宜的汽车。继 2012 年和 2016 年分别交付 Model S 和 Model X 之后，2017 年特斯拉开始交付更便宜的 Model 3，也正是 Model 3 成了特斯拉未来腾飞的关键车型。

在 Model 3 交付初期，“产能地狱”一直困扰着马斯克和特斯拉。马斯克誓言到 2018 年 3 月底每周生产 2 500 辆 Model 3，到 6 月底增加到每周 5 000 辆。尽管他住在工厂里并亲自监督新车生产，但截至 2017 年 4 月初，每周只生产约 2 000 辆汽车。当时，马斯克在社交平台上表示：“汽车生意就是地狱。”

由于 Model 3 产能低下，特斯拉一度走到了生死边缘。马斯克公开表示：“特斯拉最接近（破产）的时候只有一个月左右。在很长一段时间里——从 2017 年年中到 2019 年年中——提高 Model 3 的产量都带来了极大的压力和痛苦。（那时候）简直是生产和物流的地狱。”

上海超级工厂的落成和中国新能源汽车市场的快速增长拯救了特斯拉。2019 年 1 月，特斯拉上海超级工厂奠基。11 个月后，上海制造的特斯拉 Model 3 开始交付，随后上海工厂的产能迅速攀升。该工厂产量已达 71 万辆，特斯拉全球交付的汽车产品一半以上来自上海超级工厂。

国内某车企研发高管李峰告诉记者，从某种意义上说，中国“拯救了”特斯拉，中国的供应链完整、价格低廉，供应商非常愿意与特斯拉合作，这使得特斯拉走出了产能的地狱，拥有强大的成本优势。

如今，特斯拉 Model 3 和 Model Y 已成为全球最畅销的两款纯电动汽车产品，但特斯拉仍在计划打造更便宜的入门级产品。在 2023 年的股东大会上，马斯克表示，特斯拉正在开发两款新车型，年产量将超过 500 万辆。此前公开信息显示，特斯拉将生产一款小型汽车，其制造成本仅为 Model 3 的一半。

全面重构和颠覆

特斯拉在成为电动汽车普及者的同时，在技术、生产甚至供应链模式上颠覆了过去 100 年汽车行业的固有模式。

“2016 年，我们只是惊鸿一瞥，从外部体验和外形、配置、人机等方面分析特斯拉 Model X，但随着我们和外界对特斯拉的深入研究，我们发现，特斯拉已经遥遥领先于其他车企了。”张毅告诉记者，从 Model 3 开始，集成压铸、集中式电气电子架构等新技术彻底颠覆了他对特斯拉的认知。

“软件定义汽车=芯片+数据驱动+中央计算架构+基础软件平台+应用软件”这个简洁的公式是业界对“软件定义汽车”的普遍共识。

当很多车企使用数百个 ECU 组成庞大的分布式电子电气架构时，特斯拉率先应用了集中式电子电气架构。特斯拉整个电子电气架构只有三大部分：CCM（中央计算模块）、BCM LH（左车身控制模块）、BCM RH（右车身控制模块）。由于采用高性能计算平台的集中式汽车电子架构，所使用的 ECU 数量大大减少。

通过应用这项技术，特斯拉不仅可以降低 ECU 的成本，还可以减少 ECU 之间的布线，从而更容易减轻重量并节省空间。集中式电子电气架构也有利于“OTA”（空中下载）功能的实现。这项技术被认为是“软件定义汽车”的重要载体。

博世曾预测这项技术将在 2025 年迎来量产，但特斯拉却在 2017 年量产交付的 Model 3 上实现了集中式电子架构。当时，一位日本汽车制造商的工程师看到特斯拉的电气电子架构时举起了“白旗”：“如果是我们公司，应该不可能。在这方面，特斯拉领先丰田和大众 6 年。”

集中式电气电子架构的首次应用只是特斯拉众多领先技术之一。特斯拉的车载系统基于开源系统。其自身的车载操作系统来自完全开源的 Linux，并且对 Linux 的深度改版使其与车辆的兼容和集成达到了更高的水平。特斯拉选择 Pytorch 作为深度学习框架，基于开源流处理平台 kaf 管理大规模数据。最终，特斯拉通过自己的软硬件架构，彻底整合了 AI、数据驱动和机器深度学习三大板块。

特斯拉基于开源生态的软件开发理念的优势在于，它可以不再依赖软件供应商，而是完全自己掌握堆栈。一旦发现问题，可以快速纠正，车主还可以享受频繁的 OTA“永远在线，永远新鲜”的驾驶体验。如今，相当一部分传统车企尚未实现高频 OTA。

特斯拉在自动驾驶方面也处于领先地位，这被认为是未来汽车的核心竞争力。在特斯拉的 FSD 上，马斯克坚持第一性原则，坚持认为纯视觉的解决方案是行得通的，因为人可以只依靠眼睛进行驾驶。在自动驾驶硬件方面，在经历了与 Mobileye、英伟达的合作之后，特斯拉走上了自研芯片的道路。FSD 芯片是一个典型的异构计算组合，除了常规的 CPU、GPU 外，还包含两颗负责深度学习和预测的大杀器 NPU。

和 Nvida Drive PX2（HW2.5）相比，FSD（HW 3.0）对应的算力可达 72TOPS，但功耗仅为 36 W，差不多用英伟达 2/3 的芯片面积实现了高数倍的性能。在自带的影子模式（shadow-mode）下，特斯拉每时每刻都在“鲸吞”着海量数据，并通过全在自动的数据标记，打通了自动驾驶的数据闭环。

虽然在技术上投入很多，但致力于“赚到钱打造更便宜的车”的特斯拉，在成本控制方面可谓不遗余力。

2014 年，理想汽车创始人、董事长、CEO 李想，从马斯克手中接过了一把 Model S 的车钥匙，成为中国最早拥有特斯拉 Model S 的 9 位车主之一。在仪式结束之后，李想在接受采访时说："特斯拉的外观设计是 100 万美元的档次，驾驶体验是 20 万美元的档次，但后座只有 1.5 万美元—2 万美元产品的档次。"随后，李想还对 Model S 漏雨的天窗、不好用的雨刮器、硬邦邦的后座椅以及劣质的内饰提出批评。

李峰分别在 2014 年和 2016 年试驾过 Model X 和 Model 3，虽然两次车辆都出现过一些状况，但李峰仍然觉得很震撼。"Model 3 的驾驶性、底盘、NVH 跟 Model X 比脱胎换骨。我当时跟团队讲，特斯拉在 3 年时间里对汽车的学习和理解进步飞快，同时具备了全新的视角和敢于突破的观念去做一台车。"李峰说。

"马斯克非常坚持第一性原理，这个贯穿了研发、生产等多个环节。"一位前特斯拉管理层人士告诉记者，马斯克认为，一辆车的价格应该等同于制造这辆车的钢铁、橡胶、硅、锂等材料价格的总和，一切制造、管理的成本都该压缩。

降本是每一家车企都会面临的问题，张毅告诉记者，Benchmark 的工作中，有相当一部分就是研究友商的降本措施，为后续企业的成本控制提供参考，同时过去大部分车企的降本中，减配、降低标准都是惯用手法。

"之前我们的一次降本提案中，有一个部门直接提出了减配空调。"张毅说到，而在特斯拉的成本控制中，更多体现在体系、效率之上，尽管因为配置相对于国产车更加简单，被称为"毛坯房"，但 Model 3 的部分用料并不逊色于定价更高的豪华品牌燃油车。

特斯拉首先构建了高度垂直整合的供应链。特斯拉在应用 18650 电池之后，随后又研发了 26650 和 4680 圆柱电池；在芯片供应紧张、芯片价格暴涨时，特斯拉的工程师们又自研了多款 MCU，满足应用。特斯拉表示，通过车内的垂直整合，Model S 上的 3 400 个一级供应商零部件、21 000 个二级供应商零部件下降到了 Model 3 上的 2 100 个和 19 000 个。

更高的效率成为特斯拉实现更低成本的利器。国内一家车企的研发负责人刘海告诉记者："传统车企的供应链体系中，首先是供应商来料，其次是入场的检测，整车厂还需要筹备一个巨大的零部件仓库，从来料到装车，通常需要 24 小时以上。而特斯拉的供应商直接把物料运送到特斯拉生产车间的门口，减去了中间多个检测和中转库的环节。背后的奥秘则是特斯拉通过数字化的工具重构了供应商零件上车的过程，大幅提升了效率且减少了工厂的占地面积。"

在生产过程中，特斯拉再次颠覆了传统的生产方式，通过精简生产供需，来提升效率和降低成本。在 Model Y 车型上，特斯拉首次尝试了一体化压铸技术，将后车体的零件数量由 70 个减少至 1—2 个。

特斯拉式生产方式带来了巨大的成本优势。2022 年，现代汽车集团全球销售了 684 万辆汽车，相关子公司合计营业利润为 127. 2 亿美元。特斯拉 2022 年销售汽车 131 万辆，营业利润 133. 2 亿美元，超过了销量更高的现代汽车集团。

在 2023 年的投资者活动日上，特斯拉表示对于下一代产品采用"一次性组装"造车模式：首先减少汽车零部件数量，采用一体化压铸；同时，特斯拉认为车的底盘应该是车的一部分，电池就是底盘的一部分，将座椅放在底盘上是最合理的方式，即此前公布的 CTC 技术；然后将车头、车尾，还有带座椅的电池底盘同时组装上零部件，最终将这些部分一次性组装完成。

马斯克表示，特斯拉不认为其他任何汽车制造商可以接近特斯拉的成本。

"很多东西并不是只有特斯拉会，我们不会，而是我们的方式没有比特斯拉更高明。我们堆时间、比速度，最后突然发现，我们也许可以改变研发到产品的交付过程，但是整个汽车产业的闭环非常大，我们很难推动传统车企全体系性的变革。”刘海说。

变革背后的顶层逻辑

在特斯拉的示范效应下，蔚来、理想、小鹏、问界、小米、长安、一汽等车企都开始应用或布局一体化压铸技术。小鹏、理想、长城等还和特斯拉一样，打造了自己的超算中心，以加速人工智能、自动驾驶等方面的能力提升和功能迭代。

“‘扶摇’架构采用前后一体式铝压铸车身，前后一体压铸集成零件数161个，一次压铸成形，最大压铸力可达1.2万吨。”在扶摇架构发布会上，小鹏汽车董事长何小鹏这样说道，近期基于扶摇架构的首款产品小鹏G6正式上市，并在交付时就会配备小鹏的智能驾驶辅助系统XNGP。

2014年，毫不留情批评特斯拉的李想，在理想汽车的SKU定义上，正沿着特斯拉的路线前进。如今的特斯拉Model 3在国内，仅提供标准版和性能版两个款型的选择。而理想的L7、L8、L9也只为用户提供Air、Pro、MAX三种版型。

以极少的SKU，实现更高效率的生产和更低的成本，也让理想汽车有着国内新势力车企中最高的毛利率水平。

“在特斯拉产品车身的颜色选择上，也藏着一些小心思。”某车企营销高管告诉记者，Model 3和Model Y仅黑色为免费车身色，其他颜色均需加价选装。这样带来的好处是，会有相当一部分用户出于成本考虑，选择黑色车身，这将大大减少生产的难度并提升效率。

特斯拉引领的还有新能源汽车销售渠道模式的巨变。

2007年，马斯克构想了集星巴克、苹果体验店和“一家好餐馆”的亮点于一身的特斯拉体验店，他在一篇博文中写道，特斯拉打算为打造好店和打造好车投入同样的精力。同时马斯克还认为，对于电动汽车销售来说，由公司直接向用户提供车辆的方式尤为重要，因为大多数消费者对于电动汽车的了解并不深刻，直营的门店即是销售场所，也是“教育场地”。

在纯电动车接受程度并不高的时期，特斯拉的销售们被要求不要急于让用户买车，而是让用户多去体验电动车，这和传统经销商模式下，讨价还价的服务形成了鲜明的对比。同时过去善于销售燃油车的经销商们，并不一定真正了解纯电动汽车，他们甚至会想将电动车的潜在用户转向燃油车。

在智能电动车领域，特斯拉、“蔚小理”对市场进行了长达七八年的探索，通过数字化的手段优化订单、线索、销售过程和交付等管理，实现了用户期待的透明价格、更优质的服务、更迅速的问题响应和解决能力，而传统燃油车旧有的销售系统难以支撑和实现这些变化。

电动车与燃油车的产品差异，还改变了参与方的利益分配。传统燃油车 4S 店是高成本、高资产的运作方式，靠保养、维修等售后业务覆盖店面运营成本。而电动车不再需要每年更换机油、机滤等材料或零部件。经销商虽然帮助厂家分摊了运营与资金风险，但也削弱了车企的收益。

智能电动车的出现倒逼汽车厂家自我变革，把 4S 店的功能如体验、仓储、物流、整备、交付、维保进行拆分，加强管理的深度与颗粒度，以实现整个产业链的综合成本降低。从这个角度来说，传统燃油车的售卖模式本身管理就比较粗放，整个价值链条成本和效率偏低，只是在中国车市的黄金年代并未暴露更多的问题。

特斯拉直营模式的出现，规范了终端售价和流程，大幅提升了用户的购车体验。如今除了蔚来、理想等国内造车新势力沿袭特斯拉的直营模式外，通用、比亚迪等车企也开始试水直营销售。

李峰认为，过去 100 年汽车工业持续进化的核心理念是降低成本和提升效率。福特汽车流水线式的生产模式，丰田的精益生产管理，终极目的都是降本增效。特斯拉并未颠覆这一理念，但它采用互联网思维和数字化的工具，重构了传统汽车工业研发、生产、供应链、销售和服务所有环节。

“很重要的一点是，我们在跟特斯拉竞争的时候，看到的是它呈现出来的东西。仅仅效仿特斯拉是不够的，我们必须去研究它的顶层逻辑，它创新和决策背后的驱动力是什么。当我们理解这个顶层逻辑的时候，才能推测它的下一个创新是什么，才能真正意义上去跟特斯拉竞争。”李峰说。

第 5 节

包机出动、皮尺量车，上海车展拉响淘汰赛警钟

2023 年 4 月 20 日，“车 fans”组织了一场电动车一线门店人员聚会，创始人孙少军问大家参观 2023 上海车展的感受，一位参会者脱口而出说“万国来朝”！

这的确是中国汽车历史上前所未有的时刻，来自不同国家车企的高管与经销商们密集涌入上海车展的展馆。

宝马半个董事会的成员与主要业务线的负责人包了两架飞机来到中国。在上海车展前，宝马就通过第三方公司对蔚来、理想等公司的车主、员工和管理层展开了层层调研。4 月 18 日上海车展开幕当天，宝马管理层总共有 5 拨人先后进入蔚来汽车的展台，希望与员工及管理层进行交流。

在宝马品牌之夜活动上，宝马集团董事长齐普策罕见地喊出“今日中国之动向，将引领明天世界之方向”，“今天谁能吸引中国消费者，明天谁就能拿下世界”。

上海车展所呈现盛大的“万国来朝”景象，既反映海外巨头们对中国市场的重新审视，又展现跨国车企正在开动机器调转船头，筹备更大的反攻。在此之前，中国本土传统车企的领导者如长安、吉利汽车已经拍马赶到，上汽通用、上汽集团以罕见的低姿态杀入市场。上汽智己、飞凡，上汽通用别克，近期推出的电动车毫无例外颠覆了既往的定价逻辑。此刻的中国新能源车市场如同巨大的绞肉机，血肉磨盘已经启动。

“2023 年的上海车展是一个转折点，从群雄逐鹿到全面战争打响。今

天我们在上海车展上看到的一些哪怕是头部的新势力品牌，还能不能活到明年的北京车展，是一个巨大的未知数。”车 fans 创始人孙少军说道。

“世界变了”

聚集着众多造车新势力的 6.1 馆是上海车展最热门的展馆，无论是媒体日还是专业观众日，6.1 馆总是人满为患。到普通观众日，蔚来、小鹏等公司不得不拉起了限流绳，用排队入场的方式来控制展台的人数。

一条通道之隔，驻扎着大众、奥迪等传统豪门的 5.1 馆却冷冷清清，穿过两馆之间的通道，就仿佛进入了另外一个世界。日产、本田等合资品牌的展台大多如此。

“世界变了。”一位日产中国前员工感慨道。4 月 19 日，他专程回到老东家的展台去探望，下午三四点钟的展台，就像下午 6 点快要闭馆的光景。不光是没有人流，老同事们看起来也比较垂头丧气。

“别人的展台有那么多的产品和技术，热热闹闹的，我那些老同事们想做事又无处发力，整个人的状态都很不好。”他说道。

合资品牌的没落，是 2023 上海车展呈现出来最直观且强烈的感受。燃油车时代，德系、日系、美系和韩系车类似于“战国七雄”，中国 10 家销量超过 100 万辆的车企中，合资公司一度占到其中 7 席。

智能电动车的浪潮下，旧世界的霸主们纷纷跌落马下。2022 年，只有 3 家合资车企销量超过了 100 万辆。一度年销量规模超过 400 万辆的大众汽车，2022 年在华销量萎缩了近 30%；曾经百万辆级的长安福特、北京现代年销量跌至 20 万—30 万辆。替代它们进入头部的新贵是比亚迪、吉利、长安和奇瑞。

与中国车企相比，合资公司燃油车产品停滞不前，内饰的质感不再高级，性能、质量和油耗的优势也被中国车企赶超。头部的中国车企已经拉开架势，燃油车与新能源车双线作战，并且把新能源汽车的技术与设计方案反哺到燃油车，这进一步扩大了两个阵营产品竞争力的差距。

“我专程去看大众的 ID. 7，非常震惊。展车的车机屏幕上还是照片轮播，没办法让用户体验车机。再看看隔壁展台的智己 LS7，在产品的创新、用户场景的满足方面做了非常多的努力。”一家车企营销高管江河向记者说道。

8. 2 馆又称“豪车馆”，是本届车展 6. 1 馆之外人气最高的另一个展馆。但 8. 2 馆中人流量最大的品牌并不是宾利和玛莎拉蒂等传统豪门，而是比亚迪“仰望”。在媒体日的第一天，比亚迪“仰望”展台便被围得水泄不通，多数人只能远远地举高手机拍一张照片留念。

车展期间，网络上不断流出用户预订比亚迪“仰望”U8 的图片。预售价 109. 8 万的“仰望”，单台车的订金达到了罕见的 2 万元。未经证实的消息称，截至 2023 年 4 月 23 日，“仰望”U8 已经收到超过 1. 4 万张订单，光是订金就接近 3 亿元。

4 月 18 日，哪吒纯电跑车哪吒 GT 上市，售价 17 万—23 万元。全世界的跑车市场原本被德、意、日、美统治，但是哪吒 GT 在 20 万元左右的售价范围内，实现了不输保时捷 718 等大牌公司产品的底盘与加速性能。

事实上，中国车企在不同细分市场全方位的崛起，杀入合资与豪华品牌的腹地，是伴随着新能源车销量激增最突出的变化。比亚迪“海豹”、长安“深蓝”等自主品牌新能源车，抢的首先就是传统意义上本田“雅阁”、大众“迈腾”的市场。中汽协数据也显示，去年 15 万—20 万元新能源车增幅最大，超过了 200%，而这一价格地带正是此前合资 B 级车的核心市场。

在豪华车市场，奔驰、宝马、奥迪的统治也经受着巨大的挑战。2022 年，国内豪华车零售市场销量为 347 万辆，同比下滑 2. 7%。其中传统燃油豪华品牌新车销量为 282 万辆，同比下滑 7. 8%。宝马、奔驰、奥迪三个一线豪华品牌告别了过去几年的增长，2022 年销量分别下滑了 6.4%、0.9%和 9.3%。

特斯拉、蔚来、理想等新创公司，抢走了原本属于传统豪门大约 20%的份额。2022 年，豪华纯电车型销量为 52 万辆，同比增长 45%，加上插电式混合动力汽车共约 65 万辆。

“本届上海车展上最大的感受之一，是中国品牌在原来相对薄弱甚至空白细分市场上的突破。比如售价 100 万元的市场，在燃油车时代绝对是国际大厂盘踞的领域，但比亚迪‘仰望’U8 形成了非常强有力的突破。在燃油车时代，跑车几乎是中国车企的沙漠地带，用户想要买一台零百加速 4 秒的跑车，只能去奥迪、宝马和保时捷的展厅，需要花费近百万元。哪吒 GT 四驱版本不到 23 万元，就可以得到 3.7 秒的零百加速能力。”哪吒汽车营销公司副总裁张洪汉告诉记者，由于新能源和智能科技的加持，中国品牌有可能在更多的细分市场实现突破。

绞肉机器开动

4 月上旬，特斯拉将会开启新一轮降价的传言在行业里流传。虽然特斯拉出面辟谣，但记者从供应商和终端门店获悉，特斯拉正在上下游超常态的备货。多位特斯拉门店员工认为，这可能是发起新一轮价格战的前奏。

2023 年 1 月，惊涛骇浪般的降价潮席卷车市，扣动降价潮扳机的正是特斯拉。2 月下旬，比亚迪跟进降价。两个头部强者发起的战争逼迫更多对手下场，而被新能源车大肆踩踏的燃油车尤其是合资品牌燃油车，在地方政府的裹挟下祭出更大的价格杀器应战，并蔓延至全国。

到 3 月下旬，北京现代、大众 ID.、长安深蓝、一汽丰田、比亚迪等超过 40 个品牌加入价格战，无论是合资品牌、自主品牌、豪华品牌，还是新能源车企，鲜有独善其身者。

除了特斯拉和比亚迪，多数品牌降价并未带来销量，反倒是增加了消费者持币观望的情绪。记者走访上海等地汽车销售门店时也发现，虽然近期不同品牌的客流量均有所提高，但成交量却较为低迷。这也倒逼车企不得不祭出更大的“杀器”，来抢夺市场。

2 月和 3 月，上汽集团旗下的智己 LS7、飞凡 F7 相继上市。智己 LS7 是一款轴距超过 3 米的中大型 SUV，轴距与外部尺寸同蔚来 ES8 相当，但起售价足足低出 19 万元。除了激光雷达，飞凡 F7 轴距、外部尺寸以及电池包容量等配置同蔚来 ET7 接近，为首批用户提供终身免费充换电的权益，起售价则比 ET7 低了 15 万元。如果选择车电分离的方案，这款尺寸与宝马 5 系接近的中大型轿车起售价只要 14. 59 万元。

“尺寸、价格、配置，传统的定价逻辑荡然无存，市场极度混乱，很多车型一看就是没有利润的，但是大家都在卷价格，为了生存不择手段。就像当年滴滴和快的、UBER（优步）打价格战一样，希望卷死对手。”一家造车新势力公司的产品经理吴迪说道。

4 月 10 日，蔚来董事长李斌在媒体沟通会上称，如果接下来每个月销量还是 1 万辆，自己和蔚来总裁秦力洪就得去找工作了。在吴迪看来，李斌所说固然有玩笑成分，但也暗示着蔚来汽车生存压力巨大。因为蔚来汽车一直坚持高端定位，是少有的没有加入价格战的汽车公司。但外部环境急剧恶化，如果坚持高定价，走量的车型势必会受到对手冲击。

上海车展前不久，上汽通用别克 E5 上市。E5 轴距达到了 2 950 毫米，别克在售的燃油车中，同级别 SUV 售价超过了 25 万元。由于电动车成本高于燃油车，通常来说，别克 E5 的起售价应该高于 25 万元才对。但别克最终给出的售价是 20. 99 万元起（68 度电），比起特斯拉 Model Y 起售价便宜了 4. 2 万元。

别克 E5 以罕见的低姿态进入市场，引起众多竞争对手密切关注。作为燃油车时代的龙头企业，上汽通用在全国有着数千万用户的积累，多年积淀下来的质量口碑与用户信任基础，以及遍布全国不同区域、不同下沉市场的渠道。

一些新能源车企人士将E5低价上市称为“龙头出牌”，当合资公司放下品牌溢价，与中国车企以及造车新势力贴身肉搏，鹿死谁手尚不可知。

2023年3月底的财报会议上，比亚迪董事长表示：“我们在10万—20万区间有定价权，希望可以平稳一点，不要搞得大家很难受，别人都没活路。”但实际上，2月以来比亚迪通过除了直接降价外的其他方式积极打价格战，比亚迪秦PLUS DM－i冠军版车型将起步价定在10万元以下，已经进入紧凑型燃油车价格带。3月和4月，比亚迪又相继针对宋、元PLUS、海豚等车型开启88元抵5 888元或6 888元促销活动，相当于变相降价5 800元和6 800元。

2023年上海车展上，比亚迪王朝网、海洋网、腾势品牌、仰望品牌打出了一套组合拳。海洋网发布的海鸥在车展上开启预售，预售价为7.88万元—9.58万元。仰望品牌首款车U8在车展上也开启预售，预售价高达109.8万元。

与其他品牌相比，比亚迪的产品完整覆盖了不同尺寸、售价和不同车身形式的主要市场。在电四驱的技术与腾势、仰望品牌下，比亚迪还有机会突破30万元—80万元的市场地带。庞大的产品阵容、渠道覆盖加上规模与成本的优势，如果不出错，比亚迪在中国车市作为超级巨头的地位将难以撼动。

从当前产品、渠道布局、组织结构调整以及销量规模来看，中国新能源汽车市场“两超多强”的格局已经浮现。长安、吉利、广汽新能源车已经进入起飞前夜，等到更完善的产品布局完成，它们将成为新能源车市场新的头部。

而还处在二线和三线的合资、自主以及造车新势力，前景则非常不乐观。4 月初，零跑汽车山东一个经销商在当地媒体上指称零跑汽车涉嫌销量造假，以及产品存在质量问题。此后零跑汽车回应称经销商的指控不实。虽然当前只是孤例，但考虑到所有车企经营危机的前兆大多来自经销商端。零跑经销商的“反水”会不会是一个特别的信号？值得关注。

前景同样不明确的还有长城汽车。两年以前，长城汽车推出了一系列“高仿”Smart、大众甲壳虫、保时捷 911、福特 Branco 的车型。

在当时，第一财经撰文称，模仿造车的本质是对市场趋势和用户需求的不理解，只能借鉴历史上成功的经验，“长城汽车的焦虑在于不安全感、面对智能电动化的不适和无所适从，所以采取了拿来主义、广种薄收和野蛮生长的模式”。

如今看来，长城汽车依然没有走出拿来主义、广种薄收（品类战略）和野蛮生长，而这些办法也没有提供给长城足够长周期的持续发展能力。在一些车型短暂的辉煌过后，2021 年至今，长城汽车销量整体快速下滑。2023 年一季度，长城汽车累计销量 22 万辆，同比下滑 22. 41%；归母净利润 1. 74 亿元，同比下滑 89. 34%；扣非净亏损 2. 17 亿元，同比下滑 116. 65%。

当前处于头部的造车新势力也难言绝对安全。在创业的第一个周期，造车新势力几乎以不计成本、集中所有资源的方式，实现针尖式的突破，打造出它们的第一个“单品爆款”。单品爆款支撑它们获得销量的增长与持续的融资，但它们中的多数并未完成“1—N”的架构与流程建设，表面光鲜，实则流血不止。

当市场进入绞肉机一般的淘汰赛阶段时，拼的是体系能力与资源消耗。从这方面来说，每年净利润数百亿乃至上千亿，现金流为正且手上握着数千亿现金的丰田、大众、通用等全球巨头，打消耗战的能力更强。

在极致“内卷”的当下，仍然有一些企业如同活在与世隔绝的世界中。

东风汽车曾经是中国车市巨无霸式的存在，但最近几年它在行业中的存在感持续降低。原因是东风汽车每年享受着合资公司带来的数百亿利润贡献，在自主事业上却不思进取或缺乏建树，没有把巨量的资金转化成自身技术、产品、品牌与企业长期成长的基石。东风岚图、东风风神等公司从创立至今几乎每年都在亏损，究竟要亏多久才是尽头，这个问题似乎从来没有得到正视。

4 月 20 日，比亚迪董事长王传福与公司副总裁廉玉波等高管乘地铁参加上海车展的照片在网络上走红。一家车企高管评价说，几千亿身家的王传福坐地铁，拿着国企工资的一些干部还忙着迎来送往，出入必有专车专人接送。光凭这一点，就能看出企业之间的差距。

拥抱中国

大众汽车也包下两架飞机，将集团及大众汽车品牌、奥迪、保时捷的董事会成员带到了上海。梅赛德斯-奔驰集团股份公司董事会主席康林松据称从德国带来了近 300 人的团队参展，丰田、本田、现代汽车也有超过 100 人的管理层和业务团队参加上海车展。

他们围观着中国品牌的车辆，坐在车里用手指在屏幕上划来划去。展馆里随处可见 3—4 个集体行动的韩国车企职员，他们带着翻译，拿着调研表格，仔细地收集中国品牌汽车的信息。一些来自日本车企的员工甚至趴在地上，拿着皮尺仔细地测量车门开口、前后悬等数据。

在网络上，这些日本车企的员工被戏称为“皮尺部”。而这个称号此前属于众泰汽车，一家以逆向工程闻名的中国车企。几年以前，大众、丰田、本田等汽车公司的产品定义、产品设计还是自主品牌学习的对象，现在则颠倒了过来。

产品定义正是外资车企在中国智能电动车市场水土不服的首个问题。

在 2014 年之后的创业浪潮中，新创公司热衷于用更大的产品、更高的配置、更好的性能和更低的售价来赢得市场。

以比亚迪最畅销的中大型轿车“汉”来说，它的售价相当于本田雅阁，但提供了宝马 5 系的尺寸和空间，并且拥有更好的内饰设计、材料、智能化的装备。在插电式混合动力与纯电驱动技术下，比亚迪“汉”无论加速性能还是使用成本均大幅低于本田雅阁。

再比如理想 L8，30 万元的价格原本只能买到丰田、福特等轴距在 2 850 毫米左右的 5 座或 7 座 SUV，但是理想 L8 以同样的价格却提供了 3 米轴距的车身、6 个座位、空气悬挂、高通 8155 芯片、“彩电冰箱大沙发”，用户感知直接的配置大量装备。与之相比，外资车企同价位的产品显得尺寸小、配置简单，内饰设计较为陈旧，材质也非常一般。

造车新势力极致“内卷”突围的同时，也重新定义了产品与定价的标准，掌握了智能电动车领域的产品主导权。而决策远在欧洲或者北美的外资车企很难感受到这种变化，总部定义的产品与中国市场的实际需求存在巨大的差异。

“很多日本车企的高管到上海车展之后，脸色特别难看，他们完全没有想到中国市场居然变化这么大。”一家日系车企的员工向记者表示。

重新认识中国市场，学会正确的产品定义，是外资车企调转船头的第一步；第二步则是拥抱中国的产业链。

在 2023 年 CES 展上，Stellantis 集团 CEO 唐唯实（Carlos Tavares）表示，新兴的中国品牌汽车正在对欧洲汽车工业构成威胁，中国品牌正在迅速扩张，拥有实力更强的汽车产品，更重要的是，价格还很便宜。在欧盟的排放政策下，欧洲制造的电动车比中国制造的同类汽车价格贵 40% 左右。

一家车企管理层人士对记者表示，中国电动车产业链在全世界范围内已经具备了极强的技术与成本优势。他认为，特斯拉正是在上海建立工厂后成本开始大幅度下降，随后对旗下车型进行了降价，这也推动了特斯拉销量的快速增长。

光大证券研报显示，除正极以外，我国负极、隔膜、电解液全球市占率均在70%以上，我国电池产业链前期规模化效应以及技术领先带来的成本优势，显著增加了产业链的竞争力。

“德国和日本企业为什么转型慢，因为他们要带着整个产业链转型。”新能源汽车行业分析师杨昭说道。

4月18日，地平线创始人兼CEO余凯忙得不可开交。一茬一茬的中外车企高管相继走到地平线展台，了解产品和技术的同时，探寻与地平线合作的机会。

除了地平线，百度、黑芝麻、宁德时代等中国公司的展台上也人头攒动，其中又以不同肤色和发色的外国人居多。一家电池生产厂商告诉记者，该公司展台上来了许多陌生外国人，和前来寒暄的中国车企高管相比，这些外国人谈话的内容更加实在，会非常细致地询问产品、技术、投资以及技术趋势的细节，“感觉他们是抱着学习的态度来交流的”。

就在车展前几天，地平线、黑芝麻等公司密集宣布一系列签约与战略合作，合作伙伴包括采埃孚、KargoBot、马瑞利等。

上海车展期间，大众汽车集团宣布将投资约10亿欧元在中国成立一个新公司，新公司将落户合肥，涵盖整车开发、零部件开发及采购职能，将提升开发过程中的协同效应，并把中国本土先进的技术引入产品开发的早期流程，使集团车型产品更为敏捷地响应中国客户的需求，推动产品更快走向市场。大众汽车宣称，随着2024年“100%TechCo”投入运营，集团新产品及技术的开发周期将逐步缩短约30%。

在此之前，大众汽车旗下软件公司CARIAD与地平线成立合资企业，针对中国市场需求，加快面向中国市场的高级驾驶辅助系统和自动驾驶系统开发进程。拥抱中国智能化产业链公司，是2023年上海车展呈现的又一个新趋势。

“以前我们是市场换技术，现在颇有些技术换市场的意思了。”一家自动驾驶公司创始人评价说。

但对于根基不稳的中国车企来说，海外巨头重新认知智能电动车的产品定义，拥抱中国产业链降本增效、补齐能力短板，以及俯身放弃产品高溢价，并不算是利好。

一家造车新势力公司管理层人士不无担心地说，奔驰、大众等全球巨头拥有强大的研发、供应链、制造和渠道能力，更别提它们用几十上百年时间在全球范围内建立起来的广泛知名度与品牌价值。一旦它们完成转身，造车新势力公司面临的将是碾压式打击。

从各家公司产品推出的节奏来看，外资车企最终完成全新纯电平台车型量产的时间节点为 2027 年。

“爆款单品的时代结束了，2023 年起中国车企必须要降本增效，必须要建立起面向 70 万—80 万辆规模的产品、渠道和团队，才能在残酷的淘汰赛中活下来。”孙少军表示。

第 6 节

“铁娘子”王凤英，能否拯救小鹏汽车于水火

2023 年 1 月 30 日，小鹏汽车宣布长城汽车原总裁王凤英出任小鹏汽车总裁，直接向何小鹏汇报。

此消息在小鹏汽车正式宣布之前，已经在行业内流传，只不过业内人士多半将信将疑。因王凤英此前 30 年效力于以燃油车为主营业务的长城汽车，企业文化与拥有浓厚互联网背书的小鹏汽车存在明显差异，何小鹏本人也曾称再过几年燃油车就如同手机中的功能机。

为何小鹏汽车在组织架构变革的关键期，选择长城汽车“铁娘子”王凤英担任关键角色？行业内对此颇有不解。

在对外声明中，小鹏汽车董事长、CEO 何小鹏称，期待王凤英的加入能够给“智能化+汽车”的融合带来更多不一样的火花，为小鹏汽车从一到二的行稳致远提供更有力的管理支持。

一位小鹏汽车离职的管理层人士王斌向第一财经记者表示，2022 年下半年小鹏汽车销量连续 5 个月环比下滑，旗舰车型 G9 上市失败，订单急剧萎缩，背后的核心原因是没有建立起研发、供应链、生产、销售高效协同的底层架构与流程规范。

“小鹏汽车在 0—1 的阶段追求的是打造出一个爆款车，忽略了研、供、产、销高效协同的重要性，产品规划混乱，销售体系内耗严重。何小鹏亟须传统车企的高管来帮他建立完善的经营管理体系，建立面向大规模制造销售的架构，以及迅速地解决销售系统的问题，重回增长轨道。”王

斌说道。

同样在 1 月份，何小鹏在内部的讲话上表示，小鹏汽车重塑组织和价值观，要先从高管、中管身上找问题，要先破而后立，敢于向过去的经验、逻辑挑战，“如果‘不破’，我们只是面临早死和晚死的区别”。

接连重创

小鹏汽车在 2021 年还是造车新势力的销量冠军，但 2022 年下半年起陡然进入销量连续大幅下滑的通道。

2022 年 7 月—11 月，小鹏汽车月销量在 6 月 15 925 辆的基础上一路下跌，至 10 月销量跌至 5 101 辆，在当月造车新势力销量排名中垫底，直到 12 月才重回 1 万辆，但仍大幅低于 6 月销量水平。2022 年四季度，小鹏汽车销量仅为 2.2 万辆，是 2021 年三季度以来最低值。2022 年度，小鹏汽车共交付汽车 12.08 万辆，没有完成 25 万辆的年度目标，并被哪吒汽车、理想汽车和蔚来汽车反超，销量增速也大幅低于全行业 98% 的平均增速。

低迷的销量也给小鹏汽车财务带来巨大挑战。2022 年三季度，小鹏汽车经营亏损 21.8 亿元，同比扩大 21.1%。把时间轴拉长来看，2019—2021 年，小鹏汽车分别亏损 46.43 亿元、48.9 亿元、48.63 亿元。而在 2022 年前三季度，小鹏汽车净亏损就达到了 67.78 亿元，亏损幅度同比扩大 89.54%。

值得注意的是，2022 年新能源汽车市场整体增速接近 90%，小鹏汽车的产品数量较 2021 年明显扩容，在此背景下连续 5 个月销量环比下滑，更加反映出公司产品战略与企业管理存在较多问题。

2023 年 1 月 18 日，何小鹏在内部总结会上痛陈公司存在的三个问题，分别是股价、销量、士气的低迷，客户思维和客户口碑的崩塌，组织能力导致部门低效。

“如果我们，包括我不自我颠覆，绝对不可能，拥抱下一个从春秋到战国的变化。”何小鹏在会上说。

在小鹏汽车的产品矩阵中，销量主力依旧是2020年上市的P7车型，在整体销量中占比超过48%，P5和G3i合计销量不及P7一款产品。

2022年9月，小鹏汽车推出旗舰车型G9，这款车承担了销量提升、品牌向上和毛利率优化重任。由于复杂的SKU（配置版型）以及入门版本智能配置的缺失等，上市后引发用户争议，订单远不及预期。不得已，小鹏G9在上市后48小时紧急调整配置与售价，创下了中国汽车行业罕见的上市第二天就降价的失败案例。

更加严峻的是，2023年1月6日特斯拉大幅下调产品售价，对小鹏汽车等对手形成直接冲击。销量数据显示，1月份小鹏汽车销量再度回到5 000辆水平，同环比下滑都超过了50%，在昔日头部造车新势力中业绩表现最为糟糕。

常识性错误

“你会看到小鹏汽车会犯一些常识性的错误，而这些错误传统车企一般是不会犯的。”从传统车企入职小鹏汽车的张山向记者表示。

G9上市失败后，何小鹏在内部会议上表示，一个车型的SKU走完开发、验证、公告等层层环节，投入的资金量为5 000万元，G9上市因为用户争议修改了几乎全部的SKU，浪费了巨额资金。

张山表示，修改SKU并不是简单的修改官网配置表，前期产线生产的培训、零配件的备货、终端销售人员的培训等都需要随之改变，是一项较大的系统性更改。

在他看来，许多问题在传统车企上并不会发生，但小鹏汽车却一犯再犯。比如说传统车企会把所有最领先的技术装备在旗舰车型上，支撑旗舰车型的高端定位的同时，对外展示企业的技术实力，实现品牌高端化形象的建立。在旗舰车型上市之后，再逐步把领先技术下放到低级别车上，提升走量车型的技术优势与竞争力。

小鹏汽车却把最能代表其技术水平的城市领航 NGP，率先搭载在售价偏低的 P5 上。而真正代表企业最高技术水平的 G9，上市时售价 30.99 万元的车型只配备了基础的 4+4 超声波雷达和定速巡航，没有配备任何主动安全配置，与其一直标榜的自动驾驶科技公司定位也不太匹配。

再比如 2023 年 1 月 6 日特斯拉下调产品售价后，小鹏汽车选择在距离春节假期不到一周的 1 月 17 日跟进降价。传统车企通常不会在春节前几天推出新产品或降价促销，因为春节前夕，大部分人都在忙于筹备春节或返乡，是每年销量最低迷的淡季，此时促销起不到收集订单和成交的效果。

在研发端，小鹏汽车也有着与传统车企甚至是蔚来、理想相悖的做法。传统车企倾向于在同一平台下开发出多款车型，提高零件的通用化率，以降低成本。较为著名的包括大众 MQB 平台、丰田 TNGA、吉利 CMA 平台等。

新势力中，蔚来第一代“866”车型基于同一个平台开发，二代平台研制成功后，“866”和“775”都将共用一个平台。理想汽车更是极致省钱的代表，三款车型不仅源自同一平台，且外观相似度极高，尺寸接近，以此来节约研发与制造成本。

而小鹏产品不仅 SKU 繁多，每一款产品之间的家族化特征薄弱，基于多平台开发的产品大大降低了规模化所带来的效益提升。根据小鹏汽车近期披露的信息，小鹏汽车已经布局了三个车型平台，包括已经完成的 E 平台，以及 2023 年完成的第三代 F 平台和 H 平台，其平台数量仍多于蔚来和理想，甚至比肩拥有 MEB、PPE 和 SSP 的大众集团。

组织架构短板

“无论怎么包装，智能电动车和燃油车都属于制造业，制造业靠规模赢利，是低利润密集型行业。对精益管理要求非常高，骨头里面挑肉丝。”王斌表示。

一辆汽车有上万个零件，每个零件的产商、型号、版本多样复杂。生产一台汽车需要成百上千个步骤，每个步骤要用不同的设备来生产，每个产品的生命周期中，涉及供应商、零售商等多个供应伙伴的交互和管理。研发、供应、生产、销售精密的配合协同，才能带来效率的提升与盈利。

小鹏汽车表露在外的问题背后，是研、供、产、销协同底层架构与体系的不完善，这也是众多造车新势力共同存在的短板。

此前两年，随着智能电动车的崛起和传统汽车巨头的没落，传统车企的弊端和人员的短板被持续放大，对传统制造业的敬畏心有所降低。与传统制造业相比，互联网公司如同草原上的游牧民族，强调高效执行，唯快不破。

当互联网人进入到造车大军后，它们沿用自己最熟悉的互联网公司的做法来改造汽车企业的组织架构与流程，利用数字化的工具提升决策、管理与执行效率。偏好采用赛马机制，鼓励内部竞争，对混乱有较高的包容度，崇尚小步试错、快速迭代。

与此同时，在创业初始的阶段，造车新势力利用有限的资源，在极短的时间内打造出一个爆款车型，实现 0 到 1 的突破，组织结构更强调结果导向，工作流程上更注重用简单高效的方式去解决问题，而不太在意组织架构与流程规范的打造，流程不清、分工不明是常见的现象。

在 0—1 的阶段，“混乱”让小鹏汽车实现了爆款单品与销量规模的突破，但当企业要经营更多车型，以及想要实现更大销量规模时，组织架构的短板演变为管理的低效与内耗，尤其是缺乏研发、供应链、制造和销售的有效协同。

以销售体系为例，在终端网络上，小鹏汽车采用了直营和授权经销商加盟的混合模式，截至 2022 年三季度，小鹏汽车门店数量超过 400 家，其中约 70% 为直营门店，30% 为代理商加盟门店。

直营和授权经销商两个渠道由不同的负责人管理。直营模式在小鹏汽车贸易公司（简称“小鹏汽贸”）实体下，归联合创始人何涛负责。而授权经销商在小鹏的 UDS（用户发展服务中心）之下，由何小鹏 2017 年招募的人事负责人廖清红负责。

直营与加盟混合的好处是降低渠道扩张的成本支出，分摊销量低迷时的财务风险。但在实际运营中，两套系统内耗严重。多位小鹏一线门店负责人告诉记者，同一个城市，同一个商圈，直营店与授权店恶性竞争乃至相互诋毁并不少见。

为了和“亲儿子”直营门店竞争，授权经销商经常拿出返利的一部分，以京东卡、礼品等形式促销，造成终端价格不稳定。在来回比价的过程中，用户体验较差，延长了用户购买决策的行为，甚至导致了订单的流失。

在供应链端，小鹏汽车也有着不少“反常规”的做法。小鹏汽车研究院一名离职的人士告诉记者，在同一款产品上，动力电池或者其他零部件，小鹏都可能会有多点供应商，每一个供应商都需要研发、生产等部门大量甚至重复的人力、资金投入。

在内部会议上，何小鹏曾直指公司执行效率低下，“部门墙”问题严重，各部门自扫门前雪，不愿为了公司多担责。

“一位小鹏汽车用户在超级充桩充电出现故障后，居然连续接到了 14 个小鹏公司客服电话，来自多个部门。接到第 1 个电话是暖心，接到第 14 个电话就是严重骚扰。”何小鹏说。

蔚来汽车人力资源副总裁周全此前曾向第一财记者表示："现在好像互联网人打天下，不是的，汽车非常复杂，它的know-how（技术诀窍）非常多，造智能电动车比简单做一个APP，做一个应用要复杂得多。车是人命关天的，APP上如果有一个BUG，可以用一个1个礼拜来修复，车不允许这样做。一辆车有1万多个零部件，组装在一起还要安全、质量可靠，这是传统汽车人的优势，应该受到足够的尊重。传统互联网人对造车要有敬畏心。"

王凤英的使命与挑战

G9上市失败后，小鹏汽车着手进行内部组织架构的调整。在2022年三季度财报电话会上，何小鹏表示，小鹏汽车的车型管理组织架构进行了调整，每个平台由一位大矩阵产品经理端到端负责，从产品设计、研发，到销售，到最后的服务，进行全生命周期的管理决策。三名负责人分别为小鹏汽车销售副总裁廖清红、小鹏汽车联合创始人兼总裁夏珩和小鹏汽车车身以及内外饰高级总监矫青春，三人也直接向何小鹏汇报。

此外，小鹏汽车建立了产规、战略、技术规划、产销平衡、OTA五大虚拟委员会，负责提升内部的沟通合作，何小鹏亲自担任前三个委员会负责人，后两个委员会负责人为小鹏汽车联合创始人兼副总裁何涛、小鹏汽车副总裁陈永海，并直接向何小鹏汇报。

王凤英入职后，小鹏汽车拥有夏珩、顾宏地、王凤英三名总裁。根据小鹏汽车上市公司声明等信息，王凤英将负责产品规划、产品组合管理、销售管理、生产计划以及整体利润管理。

王凤英1991年加入长城汽车，2002年11月出任公司总经理，2003年起担任长城汽车总裁，直至2022年7月离开长城汽车。担任长城汽车总裁期间，王凤英分管战略规划和销售，董事长魏建军负责研发和供应链。

王凤英一直被视作长城汽车的二号人物，有着长城汽车“铁娘子”之称。魏建军曾对王凤英说：“我扼住的是产品的喉咙，你需要扼住市场的喉咙。”王凤英最突出的业绩是在2013年推动长城SUV品牌哈弗独立，此后，哈弗品牌连续多年都是中国SUV市场销量冠军，年销量一度触及百万辆级。

在汽车销售行业，王凤英还因打造了高效销售体系闻名。长城汽车内部人士告诉记者，2012年，出于反腐的需要，长城汽车取消了大区制，召回各地区域销售代表，在经销商门店里不同位置安装高清摄像头，通过摄像头来监管经销商行为规范与流程。

此做法在当时引发热议，反对者认为这种管理方式涉嫌侵犯隐私且没有人情味，是长城汽车军事化管理文化的延伸。但从效果上来说，王凤英管理长城汽车销售体系的时期，长城汽车经销商的服务素质、盈利性、价格体系在行业内首屈一指。

以现在的眼光来看，用互联网和数字化的技术手段监管销售服务过程，也是造车新势力高效执行的一个重要手段。而小鹏汽车此前并未建立起有效的销售体系，王凤英过往的经验和能力有望帮助小鹏汽车迅速弥补当前最亟须弥补的短板。

值得一提的是，2022年10月，王凤英及汽车专家团队，与长城汽车长期合作伙伴里斯咨询中国共同推出了一份《全球新能源汽车品类趋势研究报告》。报告简要分析了8家车企的得失，其中对小鹏汽车，该报告认为存在两个隐患。

一是主干品类不清，小鹏汽车不断拓展车型与价格品类，造成了主干品类认知模糊。二是随着科技巨头与各家公司布局，智能座舱的优势不再具备差异化。小鹏汽车的自动驾驶核心依赖激光雷达，不构成差异及壁垒且成本成为挑战，在各大车企都在鼓吹智能化、疯狂“内卷”的时候，消费者心智很难建立其“智能化”的差异认知。

王斌指出，从公布的管理职责来看，王凤英不仅要解决销售体系的问题，还要解决产品研发、规划、采购、制造、供应链这些长期性的战略问题，并不能马上见到结果，但市场给到小鹏汽车以及其他造车新势力的时间窗口不会太长。从这个角度来说，王凤英将要扮演的角色既关键，又艰难。

王凤英可能面临的挑战，还包括她过往的履历主要集中在燃油车板块。长城汽车虽然推出了欧拉新能源品牌，但在智能电动车赛道上并不算充分的参与者。而智能纯电动汽车在销售、产品定义、用户体验、服务体系等方面和传统燃油车有着极大的差异。

在经历了一系列的调整之后，何小鹏将 2023 年定义为小鹏汽车的新征程，“从 1 到 2”的二次创业。

张山认为，小鹏汽车当下的组织架构与人事调整反映出公司正在往好的方向转变与努力，但变革本身也意味着某种程度的破坏。王凤英以及其他变革时期进入小鹏汽车的职业经理人，能否迅速融入小鹏汽车的互联网科技文化，对小鹏汽车的“从 1 到 2”至关重要。

第 7 节
狼性长安混改，未来路在何方

国有车企的改革陡然加速。上汽集团接连“下注”智己汽车和飞凡汽车，东风汽车在体制内孵化成立了岚图汽车。长安与华为、宁德合作推出了阿维塔科技公司。广汽埃安发布一系列股权变动信息，计划独立上市，实施员工持股等股权激励方案。

混改大幕下，地处重庆的长安汽车格外引起外界关注。从 2019 年后的业绩看，长安汽车看似进入了一个强周期，验证了主动改革的成效。但是在一个充分竞争的行业，长安汽车是否昙花一现，还是进入到真正可持续发展的道路上来？

“其实传统车企很焦虑，即使高层想拼命转型，也因惯性阻力很大，难以开展。但不转不行，因为这是唯一出路。”长安汽车董事长朱华荣说道。

三次创业

长安的第三次创业是从 2017 年开始的，第一次创业要追溯到 1980 年。和当时许多大型国企一样，全厂上万人吃饭的问题都难以解决。在这种背景下，长安汽车启动了第一次创新创业，以 1984 年第一辆微型货车下线为标志，长安汽车正式进入了整车制造业。

2000 年，长安汽车开始了第二次创业，这次的方向是进入乘用车市场。2003 年，长安汽车开始研发小型轿车奔奔，2005 年起陆续推出第一代乘用车产品。然而，推出的第一代乘用车几乎全都以失败告终，只有奔奔初期获得了一定的销量规模。

朱华荣将 2004 年称为自己在长安汽车 36 年职业生涯里最焦虑的一年，“我们 2000 年提出来合资和自主‘两条腿走路’，开始做自主乘用车研发，先后投放了几款车型都失败了，成本居高不下，质量问题不少，特别焦虑”。

第一代乘用车的失败，让长安汽车上下意识到，以微型货车的标准去制造轿车，产品的质量水平差异很大，所有的体系都必须得重新打造。比如微型货车只研究产品的功能，不研究用户的需求，这种工作方法带到乘用车开发制造中，生产出来的产品装配工艺差，又远离用户的实际需要。

直到 2009 年，悦翔、逸动等长安汽车第二代乘用车产品推向市场，长安汽车才在市场上崭露头角，建立起了品牌和口碑，2015、2016 年连续两年长安自主品牌乘用车销量超过 100 万辆。加上合资板块与传统的微车业务，长安汽车整体销量规模达到了 305 万辆。

2017 年，长安汽车内部还意识到互联网对传统汽车工业的威胁。当时国内新造车运动的浪潮涌起，来自互联网和科技公司的企业家纷纷加入造车的行列。

在用户调研中长安汽车发现，年轻的用户对智能电动车的定义并不是传统意义上的汽车，而是一个新物种，客户群体面临着选择旧世界产物还是新物种的分化。因此整个汽车行业，包括特斯拉在内，最大的敌人将来自互联网和科技行业。

“汽车会不会出现手机从功能机到智能机的变化？如果走到这一步，我们怎么办？我们引以为傲的制造能力，会不会变成别人的代工厂了？”朱华荣说道，“汽车作为高价值的商品，和一般的零售业商品差别很大，无形中筑起了一道墙，让我们有时间去思考、去转型。现在来看，新势力虽然还不能颠覆我们，但一点一点地在侵蚀。”

2017 年 10 月，长安汽车启动了第三次创新创业。这次转型将未来的产业重心放在软件和生态上，着眼于提前应对互联网和智能化的冲击，成为智能低碳出行科技公司。

长安汽车最开始的设想是转向出行公司，做汽车共享化。2017 年共享出行概念大热，长安汽车内部考虑未来的业务重心也许是 2B 而不是 2C。第二次迭代把方向调整到电动化和智能化，提出了“北斗天枢”和“香格里拉”计划，但电动化目标相对没有那么激进。

第三次迭代是在特斯拉国产化之后，新能源汽车市场发生了很大的变化。长安汽车开始收缩共享出行，把重心调整到传统动力的电气化、纯电动，以及智能化的硬件开发，同时终止了很多过渡技术路线的项目。再后来，长安汽车发现在软件定义汽车时代，掌握全栈式技术将是支撑未来产品竞争力的关键，于是进行了智能化领域新一轮的技术布局。

“在这个百年未有之大变局下，尤其这几年，没有人能够保证自己能看清楚，必须快速迭代来适应。”长安汽车战略规划部总经理吴涛说。

然而，就算找准了方向，传统汽车公司的转型也并不容易。随着汽车 OTA、自动驾驶等技术的发展，越来越多的机械控制的机构要转向电子控制，这让过去以机械见长的工程部门面临巨大挑战。长安汽车智能化研究院常务副总经理贺刚表示：“大型汽车公司通常都是几万人级的规模，产业链还涉及几千家 TIER1 和 TIER2 供应商。转型不光是我们转型，我们的合作伙伴也要转型。”

销量冠军背后的隐忧

“我们也一直在研究长安，它的自主业务、狼性文化在国有企业尤其是央企里面，是非常罕见的。”东风汽车管理层人士王武（化名）说道。

王武表示，国有车企之中，长安汽车称得上是一个独特的存在。在一汽、东风、上汽、北汽、广汽和长安六大国有集团当中，长安汽车的合资板块是最弱的，它既体现在合资公司数量少，也体现在合资公司利润贡献低。

2021 年前 11 个月，长安自主品牌总销量达 163. 14 万辆，同比增长 19. 77%。同时，长安汽车既是唯一一个自主品牌销量超百万辆的国有车企，也是过去几年里唯一自主业务净利润持续为正的大型国有汽车集团，部分年份自主业务的利润贡献超过了合资板块。从合资板块的依存度来说，面向股比放开，长安汽车相对是压力最小的一家国有车企。

长安汽车人力资源部总经理江爱群认为，长安自主乘用车之所以能够取得今天的成绩，一方面是长安汽车特殊的诞生背景和企业文化使然，另一方面则是因为没有更多的合资公司可以倚仗，只能靠自己的力量，“长安的文化在有些方面体现得淋漓尽致，自强不息，自力更生”。

但是，在面向智能电动化赛道的新业务领域，新能源汽车却是长安汽车最大的短板。2021 年前 11 个月，长安新能源汽车销量为 9. 35 万辆，同比虽然增幅达 249%，但其业务体量在整个行业大势中处于相对落后的位置。此外，高端智能电动车已经受到越来越多用户的青睐，而长安汽车的高端智能电动车业务刚刚开始，阿维塔科技的首款车到 2022 年下半年才开始交付。

事实上，在新能源赛道上，不仅仅是长安，国有车企整体均处于落后状态。2021 年前 11 个月，国内新能源车产销量约为 300 万辆，同比增长 170%，但在销量前 20 车型名单中，只有 3 款车出自国有车企。

朱华荣表示，长安汽车新能源的产品还没有大量投放市场，之前投放的产品更多的是为了应对“双积分”政策，在有限的亏损当中上一定的量。“另外也要看到，电池技术还有一些产业性的问题，比如安全没有彻底解决，高低温效能和使用便利性的问题，以及电池的成本和产业链上贵金属的问题，新能源车应该还有一次电池革命才对。”

长安汽车产品策划部总经理叶明信认为，因为资本市场的追捧，一些新造车势力可以不计代价地把一两个产品做好，但企业要持续往下走的时候，要考虑的不是一两个产品最好，而是更多的车型能不能持续成功，这就回到体系力的竞争。“传统企业相比新造车企业包袱可能是重一点，但一旦决定要做，加上供应链、研发体系、制造端等的积淀，理论上来讲如果能转身，不见得比新造车吃亏。”叶明信说。

新一轮科技革命推动了汽车产业全面重构，汽车产业也由硬件主导向软件主导快速转型，传统汽车公司的组织架构、供应链关系将被重构。而且，与智能化密切相关的物联网、大数据、云计算、人工智能、区块链等一系列新技术，都不是传统汽车企业的强项。

从上汽跳槽到某造车新势力的自动驾驶工程师张林告诉记者，从研发角度来说，组织架构是传统车企转型智能电动化的另一个难点。传统车企的研发部门通常采用金字塔式和矩阵式的组织架构，按照底盘、动力总成、车身等专业模块进行部门划分。自动驾驶部门在传统车企的前身为电子电器部门，电子电器部门更早之前是底盘或者车身部门的一个分支。

“过去电子电器的定位是服务于底盘、动总、内饰，一个新建的部门，去跟资历更老的部门提新的方案本身就很难；并且新老部门习惯从自己的角度出发去考虑一系列的问题，不容易妥协。”张林说。

朱华荣说，当公司高层确定了创新创业的转型战略以后，他在内部做了三次宣讲，“按理说我讲一次也就够了，为什么要讲三次呢？就是因为当时有不少人对企业转型战略的理解不到位，在内心里总觉得什么‘第三次创业’‘智能低碳出行’‘科技公司’，这些都太虚了。”

“我们用了两三年来统一思想。战略最大的敌人是惯性，惯性会让我们失去想象力和动力。”朱华荣说，在企业内部，惯性分为两个层面，第一个是成功的惯性，尤其是让产品获得销量成功的工作方法和思维模式。如今汽车的技术、产品、用户、商业模式都发生了革命性的变化，在这种情况下，之前越成功的企业，越容易掉进惯性陷阱。

第二个惯性是指国有企业天然承担着更大的社会责任和义务，不能单纯以追求资本盈利为目标。国有车企不太能够大幅亏损地去转向电动化，所以当企业需要转型时，体制的约束就像是用绳子绑着一辆奔跑着的马车，不能迅速地转弯。“但现在的问题是，如果沿着现有的惯性往前走是一条死路，即便惯性阻力再大，也得把车头调过来。”朱华荣说。

激进改革

CS75 PLUS 上市之后，长安汽车新车型如下饺子一般密集推出，新推出的车型普遍都取得了销量上的成功。

2021 年前 11 个月，长安汽车拥有 2 款月销量超过 2 万辆的产品，4 款月销量超过 1 万辆的产品，另有 3 款月销量超过 5 000 辆的产品，单月总销量持续在 10 万辆以上，UNI－T 等产品进入了售价更高的合资品牌腹地，UNI 系列月销量持续超过 1 万辆。在某地方国企战略规划部负责人宋明（化名）看来，能实现“多点开花”的背后，体现出的是企业做出正确产品决策的流程体系和能力。

朱华荣表示，汽车产品由于开发的长周期性，如果一两款车投资失败，就会导致企业业绩在 5—6 年的产品周期里出现大的波动。要解决这个问题，首先依靠的是组织文化，“同事与同事之间是积极的、向上的、乐观的，公司内部敢于直言进谏，而不是某个领导人权威特别高”。

长安汽车内部有句话叫“引导领导去领导”，朱华荣表示，进入领导岗位两三年之后，管理者的专业能力并不一定强于一线专家，因此长安汽车鼓励下属要学会“领导你的领导”，高层要学会听取专业人士的意见和基于数据的报告。江爱群也表示：“所有的决策都是风险决策，企业内部要有纠错机制、不断的 PDCA（计划、实施、检查、行动），才能快速地响应和高效地执行。”

2017 年起，长安汽车内部实施了一次分配机制的改革，现在看来这次改革对于打破企业转型的惯性阻力、提高产品成功率都起到了很关键的推动作用。

贺刚告诉记者，2017 年，长安汽车开始实施项目跟投标制，量产车的项目都有明确的销量、利润、市占率指标，项目里面的核心人员，除了个别监管部门之外，研发、制造、销售、工艺、品牌、产品策划部等中层以上管理干部，按照自愿原则拿出一定的金额来“投资”这个项目。项目如果达标，投资款不仅能够全额返还，还能获得相应比例的激励；如果项目的净利润超额完成目标，跟投的人还能享受到超额部分的利润分红。“有了跟投机制之后，大家会坐下来把问题解决掉，因为一群人为了一个目标在走。”贺刚说。

朱华荣也表示，汽车产业的核心是产品，产品基本决定了公司的发展和未来，抓住这个核心靠的是员工，项目跟投标制真正把员工的利益和产品项目的成功捆绑在一起，“过去做产品开发，决策是自上而下的。现在很简单，如果这个项目大家都不跟投，也不用领导决策了，这个项目就自然终止。大家都跟投则说明看好，保障了项目成功率”。

为了应对智能化和向科技公司转型，长安汽车对组织构架进行了调整，可以简要归纳为小总部、事业群、共享平台和孵化创新。事业群是指长安内部有若干个事业部，事业部的核心职责主要是用户研究、品牌宣传和产品营销，共享平台是指整个集团凡是能够共享的资源都必须全部统合起来并充分共享，包括人力资源、制造资源、研发资源等。这些举措涉及一系列管理关系的变化以及权力的再分配。

此外，长安汽车通过成立新的子公司的做法，重新构建了和传统研究院完全不同的管理机制和激励手段。“在本轮产业重构中，不仅汽车人才的结构发生了变化，而且人才的需求和心理也随之发生了变化，比如软件工程师和硬件工程师的个人追求是有差异的。因此，我们决定成立若干个创新孵化中心来满足不同人才的不同需求。”朱华荣说。

长安新能源公司已经完成 A 轮融资 28 亿元，B 轮计划融资 50 亿元。阿维塔科技的融资也于 2021 年完成，长安汽车的持股比例由 95.38%稀释到 39.02%。针对长安汽车股权比例稀释过快的问题，阿维塔科技董事长兼 CEO 谭本宏表示，阿维塔科技是长安汽车孵化的一个独立创业项目，其目标是实现更加市场化与更灵活的运作。

长安汽车资本运营部总经理刘清红表示，控股股东对长安汽车的市场化运作非常支持，所以在混合所有制改革、通过融资激活体制机制等方面，国有企业中长安汽车是走得比较靠前的。

从某国有车企跳槽到蔚来汽车的李斯（化名）看来，国有车企除了分配的问题，还包括容错、内部资源的协调、跨部门跨公司的协作等。上汽、广汽、北汽和长安均已在体制外孵化一个新的智能电动车项目，借此尝试机制、体制、人才激励方式更多的创新，和外部资本与资源更充分地对接。

“机制是根本，机制活人才活。在法规和国资管理体制内，机制可以灵活多样。国企里面员工持股很难做到，但孵化出来就可以去探索。从这个角度看，上汽智己、长安阿维塔都是有战略意义的，它们解决的不仅仅是机制的问题，还有资源的问题。包括华为、宁德时代的资源还有资金，如果是母体，这些公司很难进来。”李斯说道。

2021 年 3 月，朱华荣在出差途中听完了小米公司宣布造车的发布会，他当时即意识到以软件、新能源、智能化为特征的新赛道已全面开启，百年汽车工业的竞争格局正被打破，传统汽车企业、造车新势力和 ICT 企业造车大军同台竞技，未来汽车公司将会和互联网深度融合。

“汽车产业出现了新的赛道、赛程和赛制，对于谁都是新的问题。这是一个大浪淘沙的过程，传统车企会被淘汰一些，新势力也会被迅速地淘汰一些，ICT 企业不会都成功。我觉得三股势力各有优劣，相互渗透，谁的学习能力强，谁就能胜出，谁轻视谁都不会成功。”朱华荣说。

第三章

混乱伴生

第 1 节

争议王晓麟

舆论漩涡中的江苏赛麟汽车科技有限公司（下称“江苏赛麟”）异常平静，除了试车员偶尔把迈迈电动车开进厂区，车间没有任何机器开动的声响。

江苏赛麟车间工人李明（化名）于 2020 年 3 月返回江苏如皋，但工作内容只是培训、调试设备等，没有生产过一台车。李明有些焦虑，“别的公司 3 月份基本上都复工复产了，我们到现在还没有接到生产的通知”。

据他观察，回到如皋的生产线工人不到 50%。江苏赛麟一名白领称，自春节放假后，他一直没有得到返回公司上班的通知，虽然直到 4 月工资正常发放，但他“心里很慌”。

4 月 27 日，江苏赛麟前法务高级经理乔宇东的实名举报，进一步加剧了李明等人的担忧。乔宇东在举报信中称，江苏赛麟董事长及实际控制人王晓麟涉嫌虚假技术出资、造成巨额国有资本变相被贱卖。

事情的真相究竟如何？江苏赛麟停产是否与此有关？王晓麟并未就此作出回复。

王晓麟造车路线图

要厘清江苏赛麟事件的真相，需要将时间倒回 2009 年，在更长的时间轴里去还原王晓麟的造车路线图。

2009年，王晓麟在美国创立WM GreenTech Automotive公司（中文名为威蒙积泰汽车公司，下称“GTA”），从事节能环保汽车的开发、生产和销售，计划在美国密西西比州投资建厂，其本人担任首席执行官。

GTA的主要融资渠道之一是美国投资移民项目，2009—2013年，GTA总共获得了1.295亿美元的EB-5投资项目中国移民投资人的投资。王晓麟在接受国内媒体采访时曾表示：“作为一名投身汽车制造业的金融界人士，我一开始就为公司制定了一个保守的金融结构：在公司投产销售之前，绝不负债。”

获得资金后，GTA开始四处出击。2010年5月，GTA以约2 000万美元的价格收购香港EuAUTO电动汽车公司，之后将EuAuto电动车公司开发的电动车Mycar（中文名“迈迈”）导入美国生产。

携着Mycar整车技术和美国汽车公司的背书，王晓麟迅速把目光移向中国。2011年7月，GTA与沈阳中瑞投资有限公司以50∶50股比，合资成立鄂尔多斯积泰汽车有限公司，宣布将投资200亿元、建成年产能60万辆的生产基地。孰料该合资公司仅仅半年即“夭折”，据启信宝资料，鄂尔多斯积泰汽车有限公司运营时间为2011年7月6日到2012年1月5日。

但王晓麟并未放弃，他把目光转向中国更多的省份。同时期GTA于2014年3月与美国Sateen Automotive Inc.公司（下称“美国赛麟”）签署了在中国独家销售美国赛麟品牌汽车的《分销协议》，内容为由GTA向中国推销美国赛麟生产的汽车和配件。2014年9月，王晓麟在美国设立Sateen Motors International LLC公司（中文名美国赛麟国际汽车公司，下称“赛麟国际”）。

2015年6月，美国赛麟与赛麟国际签署了一份金额为50万美元、期限为10年的知识产权授权使用协议，显示赛麟国际作为GTA的全资子公司，“可以在全球范围内（除北美、欧洲、中东和澳大利亚以外）使用我们的知识产权，以进行制造、推广、销售和许可”。

从此，王晓麟的“盘中”除了 Mycar，多了“美国传奇超跑品牌赛麟汽车”这道菜。

2014 年 9 月，长沙金洲新区招商合作局发布消息称，金洲新区已经与 GTA 达成框架协议，计划在长沙宁乡建设跑车生产基地生产包括威蒙·赛麟、GTA 迈迈等车型，项目最快将于 2015 年启动，共投资 260 亿元，建设年产 40 万辆整车生产项目；一期投入资金 80 亿元，建设年产 10 万台城市电动车、10 万台迪龙电动车和电池组的生产线及相关配套设施。

与鄂尔多斯项目类似，GTA 长沙项目无疾而终，直到江苏如皋向王晓麟张开怀抱。

值得注意的是，作为王晓麟造车项目的源头，GTA 在美国并未形成实质性的批量生产。美国洛诺克时报援引的一份美国移民部门的报告称，2015 年 GTA 在美国仅生产了 25 辆汽车，销售数量为零，截至 2015 年 12 月 31 日，GTA 全职人员只有 75 人，没有达到“招满 350 个工人、人均工资不低于 35 000 美元”的承诺。这导致 GTA 投资移民项目的投资人申请绿卡屡屡被拒。

2017 年 1 月，GTA 宣布裁员并关闭了位于密西西比州的工厂。2018 年 2 月 26 日，GTA 和关联公司美国威蒙工业汽车集团在美国弗吉尼亚州东区破产法院递交了破产保护申请。

落地如皋

2016 年，王晓麟“造车梦”终于落地江苏如皋。

第一财经记者独家获得的一份《合作协议书》显示，2016 年 1 月 28 日，资富控股有限公司（下称“资富控股”）、南通嘉禾科技投资开发有限公司（下称“南通嘉禾”）、如皋市高新科技技术创业服务有限公司

（下称“如皋高新”）三方签署《合作协议书》，“经三方研究，拟走出一条中国汽车产业发展的特色道路：通过并购、重组美国知名汽车品牌、先进技术、知识产权等相关资产，产品实行‘高端化、品牌化、差异化’的中国制造、全球销售战略。合资公司项目计划总投入200亿元，工业用地预计2 400亩，配套综合用地1 200亩，计划年产38万台赛麟品牌商标为主的各类车型”。

该协议显示，资富控股是一家英属维京岛注册的控股公司，法定代表人为王晓麟，旗下拥有美国威蒙汽车工业集团（下称“美国威蒙”）、赛麟国际等国际知名汽车生产厂商。

项目合资公司的生产资质来源于金华青年莲花控股集团有限公司（下称“金华青年”），“资富控股已经与金华青年合作成立金华青年汽车制造有限公司如皋分公司，分公司同意将所拥有的商用车、乘用车生产资质免费许可给本协议约定的项目公司永久使用”。

关于美国威蒙和赛麟国际，该协议中有着以下描述：

美国威蒙是一家开发生产实用性电动汽车的新能源汽车公司，旗下拥有全资子公司积泰电动车汽车公司和威蒙积泰（中国）销售公司，产品包括微型电动车品牌积泰（GTA MyCar）。赛麟国际是以生产高性能跑车和电动轿跑闻名的跑车公司，产品包括“世界跑车之王”赛麟（Sateen）以及一系列高端轿跑。

在该协议第二项“签约各方权利义务中”，要求资富控股应在协议签订后的10个工作日内，将其旗下的赛麟国际汽车公司全部资产和知识产权通过有证券资产评估资质的第三方公允评估后，以评估价值注入如皋高新，该资产包括但不限于赛麟品牌、商标、LOGO、车型、技术以及所有知识产权。

国内媒体曾报道：“2014年，王晓麟说服赛麟汽车创始人史蒂夫·赛麟，收购赛麟汽车。这使他掌握了多个车系的产品和技术资源。”但根据美国赛麟在美国证监会网站发布的年报信息，美国赛麟和赛麟国际之间并没有股权关系。

2016 年 2 月，南通嘉禾受让如皋高新原股东所持所有股权。2016 年 3 月，南通嘉禾以增资方式引入王晓麟实际控制的南通威蒙汽车科技有限公司（下称“南通威蒙”）、如皋积泰电动汽车科技有限公司（下称“如皋积泰”）、南通狮迈汽车科技有限公司（下称“南通狮迈”）、如皋萨林混合动力汽车科技有限公司（下称“如皋萨林”）4 家独资企业。

增资完成后，如皋高新由国有独资公司变更为非国有控股公司，更名为江苏赛麟汽车投资有限公司（后更名为“江苏赛麟汽车科技有限公司”），注册资本增至 96.586 3 亿元，其中南通嘉禾以货币增资约 30 亿元，其余 4 个股东以授权许可使用的非专利的专有技术使用权出资约 66.6 亿元。2018 年 3 月，江苏赛麟法定代表人变更为王晓麟，南通嘉禾将注册资本金提高到 34 亿元，江苏赛麟注册资本变更为 100 亿元。

2016 年 10 月，江苏赛麟在如皋投建两个工厂，第一期投资 60 亿元，其中“小厂”生产迈迈电动车，规划年产能 7 万辆；“大厂”计划生产超跑性能 SUV，规划年产能 15 万辆。2018 年，王晓麟对外宣称将于 2019 年 7 月投产 S1 超跑，2020 年投产 S5 电动超跑。

2019 年 11 月，江苏赛麟首款车型迈迈定制版上市，该款车为两门微型电动车。记者未能从乘联会或汽车交强险数据中查询到迈迈实际销量。

5 月 7 日，江苏赛麟多名一线生产线工人告诉第一财经记者，2019 年迈迈电动车产量为 1 000 台左右；2020 年春节后该公司生产迈迈电动车的“小厂”并未恢复生产，且仅建成焊装和总装两个工艺车间；“大厂”制造设备还未完全进场，没有形成生产能力。

记者实地走访江苏赛麟两个工厂发现，工厂厂区内停放着约 1 000 辆迈迈电动车。

是否虚假投资

2020年4月27日，江苏赛麟前高级法务经理乔宇东在微博上实名举报王晓麟涉嫌虚假投资。

乔宇东称，王晓麟通过其实际控制的“空壳公司”，于2016年以不具备出资要件的授权许可使用的技术作为出资财产虚假出资，将历史购入价格为2 050万美元的非自有的专有技术使用权，作价接近66.6亿元增资入股，在不具备向江苏赛麟办理其作为出资的专有技术使用权的财产权转移手续的能力的情况下，在江苏赛麟却占据了约66%的股份。

“因王晓麟实际控制的公司不具备向江苏赛麟办理其作为出资的他人授权许可使用的专有技术的使用权的财产权转移手续的能力，已涉嫌构成虚假出资。”乔宇东称。

记者获得的中环松德（北京）资产评估有限公司（下称“中环松德”）和万隆（上海）资产评估有限公司（下称“万隆评估”），针对江苏赛麟4个非国有股东“拟以其持有的无形资产出资项目评估报告”显示，南通威蒙、如皋积泰等4家公司均以一款车型的技术资产出资，共4款车型。

两家评估公司对于4款车型的估值完全一致，其中“积泰·迈迈·MyCar”估值为11.069 2亿元，其余三款注明为赛麟品牌的车型估值分别为18.804 2亿元、18.945 2亿元及17.762 7亿元，总计估值价格均为66.581 3亿元。此外，两家评估公司评估小组进驻时间均为2016年1月20日至1月26日，调研时间均为一周。

另据美国赛麟2018年年报，2018年3月赛麟国际申请破产后，该公司向后者发出了立即终止协议许可的通知。

对于乔宇东的举报，江苏赛麟于4月29日在其官方微博发布声明称：

鉴于乔宇东持续捏造散布虚假消息，公司已经依法通过刑事控告、民事诉讼等方式追究乔宇东刑事责任及民事责任。

南通嘉禾发布声明称，对于乔宇东举报所涉的内容，已于2019年10月开始进行相关核查，并称“江苏赛麟组建所涉的技术出资，经相关专家考察讨论及权威人士评价，业已由独立的、具有资产评估资格的评估机构评估，出资程度符合国家法律规定及赛麟汽车公司章程规定”。

上海大邦律师事务所高级合伙人游云庭对记者表示，法律对于无形资产出资的限定条件是“可用货币估价并且可以转让”，从这个角度讲知识产权的使用权并没有排除在出资范围之外，在司法判例中，也有许多法院认可，知识产权的使用权可以作为股东出资。

“但是，从法理上分析，我们认为作为出资的使用权应是独占许可，因为《公司法》规定了‘以非货币财产出资的，应当依法办理其财产权的转移手续’。如果不是独占的使用权，是无法满足将财产权转移至目标公司这一条件的。”游云庭说。

游云庭还指出，如果授权使用的知识产权存在期限，应当根据期限适时进行减资。根据两家资产评估公司的报告，4款用作出资的车型技术授权使用期限均为20年，权利人均为斯蒂夫·赛麟（美国赛麟创始人和个人大股东）和赛麟国际。

据启信宝信息，2019年7月—11月，江苏赛麟4个非国有股东共分12次将其所持有的部分江苏赛麟股权质押给南通嘉禾，融资金额20亿元。2019年7月，江苏赛麟将28套生产设备质押给南通嘉禾，抵押物价值约为12.12亿元，担保金额为12亿元。

一位要求匿名的人士称，4个非国有股东持有的股权对应的是授权使用的知识产权，“是不能抵押的，因为它是不能流动的”，此外，制造设备类动产抵押通过会因为折旧等按照60%—70%估值，总价值约为12亿元的设备质押金额偏高。

该人士同时称，江苏赛麟非国有股东以历史购入成本为 2 050 万美元的无形资产、国有股东资本金购入的制造设备，共计撬动了 66 亿元人民币的货币资金。

截至 2020 年 5 月，生产线工人称还没有得到恢复生产的通知。江苏赛麟计划何时恢复生产？王晓麟如何回应乔宇东的举报？记者尝试联系王晓麟，并未得到回复。

第 2 节

大地产商造车

2022 年 10 月 28 日，位于闵行区的上海第一家恒驰汽车销售中心兼交付中心迎来了正式开业。在开业仪式上，该店请来了一支舞狮队伍来庆祝。这种庆祝方式在汽车业内采用得并不多，反而是在房地产活动中颇为常见，取其“财源广进”“大吉大利”之意。

约 4 个月前，恒驰汽车这家店面仍在销售某自主品牌汽车，急匆匆的店面改造让这家店还遗留了一些属于上个品牌的痕迹。

王进（化名）原本是这家店的销售顾问，店面改造后顺势卖起了恒驰汽车。与其他品牌销售顾问不同的是，当记者进店后，王进并没有过多介绍恒驰 5 的产品信息，反而主动谈到恒驰汽车的“公证”买车模式，力图向记者证明买车的资金是安全的——根据协议，首批车主在交车时付全款至天津市津滨公证专户，15 个工作日内可以全额退还。

车款不进公司而进公证专户，侧面也反映了恒驰汽车品牌拥有方恒大汽车巨大的信任危机。自 2019 年高调宣布进军整车制造业，3 年里恒大集团砸入了 474 亿元资金，但结果并不理想。接近恒驰汽车高层的一位匿名人士向记者表示：“研、产、供、销，四个核心业务可以说一个都没有跑通。”

同为地产商背景的宝能汽车与恒驰汽车处境相似，在投入了近 500 亿元巨额资金后，宝能汽车依旧没有一款畅销的车型、没有一个成功的品牌。如今宝能汽车把赌注压在一个全新的品牌“悠宝利”上，希望能够部分复刻五菱宏观 MINI EV 的成功。但很快，悠宝利被曝因拖欠供应商货款而断供，交不出车来。

“恒驰 5 和悠宝利，可以说是恒驰汽车和宝能汽车最后一张牌，生死在此一搏。”恒驰汽车离职高管杨峰（化名）向第一财经记者说道。

买买买

恒大集团的造车之路，是从“买买买”开局的，通过收购或者合作获取核心技术，组建汽车产业朋友圈。

2019 年 1 月 15 日，恒大健康（00708. HK，后更名为恒大汽车，下称“恒大汽车”）公告，公司以 9. 3 亿美元收购国能电动汽车瑞典有限公司（National Electric Vehicle Sweden，下称“NEVS”）的 51%股权并获得多数董事席位，当时恒大健康称总投资额将达到 11 亿美元。十个月之后，恒大汽车向 NEVS 增资，增资总金额达到 30 亿美元。

2019 年 6 月 10 日，恒大汽车再度公告称，与 NEVS 的控股公司 Mini Minor 与 National Modern 订立股权买卖协议，以总价 3. 79 亿美元收购 National Modern 出售的 NEVS 17. 6%的股权。至此，恒大汽车在国能电动汽车瑞典有限公司（NEVS）上先后投入将近 44 亿美元。

而 NEVS 最核心的资产来自其 2012 年的一笔收购，包括萨博 9 - 3 平台与凤凰平台的全部知识产权、工装模具以及测试和试验设备等。在被恒大汽车收购之前，NEVS 子公司国能新能源汽车公司已在天津建厂并投产，只不过销量低迷，资金链数次濒于断裂。

与之对比，2010 年吉利控股集团收购沃尔沃的价格是 18 亿美元。2018 年，理想汽车收购重庆力帆汽车有限公司的价格是 6. 5 亿元。

据恒大汽车自主发布的数据，该公司对新能源汽车产业累计投入达到 474 亿元，其中，用于收购核心技术及研发等费用为 249 亿元，用于工厂建设及设备零部件采购等费用225亿元。根据恒大汽车规划目标，该公司致力于成为世界上规模最大、实力最强的新能源汽车集团，到2025年实现年产销超100万辆，到2035年实现年产销超500万辆。

恒大汽车计划建设10大生产基地，范围涵盖中国、瑞典以及一带一路沿线国家。

2020年初，恒大集团宣布恒大新能源汽车上海松江、广州南沙基地将在2020年竣工，2021年投产，产能各20万辆。加上收购的国能电动汽车瑞典有限公司（下称“国能汽车”）及天津生产基地，总规划产能达到了60万辆。此外，恒大汽车全球研究总院落户上海松江，意在打造涵盖前瞻技术研究、产品规划、概念设计等全研发业务价值链。恒大还计划在上海投资打造新能源汽车轮毂电机研发生产基地，年产能规模达20万套。记者实地探访发现，这些项目大多并未建成。

宝能集团进入整车制造业比恒大集团更早，两者路径虽有不同，但大体上也呈现了“买买买”的特征。

2017年3月，宝能汽车正式成立。同年12月，宝能集团以66.3亿元收购奇瑞旗下观致汽车51%的股权，此后，宝能集团又出资15.6亿元，增持观致汽车股权至63%，并承诺在未来5年每年投入100亿元用于研发。

在成立后的一年半时间内，宝能汽车先后布局了杭州、昆明、广州、西安和昆山五个新能源汽车生产基地，总规划产能已经超260万辆，总投资超千亿元。不仅如此，姚振华还在布局汽车产业链，先后成立电池研发、动力研发、汽车设计等单元，包括约3 000人规模的汽车零部件集团。

范宇认为，宝能汽车在造车伊始，确实有野心，也有较为充盈的资金，但并不符合汽车行业的规律，“观致都没搞清楚就开始买长安PSA，全国各地到处‘买买买’，宝能汽车把摊子铺得太大，最后导致其根本没有那么多资金去撬动”。

事实也如外界所猜测的，过去5年里，宝能汽车旗下没有一个成功的品牌或车型，甚至于投入了数百亿的资金后，仅仅推出了一两款新车型。

2022年5月，山东省汽车流通协会发布了一份《关于观致品牌汽车的消费警示》，将宝能汽车旗下观致汽车列入黑名单，提醒消费者谨慎购买观致汽车，理由是该协会多次接到投诉，济南观致车主找不到门店维修、保养。根据协会调查，济南4家观致汽车门店都已经关门停业，厂商的服务电话也注销了。

9月21日，宝能汽车旗下悠宝利品牌的首届经销商合作伙伴大会在深圳举行。在会上，久未公开露脸的宝能集团董事长姚振华畅谈自主品牌汽车空前的发展机遇。宝能汽车还对外宣称，全国已有数百家意向经销商报名参会，悠宝利首款A00级电动车A3收获了数万台订单。

不过一名离职高管告诉记者，由于信用和欠款等问题，部分供应商终止向宝能供货，甚至远程关闭制造设备，导致悠宝利生产遇到极大障碍。

“闭门造车、闭门卖车”

“地产公司大开大合，上来就提出年销量要达到500万辆，后来改成3年内实现年销100万辆。然后调研丰田在完成100万辆的时候有14—15款车型，于是定下来同步研发14款车。这14款车大部分外包给国外的工程公司，包括麦格纳、爱达克等，每个公司开发几个产品，设计出来让企业高层选，选出了恒驰1到恒驰9共9款车，有SUV、MPV和轿车。”杨峰向记者说道。

恒大汽车研究院一名离职人员李山（化名）告诉记者，在他入职时，研究院一共有6款车同时在做研发工作，第二批大约4款车的研发工作也在启动，最多的时候国内有5家顶级的供应商在支撑恒大汽车的研发工作。

“按照当时的宏观战略，3 到 5 年打造先进的研发团队，销量逐步达到 100 万辆和 500 万辆的目标，自上而下地去做分解、整合，各个部门的工作向宏观战略匹配。”李山说道。

带着这些模型概念车，恒大汽车开始召开发布会，建设终端门店。2021 年上海车展期间，恒大汽车共展出了 9 款车，其中只有一款是工程车改制的，其他均为不能行驶的模型车。这一细节被一些媒体发现，并在网络上发酵，恒大汽车被外界冠以“PPT 造车”的名号。

而在此之前，恒大汽车已经在全国规划并筹建 30 多个品牌展示中心，并向模型车供应商大量订购模型车，以满足 30 多个展厅展示的需要。“PPT 造车”事件后，恒大发现模型车容易被人识别出来，反而成为负面事件，于是紧急退订模型车和城市展厅。

2019 年 9 月，恒大汽车宣布启动全球招聘计划，计划在中国、瑞典、德国、英国、荷兰、奥地利、意大利、日本、韩国等九个国家招聘约 8 000 名新能源汽车行业从业者。

“恒大汽车集团高峰的时候 5 000 多人，研发有 2 000 多人。营销中心也进行了一次海选行动，总共来了两三百人。但那个时候车还没有量产，一家店也没建起来。”杨峰说道。

在收购观致汽车后，宝能汽车也曾尝试自建直营渠道，闭门卖车。2019 年，宝能汽车与经销商产生矛盾，观致汽车维权经销商联合维权小组一位秘书长因涉嫌诈骗罪被抓，原因是其虚报销售数量获取厂商 8 万元返利。而在经销商看来，其虚报销售数量是为了协助厂家完成发车任务，这个行业一直如此运行。此事件后，全国观致经销商对宝能汽车失去信任，也促成宝能汽车全面推行直营店。

在宝能汽车销售公司离职高管许丹（化名）眼里，宝能汽车的转折点也是从做直营店开始。他向记者表示，2020 年 3 月，宝能集团董事长姚振华正式提出了要建立 1 000 家直营店。

2020年7月1日，宝能汽车已在全国57个城市开业108家直营店；当年9月，宝能汽车的直营店已达到400多家。按照计划，宝能汽车要在2021年初，建立1 000家直营店，从而全面建成覆盖全国240多个城市的直营服务体系。

宝能汽车的直营店扩张举动有多疯狂？多位宝能汽车离职高管表示，2019年底，宝能汽车板块员工仅两三千人。由于渠道大肆扩张，除了直营店，还要建省、市一级的管理公司，到2021年春节前，宝能汽车的员工人数超过2万人，其中宝能汽车销售公司就接近1万人。

"一家直营店成本包括房租、装修、售后设备、人员工资、运营和推广费用等，一家店的建设投入在50万—200万元不等，年均工资和运营推广费用支出150万元左右。全国这么多店，真金白银都实实在在砸进去了。"宝能汽车离职高管范宇表示，而此时，宝能汽车接手观致汽车后推出的新车型仅观致7一款。

缺乏敬畏

"2021年，有一次在开会的时候，姚振华感叹道，宝能造车是实实在在花了500个亿，不是忽悠，也不是投机，虽然最后也没干成事。"宝能汽车离职高管范宇表示，如果500亿元投在观致上，宝能汽车还是有希望的。

但是在宝能期间，这样坦率的话很难传递到决策层。同样的情况，也发生在恒大汽车上。多名受访对象告诉记者，汽车行业的高管在加入两家公司的初期都曾有过一段蜜月期，但最终大部分都因为授权太少、观念不一致等原因离开。

"我认为一是过去太成功了，低估了汽车行业的难度。二是不信任汽车行业过来的专业人才，所以汇报线的层级一高，基本上都是地产公司过来的领导。三是老板都没有亲力亲为，假手于地产公司和汽车行业的超级职业经理人，这样的创业很难成功。”范宇表示。

正如大干快进式的直营店建设，范宇认为根本没必要，但在宝能系的管理体系中，这样真实的声音很难传递到决策层。

“你会发现根本无法与整个体系相抗衡。”范宇表示，在宝能体系内最大的感受是，公司用的还是房地产那一套管理机制，最重要的是合规，最重视的部门是综合管理类的，“很多部门都怕担责，得过且过是最安全的”。

宝能汽车销售公司离职高管许丹表示，复杂的流程审批和很难变通的合规要求，让很多事情寸步难行，比如某一年计划参加车展，但最后车展结束了公司内部流程还没走完。

2022 年 8 月，恒大汽车缺席了成都车展，这本该是交付前最有利的一次推广和收取订单的契机。杨峰自嘲恒大汽车是闭门造车和闭门卖车，“专业汽车人在地产公司很难做，刚开始还会提问题，后来提也不提了，你说怎么干就怎么干。除非我想撤了，就跟你顶着干”。

“内部流行一句话，恒大汽车在错误的道路上一路狂奔，尽干那种违背基本规律的事情。”杨峰说。

据乘联会数据，2019—2021 年，观致汽车的销量分别降为 2.27 万辆、1.31 万辆、5 200 辆，2022 年产销量则为零。随着销量下滑，宝能汽车遍布全国的直营店也迎来了倒闭潮和欠薪欠款潮。

目前，宝能汽车“大跃进”式的闹剧已过，销售公司员工数量又从顶峰的两万余人下降到了两三百人。全国各地直营店也都只留下“一地鸡毛”，纷纷处理资产用以清偿债务。不少直营店员工也因公司拖欠工资将其告上了法庭，宝能汽车旗下销售公司因此被列为失信被执行人的情况不胜枚举。

“回顾宝能和恒大的发展路线，有一个共同特征，即钱来得快，有钱以后又通过较为‘野蛮’的方式收购，在过去，这一套玩法是比较成功的。”范宇向记者说道。在范宇看来，恒大和宝能也把这一套打法用到了汽车上，如习惯于融资用杠杆、做事不聚焦、赌性重等。但这套打法显然在汽车行业有点“水土不服”。

2020年末，宝能在西安举行了一场盛大的新车下线仪式，姚振华在致辞中宣布，该基地将实现年产值450亿元，一期产能将达到50万辆。

彼时，西安基地是宝能汽车投产的第三大基地。但多名内部人士告诉记者，2021年年中，第一财经记者实地走访该基地时发现，西安基地并没有进行生产，有工人表示：“整个工厂没有正式投入生产，只是调试生产了约15辆车，领导来了坐一坐。”

一位内部人士表示，西安工厂原本安排了增程式观致3和观致5，以及宝能新能源BAO品牌首款SUV的生产计划，但由于资金没有到位，所以并没有实质性投产。当时的真实情况是，宝能将观致汽车常熟工厂生产的大部分零部件运输到西安，在西安基地做了一个下线仪式。

一直以来，外界都存在一个说法，地产商在借造车之名，行圈地之实。房地产是宝能的重要业务，通常而言，地方引进汽车产业，除了建工厂、建仓库之后，还会配套一些商住用地，形成产业新城。

宝能汽车一位离职的高管表示，他曾带队到深圳与决策层开会，约好的时间，等到凌晨人还不出现，后来得知决策层领导临时接到一个地方官员的接待任务，这让他和团队感到很气馁。

“回过头一想，可能这就是地产公司的基因，因为决定房屋价格的最主要因素并不是设计和材料，而是地段。”他说道。

恒大汽车一名离职高管也表示，一次在高管会议上，地产系的领导说“500亿元，不就我们1年的利润吗?”这让他觉得地产系出身管汽车的领导，并没有尊重和敬畏汽车行业。

最后一搏

早在2020年11月，监管层就对宝能造车的圈地行径做出过警示。当时，国家发改委下发《关于开展新能源汽车整车生产及项目情况调查的通知》，要求详细报告宝能2017年以来在当地投资和拟投资建设的汽车整车及零部件项目情况。

2021年以后，第一财经记者分别走访了宝能汽车位于江苏昆山、云南昆明和陕西西安的制造基地。其中江苏昆山和云南昆明的制造基地处于施工中断状态，现场留守的施工监理告诉记者，由于资金问题，两个基地从2022年初就停止了施工。2022年4月，云南省发改委发布公告称，昆明宝能基地投资备案逾期2年没有开工建设，经提醒未做出相应处理，2个项目的投资备案信息被移除。

2021年年中，恒大集团债务危机全面爆发。受此影响，恒大集团的造车项目恒驰汽车也不断传出负面消息。恒大汽车（00708. HK）总市值也直接从2021年2月中旬的最高超7 800亿港元跌至2022年3月31日的347亿港元，蒸发了超95%。从2022年4月1日开始，恒大汽车停牌。

记者梳理后发现，就在7月，观致汽车新增了3条被执行人信息，被执行金额达到257万元，而从2022年初至今，观致汽车已经5次成为被执行人。另外，据启信宝数据，2022年1月，观致汽车大股东杭州诚茂投资有限公司通过股权出质的方式，向中国银行苏州分行质押了其所持有的203 105. 76股观致汽车股权。除此之外，2021年10月和11月，观致汽车还进行了三次动产抵押，用于债权担保。据江苏省苏州市常熟市市场监督管理局登记的动产抵押详情显示，此次21亿元的动产抵押，是用于观致汽车在2012年7月23日签订的一份10年期银团贷款合同的延期担保。此次被抵押的动产除了1 800辆库存观致车辆，还包括供应商模具以及大量的汽车零部件。而在另外一份动产抵押合同中，抵押物则为 2019 年焊装车间新增机器人设备。

而另一边，宝能集团同样千亿债务压顶，自 2021 年 9 月起，宝能系旗下 5 家主要公司，钜盛华、宝能控股、宝能地产、宝能集团和宝能汽车，合计被法院执行超 180 次。宝能系所持中炬高新、韶能股份、南宁百货等上市公司股份相继被司法冻结或轮候冻结。不仅如此，宝能系出现了大范围的员工欠薪事件。

2022 年以来，宝能汽车拿出了其最后一张底牌。

宝能汽车提出，宝能汽车产品规划是以新能源汽车为核心、改良型传统燃油汽车并举，加快建设“BAO 品牌、观致品牌、经济型品牌”三大汽车品牌矩阵，总体实现汽车市场的全覆盖。

这里所谓的经济型品牌就是 2022 年提出来的悠宝利，最开始的时候，该品牌叫“魔方”，但因为被上海一家公司注册了，姚振华就用宝能集团的零售超市品牌名“悠宝利”来为其命名。

悠宝利主打 A00—A0 级新能源纯电动车，据宝能汽车官方信息，首款产品 A3 将于 2022 年四季度正式推向市场。

9 月 21 日，悠宝利汽车首届经销商合作伙伴大会在深圳举行。久未在公开场合露脸的姚振华，和宝能汽车执行总裁陆幸泽均到了大会现场，另外，宝能汽车还邀请了来自全国的百名经销商、金融机构及投资人等嘉宾。

在职员工方玉（化名）向记者指出，悠宝利项目确实有招募到经销商，这些经销商的出发点可能各有不同，有刚成立的经销商希望借助宝能这个平台发展，也有经销商想“搏一搏”，赌宝能可以把悠宝利的车造出来。

据悉，悠宝利的加盟门槛并不高，费用在 130 万元左右，其中包括 10 万元保证金和 120 万元的车资。

悠宝利首款车 A3 是一款 A00 级电动车，与大热的五菱宏光 MINI EV 处于同一细分市场。官方资料显示，五菱宏光 MINI EV 在 9 月销量达到 37 416 辆,同比增长 6.4%，蝉联 25 个月中国新能源纯电轿车销冠；2022 年前 9 个月，累计销量 297 063 辆，同比增长 15.7%。

虽然 A00 级电动车销量可观，但是其盈利依旧是老大难问题，特别是在原材料价格大涨之后。受此影响，2022 年 4 月，长安新能源曾暂停收取微型电动车奔奔 E－Star 国民版车型的订单；2022 年 2 月，长城汽车旗下欧拉品牌也向 4S 店发出通知：所有经销商停止接收欧拉汽车黑猫和白猫两款车型的订单。对此，欧拉汽车 CEO 董玉东曾透露，由于原材料价格大幅上涨，欧拉黑猫每卖一辆就亏损超万元，卖得越多亏得越多。

为何宝能汽车宁愿在此时拿出一款不赚钱的车型？范宇向记者表示，并不排除悠宝利想用微型电动车这样较低的门槛去撬动更多资产的可能，“有车出来，意味着宝能汽车还有故事可讲”。

而在许丹看来，宝能汽车在此时推出悠宝利，是想保住自己的生产资质。宝能汽车的工厂从 2021 年初开始就已暂停生产，而按照工信部对新能源汽车准入的要求，对于停产 24 个月及以上的新能源汽车企业，工信部将予以特别公示，相关企业再次生产需要重新经过工信部核查。而在重新审查中，如果不能达到准入条件或破产的企业，将被撤销资质，一旦生产资质被撤销，企业将无法申报产品。

方玉指出，悠宝利 A3 计划在宝能汽车西安工厂进行生产，从已经小量生产的产品来看，“A3 这款车比油泥车稍微好点，但是做工很差”。

“从集团的重视程度来说，悠宝利或是一个突破口。”许丹称，但关键要看最终车能不能生产出来。有消息称，有上游供应商被拖欠货款，把宝能汽车工厂相关焊装的设备远程锁死了，让悠宝利 A3 这款车根本无法生产。

另一边，卡着 10 月的尾巴，恒驰汽车如约实现了首批车的正式交付。

从恒驰天津工厂发运至上海的20辆恒驰5，停放在上海销售中心铺上红毯的路两旁。距离上海恒驰汽车销售中心30公里开外的松江区，恒驰汽车上海生产基地和全球研究总院均坐落于此。2021年4月上海车展期间，恒驰汽车曾主动邀约媒体前去探访。但当第一财经记者2022年9、10月两度踏进该基地时，厂区内荒草丛生，现场留守的安保人员称，项目停工已超过半年。

王进告诉记者，公司内部目标是2022年结束之前，上海地区要确保200辆恒驰5的交付。至于这个目标如何达成，王进则说不上来。“搏一搏，单车变摩托。”王进说道，不管是买恒驰的车，还是卖恒驰的车，都含有一定“赌”的成分在内。

第 3 节

动力电池回收的隐秘江湖

广州市花都区花北路的万通汽配城内，分布着大大小小几百家商家，均是三年前从白云区陈田拆车村搬迁而来的商户。园区内除了传统燃油车的配件，也有回收新能源蓄电池以及配件的门店。

“特斯拉电池回收 3 万块起，我们主要收购一些事故车、泡水车的电池以及整车配件。”一家新能源汽车配件门店老板说。

多位电池回收行业人士表示，广州、深圳、东莞、佛山等地都有着大量“作坊式”的电池拆解厂。和符合《新能源汽车废旧动力蓄电池综合利用行业规范条件》的白名单企业相比，它们门路更广，也能开出更高的回收价格。

根据高工锂电数据，2018—2020 年，“白名单”企业仅回收到了不到 20%的退役电池。“个人估计，2021 年以前 90%的废旧动力电池都流入了小作坊”，中关村新型电池技术创新联盟秘书长于清教表示。

小作坊“横行”市场，除了它们更加灵活、开价更高，更来自商家与用户双方巨大的利益驱使。2021 年前后，电池级碳酸锂的市场价格从 5 万元/吨激增至 50 万元/吨。通常情况下，锂矿的开采率为 2%—3%，而旧电池包的碳酸锂提取率可以达到 7%—8%。在动力电池供货紧张带来的整个产业链价格上浮过程中，动力电池的废料价格也上涨至数千元一吨。

对于用户来说，一台入手价格 15 万元左右的紧凑级新能源汽车，在开了几年之后，报废回收价格只有 3 000—4 000 元。这给了电池贩子和小作坊进入市场的机会。

记者多方走访了解到，伴随着新能源汽车保有量激增，脱保车辆日益庞大，路边修理厂正积极转型学习新能源汽车维修，这同时带来了非法破解软件、专检设备等需求。

一家电池回收企业采购人员告诉记者，按照电池的品质和等级，小作坊回收的电池部分以废料出售给正规电池回收企业，部分流入小家电数码制造公司和两轮电动车公司，还有部分则以拆车件形式流入汽车修理厂。

多家机构曾预测，未来10年动力电池回收行业和新能源汽车后市场将达到千亿元和万亿元的市场规模。如今这两个领域鱼龙混杂，更像是一个隐秘的江湖。

多手倒腾电池

“你在某宝上购买的手持小风扇，里面的电池很可能是拆车电池。”一家白名单电池回收公司业务经理王明（化名）向记者说道。

新能源汽车动力电池退役后，可能仍有20%—70%不等的剩余容量，可降级用于储能、备电等场景，实现余能最大化利用。

据工信部2019年第59号公告《新能源汽车废旧动力蓄电池综合利用行业规范条件》（2019年版）解释，新能源汽车废旧动力蓄电池综合利用是指对电池进行多层次、多用途的合理利用过程，主要包括梯次利用和再生利用。梯次利用是指对废旧动力蓄电池进行必要的检测、分类、拆分、电池修复或重组为梯次利用电池产品，使其可应用至其他领域的过程；再生利用是指对废旧动力蓄电池进行拆解、破碎、分选、材料修复或冶炼等处理，进行资源化利用的过程。

以再生利用为例，通过拆解废旧动力蓄电池可以对其内的有价金属进行回收，提炼出镍、钴、锰等金属材料，同时产生的电子元器件、金属、石墨、塑料、橡胶、隔膜、电解液等零部件和材料，在市场上还可以卖出好价钱。

2021 年以来，镍、钴、锂等原材料价格持续暴涨，动力电池回收价格随之飙升，动力电池级碳酸锂的价格突破 50 万元/吨，氢氧化锂的价格也突破了 48 万元/吨，在一年时间里，两者的价格均暴涨 10 倍。退役的新能源汽车动力电池因此成为回收企业争先抢夺的对象。在巨大的利益驱动下，许多小型商户以及个人中间商介入其中，倒腾新能源蓄电池。

“国内有资质进行废旧电池回收的‘白名单’企业仅有 45 家，而近年来倒腾电池回收收购的企业或者个人却有上万家，好多都没有工商注册。”湖南一家新能源电池回收企业负责人汪财东（化名）告诉第一财经记者。

在上述汽配城探访之际，第一财经记者发现，公开从事新能源电池回收的商户虽然有，但屈指可数。“整个市场上公开从事新能源汽车废旧电池回收的商家可能也就几家。”一位商户老板李青（化名）告诉记者。

这主要与新能源电池使用年限有关，毕竟国内新能源汽车普及率仍在发展阶段，报废量也不是特别多，再加上原本国家有梯次利用的程序，报废电池一般进入梯次利用，而进入到再生利用环节的废旧电池则相对更少。

李青说，他们也做电池回收，还可以进行置换，但多是“充当”中间商角色，并不参与拆解提取。

“我们主要是收购一些出现事故或者报废的动力电池，经过修复以及处理之后，再卖给回收废旧电池的工厂。”李青表示，在她圈子里的商户，大家也都从事回收生意，希望在价格高点赚一笔。

李青进一步告诉第一财经记者，其实市场上真正需要电池的厂家并不多，除了上述 45 家“白名单”回收企业之外，再就是电池厂家的上游供应商，“市场那么多人从事回收电池，主要是为了赚差价，你‘过一手’，我再‘过一手’，大家倒腾来倒腾去，导致价格虚高。”

李青的说法与汪财东观点一致。汪财东说，他们目前收购的废旧动力电池，有的还经过了4层中间商层层转卖，最终才卖给了该公司，“有的中间商从个人车主手中购入，再被经销商或者商户买入，继而流入市场销售，并最终被有资质的回收企业收购”。

据第一财经记者调查，目前很多从事废旧动力电池销售的中间商并不在汽配城等实体门店内公开销售，而是转战互联网虚拟平台进行兜售。

在某二手交易平台，搜索“新能源汽车废旧动力电池回收”，可以找到大量的商家。“全国高价求购各类型废旧新能源电池包，退换新能源汽车动力电池包。价格美丽，量大从优！”一位名为“专业汽车动力电池包”的平台商户，打出的回收价格达3万元。

另一位名为“长期收购新能源汽车电池包”的商户打出的价格是2.88万元，“求购新能源动力汽车，废旧电池，有资源的联系，欢迎咨询。”

“他们多是自己租赁一间仓库，用于存放电池，有客户需要直接物流发货。”李青对第一财经记者说。

隐秘产业链

7月中旬，专修新能源车的修理厂老板张山（化名）在朋友圈发了两张特斯拉电池照片，配文字说“电池废了，求同款电池”。

张山告诉记者，前来维修的车辆主要是比亚迪、荣威，也有一些特斯拉和其他品牌的新能源车，这些车辆毫无例外是“脱保”的车辆。所谓脱保，通常是指脱离厂家8年16万公里质保范围的车辆；也有一些是出过重大事故如泡水等，保险公司不提供续保的车辆。

如果选择厂家指定的4S店或其他维修网点维修，车主们要支付昂贵的费用。多数品牌售后网点对于出现故障的电池包“只换不修”，一个50度电的电池包，更换价格在8万—10余万元不等。

而“路边修理厂”则可以提供更加精准的维修服务。张山向记者演示的一个检测设备显示，该设备可以读取电池包每一个电芯的状态，并以拓扑图展示出来。维修者可以根据该拓扑图显示的信息，针对性的更换某一个或者多个电芯。

赵峰就是上述检测设备公司的业务员，过去十多天里，他和同事自驾跑遍了河南某市的汽车维修培训机构和修理厂，他的目的是推销公司的新能源汽车检测设备。

赵峰注意到多数主营燃油车的修理厂老板都非常焦虑，他们给自己和员工报名参加新能源汽车维修培训。动力电池维修的培训班，分为普通、高级和专家三个等级，培训费最高能到1万多元。

“汽车厂家是不会向路边修理厂提供技术和设备的，所以就给了我们这些人机会。”赵峰直言不讳地说，该公司研发人员会大量地读取不同品牌新能源汽车的软件信息，进行逆向和破解。不过该公司的设备只能读取车辆故障代码，还不能识别故障信息，如果需要识别故障信息，则需要专检工具进行配合。

当具备了一定的电路板维修能力、检测设备和专检工具后，修理厂便能对车辆的一些常见问题进行修理，他们的费用比起厂家指定网点低廉很多。以维修电池来说，张山的开包（打开电池包）起步价是3 000元，再根据需要更换的电芯数量，或者工作时长来报价。

多数汽车厂家针对其电池包都设计了防火墙系统，改装回去的电芯通常不被接纳，但一些专检系统的供应商开发出了破解系统，能让维修更换的配件被原车系统接纳。

张山表示，他还能给汽车动力电池做均衡。打比方说，车刚买回来时，动力电池的容量是百分之一百，使用一段时间后便只能充入80%的电量，续航里程逐渐降低。做均衡的话，可以把电池容量往上提高一些。这不仅仅是破解了原厂的软件系统，并且能够对原厂的软件系统进行调整。

常见的品牌配件通常来自副厂件，有一些则来自拆车件。某二手交易平台上长期有特斯拉拆车电池等配件售卖，记者查询发现，特斯拉18650单颗电芯的报价是5.4元/颗，有一定的还价空间。在询问电芯来源时，对方表示“拆车件”。

除此之外，二手交易平台上还有着大量的拆车件，它们价格约为原厂配件的1/5。如特斯拉Model 3后机盖原厂配件加工时费大约为6 000元，拆车件的价格则为1 000元。

为什么会有人把新能源车交给“黑拆”作坊？主管部门对这个领域的监管为何没有充分发挥作用？

电池回收行业从业人员王明（化名）告诉记者，如果看供货渠道，多半是不开票的中间贸易商，他们有个人，也有公司，业内俗称“电池贩子”。如果追溯电池更上游的发货方，来源主要有3个：保险公司、汽车租赁或网约车公司、个人车主。

他表示，保险公司的事故车、火烧车多半不会走报废流程，因为收益太低，而是通过拍卖平台，尽可能收益最大化。国内一家车险公司理赔专员向记者证实了这一点，“一般是走拍卖流程，对客户来说车子是报废了，但对保险公司来说不是。下家收回去可以修复，也可以拆车”。

根据我国针对营运车辆的强制报废相关要求，新能源网约车的报废标准通常为8年或60万公里。我国早期的纯电动车续航里程通常在200—300公里，技术较为陈旧，随着时间推移，续航能力已经非常低下。这些车辆如果走报废流程收益非常低，但如果把电池包拆出来单独拍卖，则是一笔可观的收益。

王明表示，大公司举办的电池包拍卖活动，所有的参与方都是有资质的企业。但小的租赁公司可能不看对方资质，仅仅依据价格来成交。这里面涉及的监管风险是每一个电池包、电芯都有钢印，可以溯源其整个生命周期的生产和流通。但王明表示，早期对于电池溯源的监管并不严格。

2022年8月1日，记者致电华东一家汽车报废回收点，工作人员称含电池包的新能源汽车回收价格是 1 700 元/吨，不含电池包的 1 500 元/吨。他表示可以只回收车体，电池包由车主自行处理。

“租赁公司的目标是为了多挣钱，个人车主也不乏这种想法的，还有一些人不知道怎么报废，随便就把整个车卖了。按道理说卖给有资质的公司是合法的，但是现实中不完全是这样。”王明说道。

王明以及多名电池回收行业的从业人员告诉记者，一些租赁公司为了规避电池溯源的监管风险，会在“营转非”之后把车辆过户到农村高龄老人名下，再来对车辆进行拆解，以求更大剩余价值。从而出现了从文件上车辆还“在世”，但实际上已经被“拆掉”的情况。

“等到过几年老人过世，就算监管想追责也无门。”王明说。

需要说明的是，记者并未找到切实的案例来支撑上述说法。

小作坊扰乱市场

第一财经记者调查发现，除了中间商倒腾废旧电池之外，有些个人或者企业，以小作坊的形式，对废旧电池进行拆解，这一方面增加了正规回收企业的生产成本，另一方面对环境也带来较大的危害。

华东一家大型动力电池回收公司工程师告诉记者，实施动力电池拆解的主要是白名单企业和灰色地带的拆解作坊，白名单企业通常称后者为“黑拆”。由于动力电池往往采用高压电气系统，老一点的电压约为 400 V，最新的电池技术电压可达 800 V。在全自动设备出现之前，白名单企业在电池拆解之前，会进行放电，以确保作业安全。但是“黑拆”作坊为了节约成本，经常是戴着绝缘手套就上。

“为什么‘黑拆’不放电，那是因为一些很老的电池把电放完之后就坏掉了。”王明告诉记者，黑拆通常是在隐秘的郊区租一个仓库，如果是能够转梯次利用的电池还好，如果是走报废，按照废料出售的电池，黑拆作业过程中会产生巨大的粉尘、电解液污染。

汪财东从事新能源电池回收产业多年，他所在的公司系工信部认可的白名单企业，其在回收的资质、渠道、技术、规模等方面具备了较完善的体系和运营能力，项目投资额达到了30亿元之多。虽然被市场视为回收“正规军”，但他们收购的动力废旧电池却也并不多，“巧妇难为无米之炊”。

在汪财东看来，现在废旧动力电池市场乱象在于，准入门槛较低，谁都可以收，“很多中间商在这其中囤货，把价格搞得有点虚高”。

2022年以来，为了收购可以利用的再生新能源动力电池，汪财东不得不加价收购，这无疑也增加了企业拆解提炼废旧电池的生产成本，“我们现在回收的电池也是一半来自这些中间商，另一半则来自新能源电池生产厂家”。

这主要与近年来退役电池的回收逐步转向以个人用户为主有关。其实退役电池主要集中在新能源汽车保有量较大的京津冀、长三角及珠三角地区。随着个人用户逐渐成为新能源汽车的消费主体，退役电池的回收逐步转向以个人用户为主。

“许多中间商则看中了个人用户手里的报废电池，但相对来讲回收上来的还是比较少。”汪财东进一步告诉第一财经记者，目前真正想要废旧动力电池原料的企业还拿不到“料”，有一些其他非正规渠道的个人和机构，通过在偏远地区开设一个小作坊的形式，进行废旧电池的拆解，在这一过程中，他们的拆解成本很低，继而干扰了我们从事再生利用的正规企业的回收价格体系，同时造成环境污染。

“许多废旧动力电池拆解的小作坊盘踞在广东、华东等地，它们通过非环保的手段，进行粗暴加工，拆卸新能源电池上的可回收物件，再将其卖给正规回收企业，继而赚取一定的差价。”汪财东说。

“一些小作坊一部分是人工拆解，无组织排放一些电解液等废料，也不进行回收处理，因此它们不用投入购买专业电池拆解设备的费用以及拆解技术研发费用，拆解出来的产品对外销售给后端回收企业。”汪财东表示，这样的处理方式对环境的污染较大，国家有关部门也在严格调查，但是这些小作坊比较隐蔽，监管难以彻底打击。

这其中更关键的是，小作坊对于金属的回收率并不高。据《新能源汽车废旧动力蓄电池综合利用行业规范条件》（2019 年）显示，从事再生利用的企业，应积极开展针对正负极材料、隔膜、电解液等再生利用技术、设备、工艺的研发和应用，努力提高废旧动力蓄电池再生利用水平，通过冶炼或材料修复等方式保障主要有价金属得到有效回收。其中，镍、钴、锰的综合回收率应不低于 98%，锂的回收率不低于 85%，稀土等其他主要有价金属综合回收率不低于 97%。采用材料修复工艺的，材料回收率应不低于 90%。工艺废水循环利用率应达 90%以上。

“废旧动力电池拆解产业其实核心还是技术竞争。”汪财东表示，许多小作坊企业的金属回收率并不高，也达不到国家规定的要求。

此外，多位业内人士介绍，废旧动力电池的回收环节实质对技术要求较高。

上述《新能源汽车废旧动力蓄电池综合利用行业规范条件》（2019 年版）进一步指出，对废旧动力电池的资源综合利用及能耗、环境保护均有要求，比如企业应严格执行环境影响评价制度，申请排污许可证，综合利用过程中产生的隔膜、电解液等零部件和材料均应采取相应措施实现合理回收和规范处理，“无相应处置能力的，应按国家有关要求交有相关资质的企业进行集中处理，同时应做好跟踪管理，保障不可利用残余物的环保处置，不得将其擅自丢弃、倾倒、焚烧或填埋”。

汪财东表示，废旧动力电池回收市场仍是“价高者得”的现状，“我们在回收生产方面付出了大量的设备、场地、人员以及技术投入，小作坊生产工艺简单粗暴，回收成本远低于正规企业，造成在报废电池回收市场上，小作坊的出价远比正规企业有优势，实际形成了劣币驱逐良币的市场环境。”

第 4 节

山东低速电动车公司转型“失速”

在 400 多人的雷丁汽车交流群中，如何讨债成为经销商们近期交流的重点。

“2022 年 5 月份我在雷丁汽车公众号看到了招商信息，6 月份与区域经理取得了联系，随后将 60 多万元的车款打给厂家，但直到今天一台车都没发给我。”新疆楚驰汽车销售有限公司法人杨建民对第一财经记者表示。

多名雷丁汽车经销商告诉记者，从 2021 年 12 月起，雷丁就出现了拖延经销商货款的情况，也有经销商称去年七八月份至今，超过 1 年没有收到过雷丁汽车发来的车。雷丁汽车相关人士回应第一财经采访时表示：“2022 年资金和产能都比较紧张，所以交付的车只能保证重点市场和重点区域，的确给一些经销商伙伴造成了影响。”

雷丁汽车曾是中国低速电动汽车行业的龙头企业，2018 年开始转型新能源乘用车市场。如同雷丁汽车一样由低速电动车产业转型到纯电乘用车赛道的，还有河北御捷等公司。但从过去 2—3 年的经历来看，低速电动车公司的集体转型极其艰难。

同时经营多个低速电动车品牌的经销商李刚（化名）告诉记者，朋克、雷丁等低速电动车品牌都出现了经销商打款却提不到车的情况。

“目前还没有看到一家成规模的转型成功的低速电动车企业，它们的产品基因上仍是低速车的感觉，产品上存在弱项。同时它们普遍沿用了低速车的渠道销售，客户群体也是低速车消费者。”全国工商联汽车经销商商会常务会长、新能源汽车委员会会长李金勇对记者表示。

雷丁汽车发布消息称，公司已完成A轮融资，整体金额为32亿元，资金将于11月底开始陆续到位。不过经销商称仍然没有收到雷丁汽车发出的车辆或者欠款。

雷丁汽车融资的资金有没有到位？经销商欠款问题怎么解决？针对这些问题，雷丁汽车高层没有予以回应。

从低速到高速

雷丁曾是低速电动车市场的头部玩家。公开数据显示，2016年至2018年，雷丁电动车连续三年蝉联低速电动车销量冠军，销量分别为15万、21万和28.7万辆。其中，2018年的销售额突破了120亿元。

随着雷丁低速电动车销量的快速增长，雷丁的口碑和声誉逐步建立，经销商门店也随之快速增长。位于西南地区的经销商张悦（化名）就是雷丁发展早期的一名经销商，雷丁在低速车领域的成功令张悦对其产生了高度信任。

2018年，伴随着国家六部委发布《关于加强低速电动车管理的通知》，低速电动车厂家不得不面临转型的挑战。通知明确指出要设置过渡期，通过置换、回购、鼓励报废等方式加速淘汰违规电动车在用产品。各地区关于低速电动车的监管政策趋于严格，一大批小作坊企业由此被淘汰，四轮低速电动车市场规模也开始急剧萎缩。

高工产研锂电研究所（GGII）发布的一份报告显示，2016年全国四轮低速电动车产量突破百万辆大关，为116.9万辆，2017年受国标草案等不明朗政策影响，增速放缓为133.5万辆，其中山东省产量达75.6万辆。受行业清理整顿政策的影响，2018年四轮低速电动车的产量规模开始缩减为 123. 3 万辆左右，低速电动车销量首次出现下滑。2019 年受清理整顿影响，大批企业停产整顿，低速电动车产量降低至 85 万辆。2020 年在五菱宏光 Mini 等微型车大火的环境下，低速电动车市场环境更加严峻，产量进一步下滑至 71 万辆，受政策及市场景气度影响，2021 年行业产量缩减至 32 万辆。

政策对路权的限制使低速电动车企纷纷开展自救，有技术条件的企业开始向高速车业务转型，通过并购传统车企、申请生产资质、与传统车企合作等方式，拿到国家乘用车、商用车的相关生产资质。

作为低速电动车领域的老兵，河北御捷是早期低速电动车转型的代表之一，转型后更名为领途汽车，主要聚焦 A0 级与 A00 级小型纯电动车领域。其间，由于小型车表现不佳，领途汽车又通过成立微型车品牌朋克汽车试图打开市场。

雷丁汽车等也通过购买资质的方式进入小型电动车领域。2019 年初，雷丁汽车以 14. 6 亿元收购四川野马 100%股权，由此获得了新能源车的生产资质。低速电动车企业富路集团则于 2018 年通过与北汽制造签订战略合作协议进入了乘用车领域，双方共同成立了北汽制造德州分公司，联合打造新能源汽车。而作为全国规模最大的低速三轮车企业，金彭集团推出了乘用车品牌吉麦新能源，通过升级的方式在 2019 年获得了生产资质。

获得新能源汽车生产资质之后，雷丁在 2019 年推出了名为 i 系列的三款小型纯电动车（i3、i5 和 i9），补贴后的售价分别为 4. 98 万元、7. 58 万元和 11. 58 万元。然而，由于市场反响不好，i 系列车型在 2020 年停售。公开数据显示，2020 年停售前，该系列车型的年销量只有 3 400 辆左右。

在某种程度上，i 系列车型的表现宣告了雷丁汽车首次转型失利。随着五菱宏光 MINI EV 的爆红，雷丁于 2021 年 4 月推出了竞品杧果，售价区间为 2. 98 万—5. 49 万元。2021 年，雷丁杧果累计销量超 3 万辆。在小型电动车赛道，这个成绩并不差，这更加坚定了经销商对雷丁的信心。

3 万元左右的入门价格，灵活快捷同时使用成本低，雷丁杧果成为全国不少城市尤其是下沉市场的香饽饽。

伴随着雷丁的转型，低速电动车的经销商们也开始做起了高速车。“因为政策因素，我们慢慢改行去做高速车。”雷丁汽车经销商张悦对记者表示，相较于比亚迪、特斯拉、广汽埃安等新能源车品牌，雷丁高速车的售价较低，同时入网的门槛也不高。

雷丁优先将销售权给到老经销商，按照最早的招商政策，经销商根据店面大小向厂家打保证金（5 万—8 万元不等），同时付首批车款。加上店面的费用，获得雷丁高速车销售权大概需要 150 万元的启动资金。

在新能源车市场上，比亚迪、特斯拉、广汽埃安等热销的新能源品牌不仅入网难度大，同时车型售价较高。以比亚迪为例，旗下有多款车型，即便是售价最低的产品也达到了 10 万元级，这个价格与雷丁杧果这类小型车相比仍高出不少。加上建店的费用，预估在三四线城市建设比亚迪 4S 店的启动资金超过 1 000 万元，这远远超出了通常低速电动车经销商们的资金实力。

雷丁汽车另一名经销商王柳（化名）告诉记者，初期雷丁推出的纯电乘用车市场表现不错，一台雷丁杧果的毛利在 4 000 元左右，单店每月销售 11 台车就能实现盈利。然而，让他们没有想到的是，雷丁汽车很快就出现了资金问题。

“缓兵之计”

“店面租好了，车却迟迟不到，加上租金的损失，一年损失金额约 100 万元。”杨建民说道。

杨建民告诉记者，按照他入网时的招商政策，雷丁要求建店面积 400 平方米，同时要求付首批车款。当时负责招商的业务经理称他原有的店面位置不好，为了达到标准杨建民专门又租了一个年租金30万元的店面。

记者从雷丁汽车公众号信息上查阅，雷丁汽车的招商信息在2022年多篇推送文章中均有所显示。2022年9月16日，这一招商信息在推送的文章中最后一次出现。不过，记者拨通了雷丁汽车全国招商热线，相关工作人员告诉记者，目前未接到暂停招商的明确通知，具体到不同区域要和相关区域经理询问详情。

为了尽快拿到车，一些经销商选择继续相信雷丁。多名经销商告诉第一财经记者，在经销商打款雷丁不发车也不退款的情况下，厂家依然要求经销商继续打款，只有继续打款才会发车。

“之前欠款的车还没有发，我们选择继续打款后，雷丁只发了再次打款对应的部分车辆。”王柳对记者表示。她给记者举了一个例子，按照继续打款才给发车的要求，她向经销商打了10台车的款，但最终只发了5台车，而在此之前雷丁已经累计欠款100多万元（对应31台车），这31台车仍未给到王柳。

一些经销商将雷丁在欠债不还的情况下仍向他们提出打款的要求称之为“众筹”。2022年10月份，雷丁汽车第二批出口埃塞俄比亚订单交付，雷丁汽车在11月16日发布了雷丁杧果pro出口到柬埔寨广受欢迎的消息。

“既然能够出口到国外，为何不能给国内的经销商发车？厂家欠了我们大量的车款，要车没有要债不还。”张悦称，厂家拿经销商的钱去做海外市场的宣传，这令他们感到心寒。

2022年9月份，多名经销商陆续来到雷丁汽车上门讨债，但基本上以失败而告终。杨建民称，厂家相关领导表示“车发不了，钱也退不了”，而如果想要退钱必须要签订一份“退网协议”，如果同意退网，欠款将分6个月分批退还。

“钱是一次性打给厂家的，而我一台车都没收到，谈何退网？”杨建民表示，一些经销商此前签订了这份退网协议，但直到合同约定的日期到了也未收到全部退款，“这是一个缓兵之计，如果签订了协议相当于和厂家和解了，在合约期间不能进行起诉，如果 6 个月过去了还没有拿到欠款，还得上诉。”

雷丁经销商出现资金风险时，领途汽车的经销商也遭遇了相似情况。2018 年，领途汽车集中亮相了五款纯电动车型，其中两款为 A0 级产品，分别命名为领途 BX100、领途 S5 都市版；三款为 A00 级车型，分别命名为领途 C3、C5 以及 K－ONE。2019 年下半年，领途汽车就被传出工厂停产的消息。公开资料显示，领途汽车只有在 2019 年 12 月销量突然暴涨达到 3 338 辆，其他月份销量均在 1 000 辆以下。

由于小型车表现不佳，领途汽车又通过成立微型车品牌朋克汽车试图打开市场。2020 年，朋克汽车首款产品朋克美美上市，月销量一度突破 8 000 辆,随后又推出了朋克多多。按照计划，朋克啦啦将于 2022 年二季度上市，但未能实现。

“当时看到小微型车市场较为火热，所以选择销售朋克汽车，但没想到被厂家忽悠了。代理仅一年的时间，厂家资金链就出现了问题，至今钱款无法退回。”朋克汽车经销商李刚对记者表示。

转型梦碎

雷丁的转型是众多低速车玩家谋求出路的一个缩影。中国新能源车市场的兴起，尤其是“神车”五菱宏光 MINI EV 的出现，给了他们转型的方向。包括雷丁、金彭、康迪、丽驰纷纷转型进入小微型电动车赛道。

但与传统主机厂推出的小微型车相比，这些厂家的市场反响普遍较低。在小微型车领域火热的当下，低速电动车企寻求的转型之路并不顺利，反倒是失败的案例较多。

有机构统计，截至 2022 年 10 月，国内共有 27 家新能源汽车产业链公司破产或破产重整。其中17家企业的经营范围涉及整车制造，其中既有博郡等造车新势力企业，也有河北御捷等从低速电动车转型新能源乘用车市场的企业。

“目前还没有看到一家成规模的转型成功的企业。这主要有两方面的原因，一是从产品来看，低速车转型高速车，造车成本大幅增加，但市面上大部分产品在基因上仍是低速车的感觉，因此在产品上存在弱项，技术能力与五菱宏光MINI EV等有差距。二是转型企业沿用了低速车的渠道销售，客户群体也是低速车消费者，这类群体难以接受价格较高的高速车，而转型企业新开发渠道又很难招募到有实力的经销商。”全国工商联汽车经销商商会常务会长、新能源汽车委员会会长李金勇在接受第一财经记者采访时表示。

用张悦的话来说，雷丁陷入困境的原因在于没有足够的实力却还想办大事，同时低估了造高速车的难度。低速车虽然销量增速迅猛，雷丁也快速建立了市场地位，但低速车利润薄，而转型去做高速车需要大量的资金投入。其中，收购就是一笔巨大的花费。

另一方面，雷丁在低速车快速崛起时期不断扩张。公开信息显示，2019年雷丁在市场渠道就建有了2 700家一级经销商以及7 000多家二级经销商。“雷丁转型做高速车后，不少经销商就是原先做低速车的，其中不乏有一些夫妻店，经营思路、目标群体以及服务标准都是之前做低速车时候的标准。”某经销商对记者表示，这与经营五菱宏光等乘用车的经销商也存在一定的差距。

而造乘用车的门槛要比低速电动车更高。某车企内部人士告诉记者，低速电动车基本上没有门槛的要求，也没统一的制造标准。在之前低速车发展的高峰时期，市面上充斥着不少小作坊企业生产的电动车产品。某种程度上，粗制滥造是低速电动车的代名词。他告诉记者，低速车头部企业虽然在制造上高于行业整体水平，但转型为小微型乘用车后零部件采购体系基本上要重塑，低速电动车采用的零部件和材料很多不符合要求。

另一方面，在小微型电动车领域，五菱宏光 MINI EV 不仅在成本方面具备优势，也在规模上远超其他品牌，这令低速车转型企业难以拿下更多的市场。而由于汽车行业的规模效益，这类企业难以形成成本优势。2022 年以来，电池等原材料价格猛涨，这更是令本就处于资金紧张的雷丁等企业雪上加霜。某低速电动车公司人士告诉记者，该公司转型造电动乘用车后，推出的产品每生产一辆车亏损约 5 000 元。

根据购车网统计的微型电动车销量排行榜，2022 年上半年五菱宏光 MINI EV 以 21.4 万辆的成绩排名第一，其次是奇瑞 QQ 冰激凌（5.4 万辆）、长安奔奔（5.2 万辆）、奇瑞 eQ1 小蚂蚁（4.7 万辆）、零跑 T03（3.3 万辆）。从低速电动车转型企业来看，仅有金彭集团旗下吉麦新能源的小微型车冲进了前十榜单，吉麦新能源凌宝 BOX 上半年销量达 1.8 万辆，排名第九。而雷丁杧果、朋克多多上半年的销量均不足 1 万辆，与五菱宏光 MINI EV 之间差距巨大。

根据雷丁汽车的规划，到 2025 年目标销量为 200 万辆。而公开数据显示，2021 年，雷丁杧果累计销量约为 3 万辆。2022 年前三季度，雷丁杧果累计销量仅约 1.4 万辆。

一家车企的管理层人士表示，低速电动车企的领导人往往低估了造乘用车的难度，相较于小微型电动车来说，造低速电动车所用的资金只是九牛一毛。进入电动乘用车领域的技术门槛、所需的投入远比想象的要高很多，竞争压力也要大很多。

“我们原本卖 2 万块的低速电动车，毛利润还有 20%—30%，所以老板一开始很有信心，哪知道进入这个市场后发现完全不是这样。”领途汽车一位离职的管理层人士向记者说道，他认为低速电动车企业固有的基因、文化、思维和商业模式，让其很难理解新能源乘用车市场的内在规则。

附：雷丁汽车创始人实名举报当地县委书记，山东省已介入调查

2023年1月14日晚上6点，山东雷丁汽车集团有限公司（下称“雷丁汽车”）创始人李国欣在雷丁汽车集团官方微信号上实名举报时任潍坊市昌乐县委书记的王骁，称王骁为彰显地方政绩，逼迫雷丁汽车虚报企业工业产值及销售产值。

启信宝信息显示，雷丁汽车集团有限公司成立于2012年10月，曾用名“山东梅拉德能源动力科技有限公司”，注册资本1亿元人民币，为比德文控股集团有限公司100%控股企业，疑似实控人为辛耀荣，透过多家公司实际持有雷丁汽车99.990 5%的股权。比德文控股集团由李国欣等人在2001年创办，李国欣本人同时也曾是雷丁汽车的股东。2016年4月之前，李国欣曾任雷丁汽车执行董事兼总经理。2020年12月之前，李国欣是比德文控股集团有限公司的执行董事兼总经理。

在举报信中，李国欣称昌乐县时任县委书记的王骁为彰显个人政绩，让经济运行的成绩单更好看，自2022年3月起，逼迫雷丁汽车等当地大企业虚报企业工业产值和销售产值数百亿。2022年雷丁汽车集团在当地共上报工业和销售产值67.28亿元，但公司实际财务数据为20.45亿元，累计虚报了46.83亿元。

第一财经曾在2022年11月就雷丁汽车的资金链困境与经销商讨债事件进行了报道。雷丁汽车一度是中国低速电动汽车行业的龙头企业，2016年至2018年，雷丁电动车连续三年蝉联低速电动车销量冠军，销量分别为15万、21万和28.7万辆。

2019年初，雷丁汽车以14.6亿元收购四川野马100%股权，由此获得了新能源车等生产资质。雷丁在2019年推出了名为i系列的三款小型纯电动车（i3、i5和i9），补贴后的售价分别为4.98万、7.58万和11.58万元。然而，由于市场反响不好，i系列车型在2020年停售。公开数据显

示，2020 年停售前，该系列车型的年销量只有 3 400 辆左右。交强险购买数显示，2022 年 1—10 月雷丁汽车累计销量 6 878 辆，同比增长 3. 34%，其中 10 月销量仅 196 辆，2021 年同期为 2 625 辆，同比暴跌 92. 53%。

多名雷丁汽车经销商告诉记者，从 2021 年 12 月起，雷丁就出现了拖延经销商货款的情况。雷丁汽车相关人士在 2022 年 11 月回应第一财经采访时表示："资金和产能都比较紧张，所以交付的车只能保证重点市场和重点区域，的确给一些经销商伙伴造成了影响。"

2022 年 11 月 21 日，雷丁汽车宣布完成 A 轮融资，整体融资规模为 32 亿元，由潍坊市潍城西部投资发展集团领投，山东省市国有资本、产业和民营资本跟投。资金将主要用于整车产品研发、营销投入、渠道支持拓展、生产能力建设等与雷丁主营业务经营及拓展相关事宜。不过根据李国欣的举报信，这笔融资并未如约到位。

1 月 14 日晚上 22 点 19 分，举报信发布约 4 小时后，《潍坊发布》发布文章称，针对上述实名举报一事，山东省已成立省市有关部门组成的联合调查组，进驻昌乐县调查核实有关情况，依法依规处理。

附：山东发布关于雷丁汽车公司实际控制人李国欣举报事件调查情况的通报

2023 年 7 月 25 日晚间，山东省市联合调查组发布关于雷丁汽车公司实际控制人李国欣举报事件调查情况的通报。通报称，针对雷丁汽车公司实际控制人李国欣网上实名举报事件，山东省委、省政府高度重视，成立省市联合调查组深入开展调查。调查组坚持实事求是、依法依规，全面调查核实相关情况。现将有关情况通报如下：

一、关于举报反映的昌乐县政府不为雷丁汽车公司提供抵押物续贷支持问题

经调查核实，雷丁汽车公司母公司比德文集团近年来扩张步伐较快，

资金周转紧张。2022年3月开始，生产经营困难，处于断续生产状态，12月停产。

2018年以来，应李国欣申请，经昌乐县委、县政府决策，县属国有企业先后为比德文集团提供了一系列融资支持，解决企业生产经营过程中遇到的难题。

2021年2月，国务院国资委印发《关于加强地方国有企业债务风险管控工作的指导意见》，规定地方国有企业原则上不对无产权关系的企业提供担保。2022年10月以后，雷丁汽车公司两次向昌乐县政府申请，要求继续为其提供担保。鉴于再对该企业进行融资支持不符合国家和省市有关规定，昌乐县政府综合研判后，没有满足其申请。

调查认定，县政府该决定符合规定。

二、关于举报反映的当地企业虚报统计数据问题

经调查核实，雷丁汽车公司统计数据虚报情况基本属实。雷丁汽车公司2022年工业总产值与商品销售额合计上报70.95亿元，实际为25.52亿元，虚报45.43亿元。同时，调查组对昌乐县其余327家规上工业企业工业总产值进行核实，2022年327家企业工业总产值合计上报859.29亿元，核实数826.66亿元，总体差错率较低。上述相关数据已及时进行了改正。

调查认定，昌乐县工信局及雷丁汽车公司所在朱刘街道办事处存在干预统计数据行为。

三、关于举报反映的昌乐县委书记逼迫企业统计数据造假问题

经调查核实，没有发现昌乐县委书记王骁逼迫企业统计数据造假或干预统计数据。经与举报人多次视频、语音问询（李国欣身处境外），其未能提供相关证据。经对昌乐县委、县政府，县有关部门和镇街、企业负责人463人次谈话问询，均未反映王骁干预统计数据。

调查认定，昌乐县委、县政府对个别县直部门和镇街干预统计数据的行为负有失察责任。王骁作为昌乐县委主要负责人，对此负主要领导责任。

四、追责问责情况

针对调查过程中发现的相关问题，纪检监察机关依规依纪依法对涉及的9名责任人员，作出以下处理：

1. 给予昌乐县委书记王骁党内警告处分。

2. 给予县委副书记、县长桑海强党内警告、政务记过处分；给予副县长张英杰党内警告处分；给予副县长秦维胜党内警告处分。

3. 给予昌乐县工信局局长黄金海、朱刘街道党工委书记杨建刚等5名责任人员党内严重警告、政务记大过等处分处理。

此外，对数据失实的相关企业，已依法依规作出相应处罚。

此次事件的发生，反映出潍坊市基层个别部门和干部政治站位不高、工作作风不实、政绩观不够正确，没有深刻认识数据造假的极端危害性，值得深刻反思。省委、省政府已经责成相关地方和单位，吸取教训，作出深刻检查，树牢正确政绩观，认真做好事件善后、问题整改、机制完善等工作。扎实开展统计造假专项治理行动，坚决防范和惩治统计造假、弄虚作假，确保统计数据真实准确、完整及时。同时，进一步优化营商环境，推动民营经济高质量发展。对雷丁汽车公司发展中面临的困难，企业正在想方设法寻求解决路径，市县两级也组建了协调服务专班，帮助企业研究解决问题。

第 5 节

广菲克申请破产 300 天

2022 年 12 月，河北 Jeep 车主武雷（化名）驾驶的大指挥官车发生了故障，分别是水箱下水管漏水和左后避震漏油。水箱里面装的是冷却液，如果长时间漏水不解决，发动机温度过高，会出现开锅、拉缸、气门杆顶断等问题。

因为车辆还在质保期，武雷向 4S 店发起了索赔，4S 店也把索赔工单发给了厂家，但迟迟等不来配件。武雷数次打电话给厂家 400 客服，回应总是说反馈给厂家，但也没有下文。

直到 2023 年 6 月，厂家才把配件发给 4S 店，武雷闲置了近半年的这辆大指挥官才能重新开起来。武雷的经历还不算最惨，河北另一名 Jeep 车主因发生事故，车辆底盘受损，4S 店告知他没有配件也拿不出处理办法，“4S 店说我只能自己想办法，运气好找着配件维修好还能继续开，运气不好找不到配件、修不好，车也开不了了”。

由于配件长期短缺，“黑市”做拆车件或副厂件的卖家如同嗅到血味的鲨鱼出现。一条原价两三千元的前保险杠，要价能到 4 万乃至 5 万元。如果前后保险杠一起更换，要价七八万元，足以购买一辆全新的别克或者日产轿车。

“自从广菲克破产后我开车都文明了很多，生怕出事故，没有配件，也修不起。”一名 Jeep 车主说。

2023 年 2 月 6 日，Stellantis 集团通过官方微博发表声明称，即日起提供广菲克生产和销售的 Jeep 品牌国产车辆、菲亚特品牌国产车辆及菲亚特品牌进口车辆的日常维保及售后服务。据厂家披露的销量数据，自 2010 年广菲克成立以来，Jeep 品牌在华客户保有量达到 95 万人，加上此前进口销售的 Jeep 车辆，在华客户保有量超过 100 万人。

按照国家市场监督管理总局出台的《汽车三包政策》和商务部出台的《汽车销售管理办法》，企业如果破产，汽车售后服务必须满足用户在整车停止生产后 10 年售后服务的需求。

但根据全国不同省市车主们反馈的信息、汽车投诉网等各大投诉平台信息、全国经销商备件沟通群以及记者致电全国 20 多个省市 Jeep 4S 店获得的信息，无论进口 Jeep 还是国产 Jeep，都存在不同程度的缺配件情况。

“我们像一群没有家的孩子，配件确实啥也没有，开的是一次性车。”在一个 Jeep 车主群中，有车主这样说道。

与此同时，债务总额高达 80 亿元的供应商等债权人正焦急地等待着广菲克破产清算的进展。数十家经销商有意起诉克莱斯勒中国，它们的授权经营合同原本到 2023 年底才到期。但从 2022 年年底开始，克莱斯勒中国就停止了车源的供应，备件供应也大量短缺，这也让经销商们成为客户投诉的重点。

而这些，是广菲克宣布破产近 300 天后，车主、经销商们经历的普通一天。

百万车主成“孤儿”

在总人数超过 1 000 人的多个 Jeep 车主群中，车主们反映换一个零件最短也要等一两个月，等半年是常有的事，还有一些配件等了 1 年也没有到货。

湖北一名 Jeep 车主王峰（化名）告诉记者，他于 2022 年 6 月底购买了新款大指挥官两驱豪华版，落地价格将近 24 万元。2022 年 9 月底，车辆发生事故，前保险杠和中网部分损坏，走了车险公司更换配件流程。当时广菲克已经宣布终止运营，武汉的 4S 店工作人员也称厂家没有配件，让他等待消息。其间 4S 店把车辆前杠损坏的部位用绑带进行固定，虽然有一定的隐患，但小心驾驶还能继续使用。

2022 年年底，提供服务的武汉 Jeep 4S 店退网关闭，把王峰的维修业务转给了附近的路虎 4S 店，由路虎店来跟进后续的配件维修业务。

“路虎店的工作人员也挺负责地在跟进这事儿，后来有一天工作人员跟我说前杠从厂家拿到货了，我喜出望外。没过两天他们突然联系我说配件拿错了，是老款的前杠，新款的配件厂家那边仍然是拿不到货。”王峰说。

同时期，Jeep 大指挥官配件缺货已经闹得沸沸扬扬，一些来路不明的配件开始出现在某二手交易平台，有自称拆车件的，也有称副厂件和原厂件的。无论来源是什么，价格都出奇地高。正常一个不带总成的前保险杠的价格在 2 000—3 000 元，但二手交易平台上价格通常报 3 万—5 万元，而且每天价格都不同，能不能拿到货看手速和缘分。如果是带总成的前后保险杠，更换的总费用接近 9 万元，这个价格足以买到一辆二手大指挥官或者全新的合资品牌紧凑型轿车。

王峰的车辆按照广菲克破产前正常备件的价格进行定损，总费用不到 5 000 元，无奈路虎店的工作人员建议他拿定损费用来做常规保养。从 2022 年 9 月底出险到 2023 年 9 月份，整整一年，王峰的大指挥官就这样绑着绷带开在路上。

无独有偶，一名深圳的 Jeep 车主向记者展示了他撞坏了后门和后保险杠的车辆，因为没有配件，这辆车一直没有维修。

东北一名 Jeep 车主告诉记者，他的车辆安全气囊控制器出现故障，因为没有原厂备件，更换了三个拆车件都无法修复。还有一些车主向记者展示的图片显示，它们的车辆仪表盘上故障灯长期处于点亮状态，因为配件或服务能力等原因无法修复，只能驾驶着故障灯长亮的车辆行驶。

多位受访的车主告诉记者，Jeep 品牌缺货最严重的是国产大指挥官的外观件，包括前保险杠、后保险杠、雾灯、大灯、尾灯、轮眉配件、车门、机盖等。尤其是中国特供的 2022 年款车型，由于全球车型的配件与中国版车型无法通用，外观件缺货尤为严重。汽车内部的配件情况相对好些，但通常也要 2 个月才能到货。

Jeep 多家经销商的说法印证了车主们的主观感受。经销商告诉记者，从 2022 年 2 月份起，所有国产车型的售后零部件供应就已经出现了问题，大部分配件不能及时到货，进口车的零部件虽然还能供应，但许多零件的等待周期长达 2 个月。到 2022 年 7 月份广菲克宣布终止合资运营，零部件供应的问题进一步扩大，水泵、避震、轴承、电机等一些车内的零部件经常要等待 2 个月以上才能到货，部分配件要等半年以上。

“等于说这车如果出事故了，谁都不知道多少钱多长时间能修好，或者最终能不能修好。”上述东北 Jeep 车主说道。

还有不少车主抱怨修车路途遥远，比如烟台的车主要驱车 270 公里到青岛，才能找到官方授权的门店进行保养和维修——广菲克在申请破产之前，全国经销商超过 200 家，但如今还在正常运营的只有几十家，平均一个省或直辖市仅有一两家，山东、四川等省地级市的车主只能驱车去省会城市保养或维修。

广菲克破产后，Jeep 国产车型的二手车残值快速下跌，加上备件长期缺货，一些二手车商开始拒收 Jeep 车型。山东一名 2022 年上牌、落地价 25 万元的大指挥官车主，在咨询了六七家二手车商后才有一家表示愿意收购他的车，但开价只有 7 万多元，大约相当于原车价的 30%。

需要说明的是，一些 4S 店员工在与车主沟通时，直言厂家没货，只能拿到价格昂贵的拆车件，有车主质疑 4S 店与备件商“串通”哄抬配件价格。

夹缝中的经销商

愤怒的 Jeep 车主经常向当地的工商部门投诉经销商，但经销商也感觉特别冤屈。一家受访的经销商告诉记者："我还想起诉克莱斯勒中国呢，我们合同还没到期，它就把我的车源停掉了。"

华中一家广菲克 4S 店总经理张涛（化名）告诉记者，该公司 2014 年拿到克莱斯勒中国的经销授权，2015 年广菲克成立后，该公司进一步拿到了广菲克的经销授权。前一份协议允许他们经销 Jeep、克莱斯勒、道奇等品牌的进口车，后一份协议允许经销广菲克生产的 Jeep 品牌国产车。协议均是 3 年一签，最近一份协议到 2023 年 12 月 31 日结束。

该店的销量高峰是 2014—2015 年，年均销量 1 700 多辆。2016 年自由光车型烧机油事件后，该店的年销量开始逐年下滑，由 1 200 辆一直滑落到 300 辆左右。2022 年上半年到年中，厂家产品供货不齐全，国产车型不接受订单，只能在现有的库存里挑选。到 10 月份广菲克正式宣布破产，国产车型的供货近乎完全中断，这样导致该店 2022 年销量锐减至 180 多辆。

张涛告诉记者，早在 2022 年 2 月份，广菲克售后零部件供应已经出现问题了，大部分都没有现货，"厂家说是在替换供应商，我们心里也在打鼓。通过湖南当地的经销商以及供应商，我们得知实际的情况很可能是广菲克没有支付供应商货款，供应商主动断供"。

华东一家经销商投资人赵海（化名）向记者表示，广菲克宣布破产前行业内已经有消息在传播，但问区域经理，答复是一切正常，就在广菲克宣布终止运营的前一个月，区域经理还在给该店下发提车任务。

一个有意思的细节是，郑海 2022 年 7 月 18 日从媒体上得知了广菲克宣布终止合资运营的消息，但他提供的邮件截图显示，2022 年 7 月 20 日广菲克才正式通知经销商这一消息。

"特别戏剧性，有家公司的店主上午还在跟投资人谈把店买了，下午广菲克就宣布终止运营，之前区域经理、区域督导跟我们说的都是一切正常。"赵海说。

由于经销商还有库存车辆、备件、未使用的返利、保证金等，如果广菲克对这部分债权或损失按照破产清算后的净资产比例向经销商进行偿还，经销商能够拿回来的权益相当有限。这在此前的猎豹汽车、东风雷诺等公司破产案中是有过先例的。

2022 年 11 月中旬，26 家汽车经销商联合向广州市和长沙市政府求助。26 家广汽菲克经销商提出 4 条诉求，包括经销商缴纳给厂商的保证金、应得返利全额现金兑付等。此后参与维权的经销商数量逐步增加，截至 2022 年 11 月下旬大约为 50 家，经销商汇总的债权总额约为 2. 3 亿元。

上海市海华永泰律师事务所合伙人陈元熹此前向记者表示，通常来说，经销商的债权较可能属于普通破产债权，不属于法律规定的优先受偿的债权范围。但在经销商看来，广汽菲克不能直接"一破了之"，罔顾经销商的损失。双方的拉锯战还在持续，经销商与 Stellantis 的沟通仍存在障碍，部分经销商考虑诉诸法律程序，诉求除了返还保证金、返利外，还包括赔偿不正当中断经营导致的营业损失。

多家经销商告诉记者，广菲克中方股东广汽集团沟通和处置较为积极，按照广汽集团所持有广菲克 50%的股权比例，已经支付了经销商保证金、返利账户等 60%（按照 50%持股比例，实际为 30%）的现金返还，剩余 40%将分期支付。但外方股东 Stellantis 集团，以及经销授权合同签署方克莱斯勒中国则沟通不畅，迟迟没有结果。

不会是最后一家

2022 年 12 月 31 日，克莱斯勒（中国）汽车销售有限公司给经销商发送了一份邮件，称“我司与贵司签署的 Jeep 品牌进口经销商协议将于 2023 年 12 月 31 日到期……考虑到广菲克的破产申请，根据经销商协议 14.2（1）（Ⅳ）款的规定，我司可能在上述到期日之前相应提前终止经销商协议；在经销商协议有效期内，我司将公平对待所有经销商，但由于中国汽车认证要求的变化，我司预计从 2023 年 6 月 30 日起将不再进口和供应可满足中国合规要求的车辆”。

2023 年 2 月，Stellantis 集团宣布调整中国战略，旗下品牌以新模式在中国发展，其中 Jeep 全国门店数量大幅收缩。

多家经销商称，广菲克/克莱斯勒中国原本在全国有 500 多家经销商，到宣布破产的时候，还有约 200 家仍在运营；虽然多数经销商与克莱斯勒中国签署的经销协议到 2023 年 12 月 31 日才到期，但 2022 年 10 月左右，克莱斯勒中国已不再向他们提供新车，“提车系统停止使用，进不去了”，售后系统虽然还能照常使用，但供货经常不及时，满足率只有 30%—40%，“客户的车辆在车间停放 2 个月等配件是常有的事”。

记者同时获悉，一些重新跟 Stellantis 集团签约经销商的备件供应也经常不及时，其中国产车的备件缺货更是常态。

此外，2020 年、2021 年广菲克分别推出购车送 3 年 5 次免费保养和 5 年 10 次免费保养的活动，到宣布破产时不少车主的免费保养政策还未到期。根据汽车三包法“谁销售谁负责”的原则，经销商是履行上述客户权益的主体，但部分经销商与厂家不再有结算关系，还有部分经销商已经退网关闭，这些车主的免费保养权益该如何继续履行也成了一个难题。

多家经销商称，广汽集团沟通态度和实际的举动都比较积极，相比之下 Stellantis 集团就像是在“踢皮球”。“我们去找 Stellantis 集团沟通赔偿和客户权益，对方让我们去找广菲克。”张涛说道。

由于不能及时对车辆进行维修，经销商们经常被客户投诉到当地的市场监督管理部门。“车间的大门每个月都会被客户堵个一两次，都是因为售后的问题。”郑海表示。

在车主群中，有车主认为配件不足是因为广菲克正处于破产清算的程序中，库存备件被封存导致。不过记者实地探访广菲克位于长沙的售后零部件中心仓库发现，场地中的货架均空空荡荡，透过敞开的仓库门往里看，视线所及范围内也没有看到备件。

需要说明的是，关于上述配件供应不及时、经销商索赔等问题如何解决，Stellantis 集团并未回应第一财经记者的相关提问。

北京市康达律师事务所律师韩骁向记者表示，车主根据《中华人民共和国消费者权益保护法》第三十九条的规定可以拨打 12315 投诉电话，向当地的市场监督部门咨询、举报、投诉或请求调解，或向人民法院提起诉讼。Stellantis 集团作为广菲克的股东，其本身具有维护其汽车品牌及客户群体利益的职责与义务，车主作为消费者，可以直接向 Stellantis 集团提出相关诉求，督促其帮助解决困境。同时，因为广菲克已经申请破产，根据《中华人民共和国企业破产法》第四十八条规定，债权人应当在人民法院确定的债权申报期限内向管理人申报债权。故经销商如欲要求广菲克承担责任或向广菲克主张权利，应当首先通过债权申报方式实现。如果债务人、债权人对债权表记载的债权有异议的，应当说明理由和法律依据。经管理人解释或调整后，异议人仍然不服的，或者管理人不予解释或调整的，异议人应当在债权人会议核查结束后十五日内向人民法院提起债权确认的诉讼。

9 月 5 日和 9 月 6 日，记者两次抵达广菲克公司大门口，庞大的车间安静而沉默，“WCM 世界级制造”的标语兀自矗立在门口，这个工厂却已闲置了 1 年之久。安保人员告诉记者，车间里的设备已经被查封，公司大楼里只有清算小组在工作，剩余就是安保和保洁人员。

广菲克曾经是湖南省的明星汽车公司，占地 75 万平方米的广菲克拥有年产 25 万辆汽车的生产能力，2017 年销量达到了 22.23 万辆，是当年长沙经开区4个产值过百亿元的企业之一。但仅仅几年之后，广菲克走向破产清算。根据广菲克申请破产文件，截至2022年9月30日，广菲克（未经审计）总资产为73.22亿元、总负债为81.13亿元，资产负债率达110.8%。

在中国车市大浪淘沙的洗牌中，广菲克不是第一家，也不会是最后一家。比起一家公司破产更值得关注的，是它们上百万的车主权益如何保障。

附：被车企“抛弃”的车主：质保不敢想，零配件也拿不到

2023年8月底的一天清晨，王帅（化名）照常来到地下车库准备启动威马E.5开始一天的工作，但车刚开到车库口就“趴窝”了，并显示电池冷却出现异常。

王帅是一名网约车司机，赶着出车的他很快联系了威马汽车在成都的唯一一家用户中心。经检查，这辆威马E.5的压缩机坏了，需要更换。

“车辆质保我是不敢想了，但威马汽车就连正常的零部件供应都保证不了。原厂的压缩机根本没货，售后说可以给我找一个外部压缩机，价格5 000元，而且要等两三天。”王帅向第一财经记者表示，他当时选择买威马E.5的最重要原因就是折扣较高，原价近20万元的车12万元就能买下，如此高的维修价格他无法接受。

最终王帅只能退而求其次，花2 000元换了一个二手压缩机。“现在有超10万名威马车主几乎是被厂家‘抛弃’了，作为车主，只能祈祷车辆后续不会再出大问题。”王帅补充道。

威马汽车陷入经营困境后，留下了“一地鸡毛”。王帅所遇到的问题绝非个例。

2023年2月底，上海市青浦区消保委发布消费警示称，威马汽车经营

异常，提醒消费者谨慎购买。

据悉，自2022年10月起，上海青浦区消保委陆续接到近90位消费者对威马汽车的投诉，反映该公司经营异常，门店关停、无法提供汽车配件、售后服务停滞、人工客服缺位等，导致他们在购买威马汽车后无法正常进行保养、汽车出现故障后不能及时维修、签订的电池更换协议无法履行、客服热线一直处于占线状态无法打通等，消费者权益因此受损。其中，因公司无法提供配件而导致汽车不能进行正常保养维修是消费者反映最为集中的问题。

作为最早一批成立的造车新势力之一，威马汽车曾位列新势力“三巨头”之一，但很快就开始掉队，2022年年底开始陆续出现员工降薪、停产等情况。此后，威马汽车还被列为失信被执行人，旗下公司也被申请破产。

按照我国《汽车品牌销售管理实施办法》的规定，即使车企破产倒闭、汽车退市，厂家也要确保对应车型10年期的零部件供应，以应对消费者售后维修保养的问题。

虽然有上述规定，但现实情况是，很多消费者在厂家业务陷入停摆后保养维修“无门”的案例仍层出不穷。

上海青浦区消保委称，对于消费者的维权诉求和消保委的调解工作，威马汽车报以回避态度，消极应对，不妥善处置消费投诉，没有拿出任何实质性解决方案。

2022年年底，广汽菲克向法院提出破产申请，无法保障国产Jeep、菲亚特汽车的日常维护保养和售后服务。外资方股东Stellantis集团宣布将接手上述车辆的维护保养和售后服务。但是2023年以来，“无零配件”已成为Jeep品牌的消费者投诉“重灾区”。

宝沃汽车曾在国内自称与奔驰、宝马、奥迪并称为“BBBA”，却在2023年11月底宣告破产。有宝沃汽车车主在汽车投诉平台称，自己买的宝沃 BX7 变速箱在三年内正常行驶中出现顿挫并且异响，但一直无法得到维修，而且买车时候厂家承诺的终身免费基础保养、终身质保也已经成了一句空话。

2023 年 7 月，早有退出中国市场传闻的广汽三菱宣布于 6 月份正式进入临时停产阶段，并同时进行人员结构的优化。此后，记者发现，与“无配件”相关的广汽三菱消费者投诉与日俱增。8 月下旬，有广汽三菱奕歌车主称，车辆出事故后维修无配件，出险后在 4S 店等待三个月都没法维修。8 月中旬，一位广汽三菱欧蓝德车主也在投诉平台表示，车辆发动机电脑板出问题，在保修期内可以更换，但厂家回复配件全国无货。

中国车市竞争日趋白热化，淘汰潮也在接踵而至。瑞银中国发布研报称，中国车市中的尾部汽车制造商正在逐渐退出市场，只留下最适合生存的公司。中国目前大概有 148 个汽车品牌，其中 114 个是本土品牌，34 个是外国品牌。到 2030 年，中国电动汽车制造商将缩减至十几家及以上。

在车企不断出清的过程中，消费者维修保养“无门”的事件只会愈加频发。而且王帅向记者表示，新能源汽车维修保养还有一个不同于燃油车的大难题，即目前第三方维修市场中，能修新能源车的店和师傅数量十分有限，而且新能源车出现软件问题的概率更大，在厂家不提供售后服务的背景下，新能源车比燃油车更难得到维修。

如何保障这部分消费者的权益成了整个行业的新课题。北京市康达律师事务所律师韩骁向第一财经记者表示，车企本身具有维护其汽车品牌及客户群体利益的职责与义务，车主作为消费者，可以直接向车企提出相关诉求，督促车企帮助其解决困境；另外，车主也可以根据《中华人民共和国消费者权益保护法》第三十九条的规定拨打 12315 投诉电话，向当地的市场监督部门咨询、举报、投诉、请求调解，或向人民法院提起诉讼。

第 6 节

碳酸锂价格雪崩之后

“公司已经半年没接到新订单了。”吴顺（化名）在华东一家给动力电池和储能企业供应高低压线束的公司负责销售业务。在和第一财经记者见面时，他正试图通过一个新能源汽车论坛获得客户机会，这也是他 2023 年的日常活动之一。

据吴顺介绍，他所在的公司此前 80% 的业务都集中在新能源汽车板块，从 2022 年 9 月开始，市场出现了萎缩迹象，订单越来越少。2023 年开始，客户又都开始“囤”供应商，但是“光打雷不下雨”，项目定点完成了，但就是不下单。

“我们几个月不开张，工人也要发工资，不发工资的话，工人、技术人员都得走。”吴顺向记者表示。

华南一家电池 PACK 厂老板赵玉（化名）则遭遇了更大的困境。“行业高速增长的时候，挖几个人就能干，但当大家都没订单的时候，供应商就开始拼命去挖存量客户，各种手段一起上，竞争非常惨烈。”赵玉向记者表示，自己的老客户被抢了，工厂没活干，已经处于破产边缘。

2023 年 3 月，网上曾流出一个段子，“磷酸铁公司在等铁锂厂给单，铁锂厂在等电池厂给单，电池厂在等车厂给单，车厂在降价等消费者买单，而消费者被套在了新能源股票上”。虽然有所夸大，但在吴顺等受访对象看来，对于动力电池产业链的中小企业来说，真实的情况也好不了太多。

导火索是碳酸锂价格暴跌。随着中国新能源汽车的热销，新能源汽车产业也发展得如火如荼，碳酸锂价格更是在此期间暴涨 11 倍。从 2023 年第四季度开始，新能源汽车销量增速放缓，相关产业链价格集体回落，碳酸锂价格更是出现了暴跌。在几个月里，碳酸锂的价格从最高接近 60 万元/吨直线滑落至约 20 万元/吨。

表面上看，上游材料成本的降低对于整个行业都是利好。但由于 2023 年碳酸锂价格一路疯涨，动力电池各个链条都在开足马力囤积库存。在碳酸锂价格一路高涨时，这些库存是财富；而碳酸锂价格一路下跌时，这些库存就变成了公司的亏损项。

瑞浦兰钧营销副总裁张小聪在 2023 年百人会论坛上表示，受中国新能源汽车市场相对萎靡的影响，整个电池产业出现了意料之外的寒冬，无论是原材料企业还是电池企业都出现了比较高的库存，2022 年全行业动力电池库存可能达到了 100 GWh。

如果以平均每台车使用 50 度电池计算，库存的电池足以装备 200 万辆新能源汽车，接近于 2022 年新能源汽车总销量的 1/3。

碳酸锂价格雪崩带来的另一个问题是，没有人知道谷底在哪儿，也就不敢出手，担心抄底抄在半山坡上。这也导致吴顺以及一些中小供应商遭遇了近半年的订单荒，以及同业之间在突然遇冷的市场里惨烈血拼。

“这轮大降价会加剧行业中的马太效应，这对各个环节的龙头企业是最有利的，因为他们具备规模化优势、雄厚的资本和融资能力，市场份额会进一步向他们集中，而二三线以后的企业就‘麻烦’了，除非有明显的技术优势或者大客户做‘靠山’。”真锂研究创始人墨柯向第一财经记者表示。

碳酸锂价格来到 20 万元/吨关口

根据上海有色网（SMM）数据，2023 年 4 月 10 日，电池级碳酸锂价格继续下跌 3 000 元，均价来到 20.7 万元/吨，现货交易价格区间为 19.6 万元/吨—21.8 万元/吨，在 5 个月内下跌了超 6 成，而且还有持续下滑趋势。

在碳酸锂持续降价的背景下，2023 年 2 月份，宁德时代还推出了“锂矿返利”计划，该计划通过让利下游以锁定车企的长期订单，具体措施为，车企部分电池采购以 20 万元/吨的碳酸锂价格计算，剩余部分则是按照市价计算。

宁德时代提出上述计划时，碳酸锂价格还在 44 万元/吨。车企采用该方案有明显的成本优势，但之后已全无好处。在不到 2 个月的时间，碳酸锂价格就已跌破宁德时代所提的“让利标准”。

记者了解到，部分锂盐厂商库存高企，为加快抛售，报价早已低于 20 万元/吨。隆众资讯锂电池行业分析师曲音飞告诉记者，部分贸易商的出货价已经跌到了 17 万元/吨—18 万元/吨。

另外，记者从多个知情人士处获悉，江西的部分锂矿已经减产或停产，以减少市场供应支撑价格，但是整个行业企业众多无法统一，锂盐厂商的普遍开工率仍维持在 80%及以上。再叠加下游新能源汽车需求不及预期，碳酸锂市场仍处于下跌通道。

生意社方面分析称，虽然部分锂盐厂有减、停产预期，但是行业整体库存水平仍处于高位，并未出现明显的减量。市场中供大于求的局面仍在持续，导致磷酸铁锂企业均积累了一定量的库存。库存压力下，企业低价出货行为时有发生，但市场成交依然偏少。

值得注意的是，2023 年全球锂资源的供应量预计仍将大幅增长。上海有色钴锂事业部分析师冯棣生向第一财经记者表示：“2023 年，我们预计全球锂资源折算成碳酸锂当量将会有一个同比 30%—40%的增量。可能全年都会维持供大于求的情况，至少上半年是这样，下半年要看具体需求的爆发。”

根据 SMM 数据，2022 年中国碳酸锂产能约 54 万吨，产量约 34 万吨，同比增长 39.1%，预计 2023 年还将有大量产能释放。澳大利亚资源部 DISER 预计，澳大利亚、智利和阿根廷未来三年内碳酸锂产量增长超 80%，这使得全球碳酸锂产量将从 2022 年的 68.2 万吨提升到 2024 年 103.4 万吨，供应过剩将持续。

在此背景下，行业内对碳酸锂价格的预期逐渐放低。孚能科技 CEO 王瑀在 2023 年百人会论坛上接受记者采访时表示："实际上，2022 年碳酸锂、氢氧化锂的供需是平衡的，这里面有很多炒作的因素。2023 年这种形势，预计碳酸锂价格会飞速地下降，探到 10 万元/吨以下非常有可能。"

锂资源投资人王伟（化名）向记者表示，2022 年锂资源炒作特别厉害，光他了解的江西产业链从上到下基本都在炒，原材料囤积现象非常普遍，所以这些投资人一旦抛售，也很疯狂。"2022 年碳酸锂价格 60 万元/吨的时候，锂盐的提炼费十几万元一吨，现在 3.5 万元一吨就有人愿意干。"

"2023 年碳酸锂价格可能会跌到 15 万元/吨以内，2024 年下半年可能还会进一步跌到 5 万元/吨，这时候高位入场的玩家都将离场，届时市场会达到新的平衡点，价格会稳定，这部分产能出清后，碳酸锂价格预计会从 5 万元/吨稍微往上走一点，但总体而言，会在 10 万元/吨以内。"墨柯向记者表示。

碳酸锂价格下滑只是新能源产业链的一个缩影。除碳酸锂外，电池上游的原材料价格都在回落。SMM 数据显示，2023 年 4 月 10 日，氢氧化锂（56%电池级微粉型/国产）均价为 30.4 万元/吨，当日下跌 10 000 元/吨；六氟磷酸锂（99.95%国产）均价下跌 1 500 元/吨至 9.15 万元/吨；电解钴均价下跌 3 500 元/吨至 27.15 万元/吨；三元材料 811 均价下跌 500 元/吨至 27.55 万元/吨；磷酸铁锂（动力型）均价下跌 2 000 元/吨至 8.4 万元/吨；负极材料人造石墨（高端）均价也下跌了 100 元/吨。

急速扩张的后遗症：高库存

“2022 年生产得太多了，从车到电池到原材料，全部都有很多的库存。”在墨柯看来，导致今年新能源产业链价格全线回落的直接原因就在于 2022 年以来累积的高库存。

多个业内人士均向记者确认了行业高库存的现象。冯棣生表示：“车的库存大概有一到两个月，而电池的库存可能在两个月左右。”

根据中国汽车动力电池产业创新联盟数据，2022 年，我国动力电池累计产量为 545.9 GWh，而动力电池累计销量为 465.5 GWh，这中间的差距超过 80 GWh。其中累计装车量仅为 294.6 GWh，和产量之间的差距超 251 GWh,和销量之间的差距超 170 GWh。

墨柯告诉记者：“我认为 2022 年动力电池大概多生产了近 200 GWh，这个数据对比全年近 300 GWh 的装车量来说比较夸张。就结构而言，多生产的电池中有超 60 GWh 装在了库存车上没有卖出去。按照行业规律，动力电池企业一般还会比订单多生产 20%，这部分大约是 60 GWh，再加上 2022 年底有不少整车厂根本没提货，这批电池事实上也变成了库存，所以 2022 年在电池厂仓库里的动力电池库存大概有 90 GWh。另外，车企也有动力电池备货。”

根据中汽协数据，2022 年我国新能源汽车产销分别完成 705.8 万辆和 688.7 万辆。新能源汽车产销量数据看似仅相差 17.1 万辆，但根据公安部统计，2022 年全国新注册登记新能源汽车仅 535 万辆，这与产量之间的差距达 170.8 万辆，剔除当年出口的 67.9 万辆后，中间的差距也还有近 103 万辆。

高库存的产生和 2022 年行业的急速扩张有直接关系。在 2021 年新能源汽车同比增速高达169.1%的基础上，2022年销量继续接近翻番。下游需求的旺盛抬高了业内对整个行业发展增速的预期。

“整车厂驱动力电池厂商下订单的时候，会多下一点。”墨柯表示，另外，新能源汽车的热销也导致上游原材料价格在2022年持续上涨，对此，企业采取的应对措施就是多备一些料，多生产一些货，这样才能获得最大的利益。

上述这些行为在行业高速发展时没有问题，但在行业稍微遇冷后，相关隐患就暴露了出来。从2022年第四季度起，新能源汽车的增速放缓就已现端倪，2022年年底时有一些整车厂已经不太愿意履行电池订单合约，既不去电池厂提货，也不付钱。

受“国补”完全退坡、经济大环境影响，冯棣生表示，2023年新能源汽车销量的同比增速其实低于业内人士的预期，行业去库存周期可能也会超过一部分人的预期。另外一方面，大量的产能还在持续落地，供需的错配加速了整个产业链价格的回落。

张小聪表示，2023年应该是一个转折点，中国新能源汽车经过三年高速增长以后，遇到了一个非常巨大的阻力。据乘联会初步统计，2023年第一季度，我国新能源汽车累计批发量为148.3万辆，同比增幅仅24%。

产业链普遍出现“订单荒”

前两年动力电池上游价格的高涨，导致卖车的不如卖电池的，卖电池的不如卖矿的。广汽集团董事长曾庆红在去年曾喊出“在给宁德时代打工”的话，而宁德时代首席科学家吴凯也隔空回应称，公司基本上在稍有盈利的边缘挣扎。

最终，锂电上游公司赚得盆满钵满。2022年，天齐锂业净利润同比涨超10倍，达到241.25亿元；赣锋锂业净赚205.04亿元，同比增长

292.16%；融捷股份归母净利润达 24.4 亿元，同比增加近 35 倍。

2023 年产业链价格大幅回落，按理说，这将让中下游企业盈利边际改善，价格上有更大的自主空间，对整个新能源汽车行业长期发展而言是利好消息，但事实上，短期来看，产业链中各个环节都没有从此轮大降价中获利。

冯棣生向记者表示，原材料价格的大跌扰乱了整个行业的正常秩序，增加了大家的观望情绪。

在原材料价格波动较小的情况下，行业内企业可能会备半个月甚至一个月的货，冯棣生表示，“但现在原材料价格每天下跌幅度可能每吨达到五六千，甚至一万元，那么大家对原材料的采购是非常谨慎的，因为相对来说，明天买一定更便宜。材料厂现在备货一星期都算多了，可能就两三天，甚至还有一些铁锂厂只备半天的货。”

这种观望情绪在整个产业链上蔓延开来，再加上高企的库存，产业内出现了车企不着急买电芯、电池厂不着急买材料、材料厂也不着急买更上游资源的连锁反应。这也导致吴顺所在的高低压线束公司在过去半年都没有接到新订单。

缺少订单并不是一家公司所面临的困境。2023 年以来，动力电池头部企业也遭遇了寒流。业内有消息称，中创新航订单不足致部分员工离职。此外，记者从一位接近宁德时代的知情人士处获悉，宁德时代的产能利用率也出现了下滑现象。

“原材料企业包括电池企业目前达产率比较低，有的（产能利用率）甚至不到六成，对电池销售占比较高的企业来说困难比较大。”张小聪如是说。

负极材料供应商尚太科技曾发布公告表示，公司位于石家庄无极县里城道南沙公路西侧的生产基地，将自 2023 年 3 月 28 日起陆续停产。之所以选择停产，尚太科技称，一方面原因就是目前市场不饱和，暂停后公司的产能仍然能满足市场需求。据悉，尚太科技的下游客户涵盖宁德时代、国轩高科、欣旺达、蜂巢能源等动力电池头部厂商。

除“订单荒”外，库存减值也在成为整个行业的“心病”。一家动力电池企业高管向记者表示，产业链大降价将会产生大量的库存减值，比如说一家动力电池企业在 2022 年碳酸锂价格高点近 60 万元/吨时采购原材料，交货的时候可能到了 2023 年 1 到 2 月，甚至是 3 到 4 月，这时候碳酸锂价格已经跌到 25 万元/吨，这中间的差价就只能在财报中通过减值的方式来体现。

鉴于 2022 年底以来高企的库存，2022 年新能源汽车产业链公司财报中的资产减值项目或会出现大规模计提情况。

是降价，也是一场行业厮杀

锂矿、锂盐厂商受到此轮碳酸锂大降价的影响更为直接，他们躺着赚钱的时代正在过去。

王伟向记者表示，碳酸锂价格大跌让一些锂盐厂商非常难受，手里的货堆积卖不出，资金回笼也成了问题，华南一些小的电池模组生产线和配套厂家亏损严重，有的甚至倒闭了。“不过，现在也有好处，随着碳酸锂价格的大幅下滑，此前囤积居奇、炒作的投机商会慢慢出清，行业会逐渐回归理性。”

但是，回归理性的过程必然残酷。“这个过程会伴随着落后产能和企业的淘汰，不具备竞争力的企业可能会在这波大降价中出清。”冯棣生表示。

2021 年来锂盐价格的疯涨似乎给了行业一种“只涨不跌”的错觉，但事实上，虽然锂已从传统周期行业切换到高速发展中的成长行业，但依旧具有明显的周期属性，在进入下行通道后，相关企业破产的不在少数。

据悉，自电动车用锂需求大增后，碳酸锂价格曾从2015年初的近4万元/吨上升至2018年初的15万元/吨。但随着盐湖投产叠加锂矿产能释放，全球锂盐供给大幅增加，再加上中国新能源汽车补贴退坡和新冠疫情对需求的冲击，锂盐出现了供给过剩，价格从2018年下半年也开始出现回落。2020年末，碳酸锂价格又回到了2015年初的4万元/吨，较2018年初的高点下跌73%。

2018年到2020年这一波锂盐价格的大幅回落，直接让澳洲的锂矿深受冲击，其中澳洲矿山Alita和Altura均出现债务危机，并分别于2019年8月和2020年10月宣布破产，近半数矿山选择主动减产。很多南美盐湖扩产进度也选择推后，锂供给持续缩减。

碳酸锂的现货价格早已超过了部分高位入场的锂盐公司的成本，特别是以进口矿为原料的锂盐企业当下会十分难受，因为仅锂精矿一项，这些企业成本就超过了20万元/吨，成本线已经被击穿。

山西证券发布研报表示，碳酸锂价格快速下行已接近20万元/吨，部分外购矿企业已经开始亏损。根据SMM2023年第一季度电池级碳酸锂成本数据，盐湖提锂单吨成本为4万—5万元，自有锂辉石矿单吨成本约6万元,自有锂云母矿单吨成本约6万—8万元，外采锂云母单吨成本约20万—25万元,外采锂辉石单吨成本约30万—32万元（包括有海外矿山股权的头部锂盐厂）。

“成本线被击穿后，部分小型锂盐厂只能主动停产，大型锂盐厂主动减产。如果再继续跌下去，很多企业都要关门，行业势必迎来大洗牌。”王伟表示。

以已经在2022年提前大降价的六氟磷酸锂为例，2022年年初的价格一度逼近59万元/吨，此后不断跳水，到2022年年底，已下跌至25万元/吨。六氟磷酸锂企业“内卷”程度可见一斑。

六氟磷酸锂龙头企业多氟多2022年三大产品毛利率均有下降，其中，新材料板块下降幅度最大，毛利率同比减少了 12.42 个百分点。在产能利用率方面，2021 年多氟多高达 100.40%，而到了 2022 年，这一数字已下降至 88%。

在 2023 年投资者交流会上，多氟多总经理李云峰点明了行业竞争的惨烈，“草原上狮子比斑马多，没有技术就没有饭吃。现在有 48 家六氟磷酸锂企业，我估计未来几年，有 40 家得非常辛苦地赔钱，过去凭运气挣的钱会凭实力亏掉，还有 8 家里头我估计 5—6 家会非常辛苦地不挣钱，真正挣钱的可能就是 1—2 家。”

而为了争夺市场，不少企业已经明确 2023 年“牺牲利润保份额”的经营方针。在宁德时代提出“锂矿返利”计划后，亿纬锂能也表示，公司会在战略上给予下游客户一定支持，在利润上部分让利下游。从这个角度来讲，公司 2023 年在动力电池方面不太追求更高的利润率；另一方面，因公司产能也在扩大，也希望在客户端的市占率能够提升。

但接受记者采访的多个业内人士均达成了一个共识，即对于整个新能源汽车产业而言，风雨过后必然是彩虹。冯棣生表示，现在的乱象只是暂时的，长远来看，经过此轮“厮杀”后的产业供需关系一定会变得健康且合理，而且新能源汽车放在全球都是重点发展领域，我们对其未来的增速非常看好。

第 7 节

3 万家汽车经销商走到命运的十字路口

2023 年 6 月 24 日，是端午节假期的最后一天，也是 6 月的最后一个公休日。

销售顾问吴宇站在上海中春路上一家自主品牌 4S 店的大门口往外眺望，或许是因为连日大雨，店里仅有一两批人在看车。展厅外悬挂的“现金直降至高 30 000 元”的横幅，也没有带来更多的客流。

隔壁一家二线自主品牌 4S 店更加冷清，销售人员低头看着手机，连记者进店都没有发现。“我们的客流量基本集中在周末和节假日，6 月份的销量能不能起来就看端午节了，不然连任务量都完不成。”吴宇向记者说道，但现实的情况显然让他有点失望。

作为东部汽车消费最活跃的城市之一，温州 2023 年车市行情也不太好。大众、小鹏等品牌经销商告诉记者，客流量肉眼可见地萎缩，各地频出的刺激消费政策破坏了市场秩序，使得恶化的趋势加剧。

“之前大家预测‘五一’前后车市会回暖，但事实上没有明显好转。2023 年 3 月武汉东风系又掀起了价格战，车市价格秩序更为混乱，很多经销商卖车已经不赚钱。”温州一位经销商曹东告诉记者。

第一财经记者采访了北京、上海、武汉、成都、温州等地的经销商，发现包括大众、丰田、奔驰等传统头部品牌在内，多数品牌的经销商经营状况都出现了恶化。2022 年至今，已经有多起小经销商集团倒闭、破产的消息传出，与之相关的消费维权也在增加。

原本行业认为进入后疫情时代，汽车消费能够出现快速的复苏，但如今看来并非如此。根据乘联会统计，在 2022 年汽车供应链中断导致的低基数条件下，2023 年前 5 个月汽车零售数量同比微增 4.2%，跟疫情前的 2019 年同期比下滑了 9.27%。

除此之外，新能源车销量快速攀升，市场结构快速的调整，对于燃油车时代成长起来的全国 3 万多家汽车经销商形成了剧烈的冲击。

“相比 2022 年，2023 年上半年经销商的盈利状况基本没有出现明显的好转，甚至有一些品牌的经销商经营状况进一步恶化。”中国汽车流通协会副秘书长郎学红告诉记者。

经销商大面积亏损

6 月 24 日傍晚时分，记者来到上海闵行区一家商场，小鹏、大众 iD.、飞凡、特斯拉、AITO 问界等众多新能源汽车品牌商超店或商场“快闪店”集中驻扎在此。与 4S 店不同，商超店的营业时间一般到晚上 10 点才结束，下午五六点正是人流量密集的时刻。

但记者走访时发现，除了 AITO 问界因为 M5 智驾版的推出，吸引了不少用户到店体验外，其他品牌的商超店大多客流冷清，工作人员显得无事可做，围坐在一个小圆桌旁各自看着手机。

成都一家经销商集团投资人李山告诉记者，6 月份是车市的传统淡季，2023 年的感受是“特别淡”，销售线索、进店量和成交量环比 5 月份下滑了一半。

温州、武汉相关汽车行业协会和部分经销商也向记者反馈了类似的信息。“整个车市在恶化，下滑速度在加快，买车的人越来越少，数据越来越难看。”曹东告诉记者，2023 年 3 月份当地做了一场经销商生存状况的调研，多数经销商都是亏损经营，90% 的经销商无法完成既定的销量任务，剩余10%也仅能勉强完成任务目标。

温州上牌数据显示，2023年前5个月温州汽车上牌总数为81 239辆，同比下降了5.83%。乘联会针对全国市场统计的零售数据显示，6月1日—18日，乘用车市场零售量为82.8万辆，同比下降6%，环比下降8%。

多家经销商向记者表示，市场需求本就不足，此起彼伏的价格战与各地的补贴政策，令本就存在经营压力的汽车经销商雪上加霜。

2023年1月，特斯拉发起的价格战席卷车市，被新能源车大肆踩踏的燃油车尤其是合资品牌燃油车，在地方政府的裹挟下祭出更大的价格杀器应战，并蔓延至全国。到3月下旬，北京现代、大众ID.、长安深蓝、一汽丰田、比亚迪等超过40个品牌加入价格战。其中又以武汉东风系最高补贴9万元最为突出，此后，更多地方政府推出了当地汽车消费刺激政策。

但在曹东看来，稳定的价格秩序能够提高交易的效率，相反则会导致消费者信心不足。各地对于不同价位车的补贴金额不尽一致，导致相邻区县购买同一款车的价格都可能相差很大。虽然地方出台政策的目的是刺激消费，但实际上是打破了市场原本的价格机制。

李山也表示："以前一家4S店月均销售100辆车，就是主力城市的大店了，也能够实现盈亏平衡。但现在价格战之下，新车价格倒挂严重，一年卖3 000辆车都挣不到钱。"他表示，在与同行交流时，成都的汽车经销商集团普遍表示经营亏损，多家经销商集团已经开始收缩网点数量，减少店面。

中国汽车流通协会数据显示，2023年5月中国汽车经销商库存预警指数虽然出现了同环比的"双降"，但是，经销商经营状况恢复不及预期：尽管订单及成交量改善，但新车让利幅度大，单车毛利走低；临近半年任务考核节点，经销商补库动力较强，导致资金紧张矛盾更为突出。

中国汽车流通协会发布2022年全国汽车经销商生存状况调查报告显

示，2022 年是汽车经销商过去 3 到 5 年当中最为艰难的一年。营收、利润双降也是经销商 2022 年普遍面临的状况，仅有 29.7%的经销商实现盈利，与 2021 年 53.8%的盈利占比相比，近乎腰斩；而亏损的经销商占比达到 45.2%，亏损面较上年同期扩大 27.7 个百分点。

根据 2022 年港股 8 家上市经销商集团财报情况，只有正通汽车净利润实现了增长，其他七家公司均呈现负增长。广汇宝信、和谐汽车的净利润由盈转亏，亏损额分别达 6.98 亿元和 16.28 亿元。

关店退网潮来临

庞大汽贸集团股份有限公司（601258.SH，下称“庞大汽车”）发布公告称，公司于 2023 年 6 月 21 日收到上交所下发的《关于庞大汽贸集团股份有限公司股票终止上市的决定》（上海证券交易所自律监管决定书〔2023〕136 号），上交所在 2023 年 6 月 30 日对公司股票予以摘牌，公司股票终止上市，不进入退市整理期交易。

作为“汽车经销商第一股”，庞大汽车巅峰时期拥有超过一千家 4S 店，市值超过 500 亿元。2017 年开始，庞大汽车开始走下坡路，截至 2022 年年底，庞大的经销商门店仅剩 267 家，全年销量不足 13 万辆。

庞大汽车的陨落是汽车经销商面临艰难生存环境的一个缩影。2023 年开始，浙江中通控股集团就传出了破产的消息，旗下所有 4S 店共计 19 家全部关停。中通控股集团是一家区域性经销商集团，成立时间已经达 25 年，主营玛莎拉蒂、奥迪、红旗等中高端汽车品牌。其后不久，重庆排名前五的汽车经销商集团——重庆龙华实业集团旗下多家门店关门歇业或转让。宁波市海曙博纳汽车销售服务有限公司也被申请破产清算，旗下曾代理雷诺汽车、东风风行品牌。

中国汽车流通协会数据显示，2020 年，国内汽车流通渠道曾出现萎缩。截至当年末，全国乘用车经销商网络在业数量为 28 229 家，全年网络出现 5.3%的同比下降。全年累计退网经销商达 3 920 家，平均每天都有近 11 家经销商退网，其中因主机厂经营不善导致经销商退网数达 2 375 家。

2021 年，合资品牌的经销商渠道遭遇“至暗时刻”，当年退网的 4S 销售服务网络大约在 1 400 家，其中合资品牌退网数占比高达 57%，主要是北京现代、别克、东风标致、广菲克、斯柯达等。长安马自达和一汽马自达并网后，部分经销商也出现退网。

2022 年，在市场上被边缘化的汽车品牌出现了大面积的经销商退网情况。当年，退网经销店达 1 757 家，这其中过半数是斯威、大乘等自主品牌退出市场所致。另外，自主品牌中，威马、上汽大通、BEIJING 等优化网点；合资品牌中，韩系、法系、美系品牌的网络均存在不同程度收缩；豪华品牌中，退出的主要是讴歌、英菲尼迪等品牌的经销商。

随着经销商“退网潮”的到来，与之相关的消费者维权事件也屡见不鲜，主要问题集中在车主售后服务问题无法解决等方面。在中通控股集团旗下 4S 店关闭后，不少车主公开维权，他们当中有人购买了终身保养套餐没法用，有人车都没来得及提。

2023 年 4 月，河南济源市消保委公布了一起“汽车 4S 店停业”所引发的消费者维权典型案例，案件主人公郭先生于 2018 年 9 月在某汽车城内购买了一辆某品牌汽车，质保期为三年，且他还在 2020 年 3 月份预存了 1 840 元的保养卡，还剩余 4 次未使用。后来该店停业撤店，郭先生也联系不上相关负责人，只能请求市消保委予以调解。

最终，郭先生的“3 年 10 万公里质保”以及“1 840 元预存保养套餐”没有被撤销脱保，可到指定的其他 4S 店继续消费。但是对于更多的消费者而言，在经销商关门跑路后，往往面临的是投诉无门。

从不同品牌来看，无论是退网数量还是库存深度，近两年来主流合资品牌面临的挑战更大。2023 年 1—5 月，合资品牌的库存系数普遍高于豪华品牌和自主品牌。

不过郎学红认为，当前核心的矛盾不是库存，而是需求不足。在整个外部环境压力比较大的情况下，经销商首先要保障资金链的健康，严格控制库存量成为经销商的共识。

“主流合资品牌5月份促销力度较大，虽然销量有一定拉升，但价格倒挂幅度继续加深，经销商整体的经营状况没有改善。”郎学红对记者表示，临近半年度考核的节点，6月经销商补充库存的力度会有所加大，持续走低的价格很难止跌。经销商加大促销保证半年冲量，资金紧张的矛盾会在6月份更加突出。

曹东表示，一些弱势品牌的主机厂和经销商关系近几年也发生了变化，过去拥有较强话语权的主机厂不再强势，退网成为经销商向主机厂施压的手段。

值得注意的是，由于自主车企加速新能源汽车业务的扩张，带来了相应网点渠道的增加，截至2022年年底，汽车4S店经销网络数为33 594家，全年渠道网络规模增速为6.3%。这意味着整体上而言，汽车经销商一边退网，一边加入新的网点。但多家车企的高管认为，当前车市正处于“春秋战国”的混战时期，等到大局既定，主要的市场会集中在少数几家公司手中，这意味着未来仍将会发生大面积的经销商退网潮。

华胜总裁周大军在2023年的云山汽修大会上也预测，新能源汽车崛起下，传统4S经销商体系，尤其是合资品牌的经销商体系受到的冲击尤为剧烈，3—5年内会出现大量的经销商退网。

转型之难

汽车经销商的固定资产除了售后的车间外，还包括自购或者长租的土地，以及土地之上3 000—5 000平方米不等的玻璃展厅。理论上来说，经营状况不好的经销商可以把展厅出租，或者改行做餐饮。但是多数经销商的选择是固守本业，调整品牌结构，从弱势品牌中退网，更换为新能源品牌。

李山告诉记者，该集团所在的汽车城的4S店原本全部经营燃油车品牌，但在过去1年时间里，40%的4S店改为经营极狐、埃安等新能源品牌。一个突出的例子是，以前只做长城汽车的一家经销商集团，把该集团位置最好的店面换成了广汽埃安。成都当地另一家长期经营五菱宝骏的经销商也改为经营极狐汽车。

中国百强汽车经销商集团永达汽车服务控股有限公司（03669. HK，下称“永达汽车”）在其2022年财报中表示，2022年全年，永达汽车进一步拓展了头部新能源汽车品牌的门店授权，共计获取28个独立新能源网点授权，独立新能源品牌总网点36个。新获取的授权涵盖了AITO、小鹏、比亚迪、smart、路特斯、欧拉、智己、岚图、阿维塔、哪吒等新能源品牌。

在新增新能源品牌授权的基础上，2022年，永达汽车新能源销量达2. 46万辆，同比增长54. 5%，占整体销量12. 9%。其中，独立新能源品牌销量达9 591辆，同比增长221. 2%，其中包含新能源厂方直销车辆代理销售数量3 861辆。

但值得注意的是，2022年，永达汽车主营业收入为720. 2亿元，同比下降了7. 6%，新车销售数量为18. 73万辆，同比下降12. 4%。但净利润下降幅度达到了43. 2%，为14. 86亿元。

“所有的经销商都想转型新能源，但是新能源的普遍现状是主机厂和经销商一起亏钱。”曹东说。

新能源车目前主要有两种渠道模式，一种是特斯拉、理想代表的直营模式，经销商们眼瞅着这两个品牌销量大、利润好，但是特斯拉和理想迄今为止没有开放加盟的意愿。另一种是小鹏、智己等为代表的半授权制，经销商不用背负库存的压力，利润来源于厂家的佣金，虽然这种模式减轻了资金压力，但与过去传统经销模式相比，赚取的利润大幅降低。如果单店销量规模持续偏低，经销商也可能出现亏损。

“2022 年大家都去抢新品牌，2023 年送到嘴巴边也不要了——这两年倒闭破产的新品牌太多，能不能活下去谁也不知道，经销商搞怕了不敢投资了。”曹东说，2022 年和 2021 年，温州的经销商抢着去拿新势力品牌的代理授权，但随着一些造车新势力经营情况恶化，经销商也不敢贸然投资。

上海一家经销商集团投资人武凯对记者表示，经销商们如今面临着两难的抉择，燃油车有规模但是单车没有毛利，新势力有毛利但是没有规模。随着市场集中度的提高，能够赢利的新能源品牌数量非常少，它们要么直营，要么如同比亚迪已经不再对体系外经销商开放授权。

继续坚守燃油车品牌不符合未来市场发展趋势，但是贸然选择小的新势力，也意味着投资的风险。

“新势力的代理制不占资金，单车毛利也有 10 个点，但是它们的品牌力太弱了，资金实力也有限，没有钱砸营销和推广，经销商做起来非常困难。小品牌的风险还在于不排除有些套路在里面，返利看起来虽然很高，但不一定拿得到。”武凯说道。

中国汽车流通协会副秘书长文思婧表示，早年经销商集团拿店的时候通常没有做太多的全盘考量，因为当时市场好，只要拿到店就能盈利。但如今市场形势发生了变化，需要经销商从集团维度进行全盘思考，及时调整品牌结构以及区域结构。

“拿店的策略可以多种多样，有些集团倾向于做多个品牌的布局，但单独做一个品牌也可能是一个正确的选择，比如单一品牌拿二三十个店，我就能吃透这个品牌，获得比较好的盈利。经销商要审时度势，拥抱新能源，同时找准主战场，找到集团的规模和盈利的平衡点。”文思婧说。

值得注意的是，随着互联网和科技公司下场造车，它们把互联网科技行业的互联网思维与数字化工具更多地带入汽车行业，它们致力于打通传统汽车经销商模式的信息壁垒，让终端需求与供应之间的信息流转更加扁平和透明，产生更高的效率与更低的成本，这可能会使传统代理制与4S店结合的经销商模式受到根本性的冲击。

“汽车行业竞争的本质就是成本和效率，当传统经销商模式在今天变得不再高效，变成拖累成本和效率的低效模式后，它们必然要被革命。”一家造车新势力公司高管向记者说道。

第四章

十字路口

第 1 节

“滞留”的工程师

国内多家发动机、变速箱供应链企业被爆裁员或关停。

2014 年，刚刚大学毕业的刘一（化名）和六七名同学一起加入了一家合资发动机生产企业（下称 A 公司）。

刘一告诉记者，A 公司是国内某家头部合资主机厂主力发动机型的供应商，当时这家主机厂年销量超过百万台，A 公司根本不怕没有业务和营收。

2018 年开始，中国乘用车市场结束了十余年的高速增长，A 公司过去“旱涝保收”的业务开始承压。几乎是同时，“蔚小理”等造车新势力以及自动驾驶公司开始在汽车行业大肆“挖角”人才。

刘一说，当时选择离开的人还是少数，一方面 A 公司的收入相对还是比较稳定的，另一方面大家对于这些初创企业的信任度不高。

巨变出现在 2021 年。新能源汽车的趋势确立，并且大幅挤压传统燃油车的份额。曾经招聘人员口中的“香饽饽”，已经成为刘一的围城。国内多家发动机、变速箱供应链企业被曝裁员或关停。刘一和他的同事们更加真切地感觉到了传统动力总成的“式微”。

李超（化名）是另一种传统“撸铁”的工程师，他在某自主车企底盘部门负责悬挂调校。悬挂调校一度被称为“玄学”，是底盘部门中最核心的领域之一，底盘部门又曾经是传统车企研发板块最强势的部门。因为一辆传统燃油汽车的核心卖点，除了动力总成就是底盘。

但如今，这两个部门逐渐成为“传统”“基础”的代名词。全面电动化已经成为全球车企的共识，奥迪、大众等多家公司已经宣布不再继续投资开发新的内燃机。在这样一种悲观的氛围下，“撸铁”工程师们究竟该何去何从?

“撸铁”工程师的焦虑

李超在一家头部自主车企底盘部门担任工程师，从业接近10年，月薪1万出头。他自嘲自己是汽车行业“传统撸铁”的一群人。

李超毕业于上海某大学车辆工程专业，本科车辆工程学习的方向比较宽泛，包括汽车发动机原理、机械原理、材料力学等。攻读硕士，才能选中一个细分的方向进一步深造。

车辆工程的毕业生就业方向往往是车企或零部件公司，可以从事产品研发、工艺、试验、生产制造等岗位。这里的产品研发并不是整车开发，而是其中一个零件或者子系统的研发。试验是相对辛苦的工种，汽车研发过程中要做各种验证，每年大部分时间飘在外面，最辛苦的当属冬夏两季。比如冬季要去黑河，跟踪车辆在低温环境下的表现，遇到问题随时记录反馈，通知相应的部门去现场排查解决问题。

毕业前他曾在一家第三方设计公司实习，做底盘前期仿真分析和性能调校。“太累了，一天到晚就是盯着电脑画数据、网格，每个地方要挨个挨个放大看，看得眼睛酸痛。每个人的活都很重，同事之间不怎么交流。”李超说。

2015年，李超大学毕业，加入了一家自主车企，选择的方向依然是底盘。在当时底盘部还是车企研发中心的“老大哥”部门。如今自动驾驶技术大热，自动驾驶工程师的薪酬远远高于底盘、车身等传统部门的工程师。但10年前，自动驾驶部门在车企内部还没有出现，其前身电子电器部门则是隶属于底盘或者车身部门的一个分支。

李超在这家公司工作了两年，月薪 5 000 元，年终奖相当于 2 个月工资。自主车企给到应届毕业的底盘工程师薪酬大致相当，合资车企在当时薪酬要优渥很多，月薪能给到 7 000—8 000 元。

三年后，李超跳槽加入威马汽车的研发部门。威马以及“蔚小理”当时疯狂挖角传统车企的技术人员，薪酬很容易翻番。李超跳槽威马汽车月薪涨到了 1 万元，他的老领导为了挽留他，提出涨薪 20%，这已经是公司薪酬规则里最大的涨薪幅度了。李超算了一下，在上家公司要拿 1 万月薪的话至少得 5—6 年。一些没有跳槽的同事，工资涨幅特别小，到今天还有不到 1 万月薪的。

而当时威马汽车是头部造车新势力公司，公司充满光环，工作氛围也很好。不过好景不长，仅仅 3 年后，李超就感觉到威马快不行了。“我们经常跟供应商打交道，2021 年下半年，供应商经常来催货款，那会儿公司财务状况就不是很好了。车子造了 2—3 辆，卖得不怎么样，接着 2022 年就开始裁员。”

他最大的遗憾是没有在威马汽车换到自动化或者电控等方向。传统车企的工程师一旦选定方向，想换部门很难。新势力公司人员快速扩张，部门不断重组，原本给了他转型的机会。李超说，凡是与“电”相关的研发人员，同一个公司里面工资比起传统硬件部门至少要多 50%。即便是测试工程师，做三电相关或者智能驾驶方向的也比传统硬件测试更吃香。

李超的同班同学现在小鹏汽车，做电控工程师，他俩同样的起点，如今薪酬却有着数倍之差。

离开威马汽车后，李超加入了一家传统车企，虽然是头部，但薪酬比较一般。他依然从事着底盘方向的研发工作，如今底盘早已经不再是核心部门，而被认为是传统的基础部门。这很容易理解，在燃油车时代，动力总成和底盘都属于关键部门，产品的核心卖点主要靠这两个部门来实现，战略开发的时候会重点关注，相应也能得到更多的资源。

但在智能电动车时代，产品的核心卖点变成了三电、智能座舱和智能驾驶，底盘部门变成了最基础、最传统的部门，人员数量虽然不见少，但也不扩张。相比之下，隔壁的智能座舱部门要活跃很多，他们的团队不断扩张，刚刚提拔的科长是“90后”，比李超年纪还小。

“撸铁的会有职业焦虑，像我们这种工程师，不可能四五十岁了还要做搬砖的工作。要么升专家，要么转管理。20多个人的团队就1个专家岗的名额，科长的位置也就那么些，领导都升不上去，你哪里有机会。”李超的直属领导是80后，已经做了10年的科长，科长的领导部长也在这个位置上待了很久。跟第一家公司的老同事聊起来，也是相似的情况。

更大的焦虑在于，随着汽车智能化、OTA、自动驾驶等技术的发展，越来越多的机械控制的机构要转向电子控制，过去这些以机械见长的工程部门会迎来巨大的挑战，过去数十年的工作经验只给他们创造极少的价值。

香饽饽成了“围城”

2014年，刚刚大学毕业的刘一和同学们一起加入A公司。时至今日，同期入职的同学里，只有两个人还留在这家公司。

“在2014年，除了几家头部主机厂之外，A公司是我们最好的选择。人事在入职的时候说，前三年我们肯定是同班同学中收入最高的一批人”，刘一告诉记者。

人事并没有说谎，刘一那些没有进入整车企业的同学，第一份工作年薪通常只有4万—5万元，而2014年刘一的年收入已经接近20万元，是同一批同学中的佼佼者。同时，合资背景的A公司为刘一等人提供了较为完善的培训流程，同一批进入该公司的同学中，出众者在3—4年内就成了干部储备。

第一次变化发生在 2018 年，中国车市结束了十余年的高速增长，从微增变为进入连续下跌通道，A 公司的业务开始出现下滑。同一时间，“蔚小理”等造车新势力进入交付阶段，它们为了抢夺人才，不惜以翻倍的价格在汽车行业大肆“挖角”人才。不过即便如此，那一时期离开 A 公司的人并不多。

“当时选择离开的还是少数人，一方面尽管业务有一些缩减，但 A 公司的收入相对还是比较稳定，工作氛围也比较宽松；另一方面，不管是新势力车企也好，还是自动驾驶公司，尽管薪酬、职级都很诱人，但那个时候大家对于这些初创企业的信任度不高，甚至是看不起这些新势力企业。”刘一说道，当时大部分人认为新能源汽车只是政策产物，短时间内很难替代燃油汽车，内燃机仍有较好的发展空间。

真正的巨变出现在 2021 年前后。2020 年中国新能源汽车销量为 136.6 万辆，2021 年销量同比增长超过 100%，达到 352.1 万辆；到 2022 年，新能源汽车销量规模进一步增长到 688.7 万辆；2023 年前 5 月，新能源汽车已达到 242.1 万辆。

新能源汽车市场规模的快速扩大之下，特斯拉、比亚迪成了车市的两大巨头，“蔚小理”等过去被认为是“PPT 造车”或者差一步就要倒闭的新势力企业，逐步在市场上站稳了脚跟；A 公司所背靠的合资车企，则遭遇了较大的销量增长压力，业务单一的 A 公司也遭遇了“一损俱损”。

刘一告诉记者，2021 年开始，同期进入 A 公司的同事们出现了较为密集的离职潮，其中不少人转型去了新势力车企，也有去机器人公司、医疗器械公司的。如今，包括刘一在内，同批入职的同学中，仅剩两个人还留在 A 公司。

曾经是应届毕业生眼中“香饽饽”的 A 公司，已经成为刘一的围城。

“2019 年之前，新势力车企，自动驾驶公司扩张规模，大举“挖角”传统汽车人，当时选择跳槽的同事都拿到了不错的薪酬和职级；2021 年前后，新势力车企又有一波大的扩张，但薪酬的涨幅、职级的提升都比不上上一轮扩张。”刘一认为自己错过了两次转型的机会，第一次是因为对于新能源汽车前景的不看好，第二次则是认为跳槽的性价比太低。

传统汽车人进入新势力车企或自动驾驶公司出现“水土不服”并非个案。刘一的同学沈康，在某豪华品牌内燃机部门工作多年之后，于 2022 年下半年加入蔚来，转型至自动驾驶测试相关的工作，但短短 3 个月之后，他便主动离职，沈康告诉记者，实在适应不了新势力公司“内卷”的工作氛围，尽管薪酬提升了 30%，但工作量增加了不止 300%。

在多次聚会当中，刘一不少在 2021 年前后离开 A 公司前往新势力车企的同事，都抱怨尽管薪酬提升了不少，但工作量出现了成倍地增加；而近十年的工作中，刘一已经适应了较为宽松的工作氛围，这让他缺乏挑战“内卷”的信心。

在这场从内燃机向新能源转型的汽车行业大变革中，以传统动力总成业务为核心的零部件厂商受到了较大的冲击，近几月以来，国内多家发动机、变速箱供应链企业频繁被爆裁员或关停。

刘一介绍，近几年以来不仅仅是 A 公司，包括内燃机、变速箱等传统动力总成相关企业，或多或少都出现了裁员、降薪的情况，不少技术类的供应商正在加速向新能源汽车三电乃至自动驾驶方向转型；诸如 A 公司这样生产型企业，则希望能够切入新能源汽车减速器、混动发动机等新能源相关领域。

“A 公司最近这几年肯定是倒不了的，但是的确业务会出现较为明显的萎缩，也不知道什么时候裁员会轮到我头上。转型到新能源相关的企业，也会有适合的职位，但是实在是担心适应不了“内卷”的工作，现阶段我准备读完在职研究生，未来再看行业的发展吧。”时至今日，刘一依旧没有下定决心离开围城。

转型触电

和刘一的纠结要不要跳出围城不同，供职于某外资零部件供应商的王杉（化名）并没有感觉到急迫和焦虑。

2013 年，王杉硕士毕业后加入某国际知名内燃机咨询公司，从事发动机标定工作，在咨询公司工作 5 年之后，王杉加入了现在这家外资零部件供应商，工作内容从发动机标定转向到了 ECU（发动机电子控制单元）系统架构。

10 年的工作经历之中，王杉从未离开过内燃机，尽管当下新能源汽车转型如火如荼，但王杉向记者表示自己并不焦虑："从我自己判断来看，内燃机并不会在这 5 年或者 10 年之内就完全消失；第二点是，汽车行业的规模太大了，能够容纳足够的从业人员；第三点是，尽管发动机和电动机是两种不同的动力形式，但是其中很多理念和技术还是相通的，转型有挑战，并不算很困难。"

王杉认为，近几年以来，动力总成的企业频传降薪、裁员等运营问题，不仅仅是新能源汽车转型带来的冲击。

"2017—2018 年，我们看到内燃机行业还是如火如荼的，因为那个时候要适配'国六'排放标准，车企需要更新发动机状态，增加后处理，保证性能、油耗、排放等等指标，整机改进、升级的项目很多；如今，'国六 B'排放标准实施在即，依托于主发动机的项目都做完了，更多的是一些衍生的项目，比如发动机针对一些新车型的匹配等，投入很低。"王杉表示，但目前'国七'排放标准尚不明确，标准最快可能需要到 2026 年以后，实施则可能需要到 2029 甚至 2030 年以后，但这会给内燃机动力总成研发带来新的项目和发展。

此外，从整个行业的趋势来看，尽管新能源汽车处于飞速增长之中，但内燃机并不会在短时间内就被完全取代。不少业内人士研判，未来的中国车市，将会出现 HEV、PHEV 以及纯电三分天下的格局，其中 HEV 和 PHEV 仍旧需要高效内燃机作为支持。而在政策更为激进的欧洲，其 2035 年的“禁燃令”并未落地，由于老牌汽车大国德国的反对，新的协议中允许在 2035 年后销售带内燃机的汽车，条件是这些汽车需要使用电子合成燃料。

王杉告诉记者，除了乘用车外，在商用车领域，内燃机存在的时间或许会更久。商用车普遍重量较大，如果采用纯电的方案，需要更大的电池组来保证行驶和续航，但这给车辆的安全性、成本等都带来了巨大的挑战；氢燃料电池亦存在成本居高不下的情况。目前国内多家商用车公司、动力总成供应商等，已开始联手布局氢内燃机，保证环保的同时，意图解决上述两个方案存在的问题，而这一技术和传统内燃机有着较大的相似性，内燃机仍有发光发亮的机会。

另一方面，新能源汽车、自动驾驶和内燃机之间依旧有着技术上的共通性，内燃机从业人员完全可以在适当的时机，向新能源汽车或自动驾驶行业转型。

无论是新能源汽车还是传统内燃机汽车，都需要根据工况、传感器等感知信息，对电气系统、硬件系统进行控制，其中的控制逻辑在底层上是共通的。王杉认为，传统内燃机的控制逻辑会比纯电更加复杂，从部分传统内燃机人转型到新能源车企的案例来看，有内燃机工作经验的从业人员对于整车和传动系统的理解会更深，转到新能源后接受程度会更快；此前部分新能源车企也更加青睐招揽一些具备传统内燃机开发经验的人才。

而自动驾驶同样也逃离不了控制逻辑。王杉表示，有不少传统内燃机动力总成的从业人员，以自动驾驶测试为切入点，在增加了对于整体架构的了解之后，也能够做更深入的开发，但核心还是需要回到对于控制逻辑的了解，这些东西都是互通的。

“过去几年我几乎每个月都会接到几个猎头的电话，其中有传统内燃机相关的，也有新能源汽车、自动驾驶相关，甚至还有光伏企业。”王杉告诉记者，他从事内燃机相关工作的老同事中，大约有 50%的人仍留在内燃机相关的领域。

但有所不同的是，内燃机相关的人才储备和企业对于人才的态度和 10 年前已出现了较大的不同。

在王杉进入内燃机这一领域时，内燃机、机械等仍是相对热门的专业，人才供应相对充足，企业也会招揽一批应届生进行培养；而如今，部分高校已经取消了内燃机专业，机械等纯理工类学科受欢迎程度也呈下降趋势；企业在业务量下降的情况下，也不会再大规模招聘应届生进行培养，更多还是青睐有工作经验的人才。

“从我个人规划来看，未来可能还是会转型到新能源汽车三电相关的行业，但这个‘未来’可能会是 2 年或者 3 年之后，我始终认为，打铁还需自身硬，能够在现在这家公司把相关的技术吃透，对于之后的择业有百利而无一害。”王杉告诉记者。

第 2 节

离开豪华车企的电动汽车人

沃尔沃中国研发工程师张山最近离职加入了一家科技公司。临近年底，他明显感受到同事离职的数量比往年稍多一些。在大学校友群聊天时，他发现同学里还在做技术开发的已经不多，合资车企的同学中很多都离开了原本的公司甚至是行业，转行去做保险的也不在少数。

相比起合资公司，豪华车企由于高福利和待遇，人员流失率并不高，尤其是管理层。几年前，张山由硬件部门转岗到电气部门，按道理来说并没有离职的内在驱动力。不过在沃尔沃工作的几年，他颇有一些挫败感，这或许是驱使他离开舒适区的原因之一。

“我们已经量产的车相对于竞品是落后的，正在规划和开发的产品，等到几年后正式量产的时候依然是落后的。”张山告诉第一财经记者，由于产品与技术决策以欧洲为核心，沃尔沃虽然推出了几款纯电动车，但在中国市场上几乎没有影响力。

这或许也解释了为什么沃尔沃以及众多历史悠久的豪华车企，在这一轮电动车的销量爆发中大幅落后于特斯拉和蔚来等新创公司。

中汽协（中国汽车工业协会）和乘联会发布的 2021 年 11 月中国乘用车数据显示，11 月中国新能源乘用车批发销量达到 42.9 万辆，同比增长 131.7%，零售渗透率达到 20.8%，创下历史新高。预估今年新能源车销量将达 340 万辆以上，同比增幅接近 200%。

然而，在中国新能源车爆发式增长的浪潮中，奔驰、宝马、奥迪、沃尔沃、捷豹、路虎等豪华车公司虽然推出了众多产品，但销量表现接近于全军覆没。奥迪、沃尔沃、捷豹路虎电动车月销量长期只有区区几百辆，奔驰、宝马销量数字略高于前几家豪车公司，但也不到特斯拉的零头。

为什么有着强大品牌号召力、资金与技术实力的豪华车公司，在电动车领域败给了成立没几年的蔚来等中国公司？带着这个疑问，第一财经记者采访了宝马、奥迪、奔驰、沃尔沃、捷豹路虎等豪华车公司的中国区职员、供应商和经销商。

他们的回答体现出一些分化，如头部公司的职员依旧非常自信，他们普遍不太看得上“蔚小理”，认为它们没有核心技术，领先也只是暂时的，一旦大厂转身，这些公司都将被打败。而二线豪华品牌的研发岗和管理层，则体现出了更多的忧思。

“我们现在看到的豪华车公司推出的电动车，都没有跳出燃油车的定义，去重新构建新一代汽车产品的概念。正是因为没有跳出燃油车的定义，从产品到营销服务没有创新，所以找不到卖点，找不到盈利点，也找不到需求。”捷豹路虎中国公司一名管理层人士李思向记者表示。

项目的出发点不是市场需求

捷豹路虎在 2016 年前后开始规划电动车，但当时推出电动车的动机并不是洞察到了市场的需求，而是因为欧洲和中国等主要市场对于碳排放的法规要求。用李思的话说，“完全是政策驱动，不是市场需求驱动，想满足双积分的平衡”。

2017 年与捷豹路虎英国规划部门沟通时，对方告诉他，2015 年大众汽车柴油门事件爆发后，欧洲开始出台日益严苛的二氧化碳排放政策，在制定全新汽车排放法规时更加注重低碳经济路线图。比如 2017 年 11 月，欧盟委员会宣布温室气体排放标准升级，欧盟境内新车每公里碳排放必须在2025年降低15%，在2030年之前降低30%。2018年12月18日，在最新决议中，欧盟委员会又将2030年的减排目标由30%提高到了37.5%。如果新车测试无法达标，每公里超出排放限额1 g的二氧化碳排放量就意味着95欧元的罚款。

为了达成上述目标，电气化是必需的选择。“如果没有柴油门事件，如果大众汽车满足欧洲排放标准的道路没有被堵死，在创新柴油的路上再多走一步，它会不会像今天这样全身心投入电动车，我看不见得。”李思说道。

政策压力的倒逼之下，捷豹路虎也开始规划第一代电动车产品。但是从经济性的角度来看，重新开发一个电动车平台成本代价太大。如大众汽车MEB平台的研发投入高达70亿美元，最近宣布在电气化和自动驾驶方面的投资额更是达到了890亿欧元。对于捷豹路虎这种规模相对偏小的公司而言，既难以负担庞大的开发费用，也不能承受投资失败的损失。最后捷豹路虎选择在燃油车的基础上“敲敲打打”，开发应对政策的PHEV（插电式混合动力汽车）和纯电车型。

与此同时，虽然决定要开发纯电动车，但捷豹路虎内部也非常纠结。“同样一款车，电动版比燃油版贵30万元，该怎么卖呢？如果拆开两个渠道，新的品牌该叫什么名字呢？如果电动车独立开网，原有的经销商罢工怎么办？一旦经销商停止提车3个月，企业的现金流马上就断了。这是一系列的问题，现在依然是问题。”李思说道。

基于燃油车平台开发的油改电产品，存在着诸多先天的短板，加上产品开发时只是单纯地把电动车理解为更换了能源方式的交通工具，在智能化、自动驾驶方面缺乏投入，导致产品和同时期的特斯拉、蔚来等车相比，无论是纯电续航还是产品的创新性、智能化的体验，都存在较大的差距。

2018年，捷豹推出了首款纯电动汽车I－PACE，官方宣称续航里程

456公里，用户实际测试城市续航在350公里左右。一位I-PACE车主向记者抱怨说，原厂备胎不能放在后备厢的隔板下面，只能放在后备厢里面。厂家看似非常贴心地配了个备胎包，导致本就不大的后备厢几乎被备胎包占满。

与中国竞品相比，I-PACE还有一个短板是智能网联的配置。智能电动车不再是一个交通工具，而是有着电子消费品属性的科技玩具，是面向未来智能出行的“新物种”，这已经成为中国汽车行业的共识。但是李思在参加捷豹路虎相关的调研时，发现欧洲和美国的经销商、顾客对智能网联的配置敏感度比较低，想法较为“朴素”，认为电动汽车只是更换了动力总成的交通工具。

这意味着在智能电动车领域，中国的需求偏好与欧美市场发生了巨大的差异，捷豹路虎在开发产品时，面临着究竟要以欧洲和美国的客户需求为核心，还是以中国客户的口味来定义电动汽车的问题，最终捷豹路虎第一代电动车的选择是以欧洲为核心。

李思透露，捷豹路虎的中国团队曾经把中国用户的需求，与市场正在发生的变化反馈给英国总部，但并没有在产品定义上起到太多作用，他认为捷豹路虎中国产品规划的团队，更多的工作是解释总部决策的正确性。

“这事并不奇怪，2016年、2017年，中国的电动车发展还没有像今天那么迅速。而且50∶50的合资公司股比没有放开，外企冒险投入数十亿欧元的投资，合作伙伴并没有对等的投资，但回收利润的时候被分走了50%，等同于合作伙伴没有负担任何的投资风险。”

产品竞争力的不足，导致捷豹IPACE在中国市场接近于无人问津。起售价63.08万元的IPACE，最后在市场上的打折力度一度超过5折。行业内对于捷豹“5折豹”的戏称，即是由此而来。而且，即便打了5折，但IPACE在中国市场依旧乏人问津。一家捷豹经销商告诉记者，自2018年上市以来，该店总共只卖出了10辆IPACE。

除了开发电动车，捷豹路虎还通过旗下的创投公司 InMotion Ventures 投资了 10 多家移动出行公司，尝试通过投资来探索个人出行和智能交通业务。李思表示这其中不少尝试以失败告终。

李思认为，正确的产品定义，合理的定价，控制成本和质量，是长期成功的根本。在形势还不明朗的历史关头，捷豹路虎选择渐进式的推进，所以推出的产品总是“夹生”和“半吊子”，希望通过迭代尽快改善。

“捷豹路虎永远在思考一个问题——投资回报在哪里。这是一个政治正确的问题，捷豹路虎没有办法做一个亏损的决策，不能去赌一把，资本市场也给不了它那么高的估值。”李思说。

他总结豪华车企转型电动化有 6 个惯性阻力，分别是产品定义、投资、商业模式、组织与能力、董事会和整个生态。

“新产品跟老产品的卖点不同在哪里，假设找到了足够的卖点，巨额投资的钱从哪儿来。如果涉及商业模式的变革，对老品牌、老渠道的影响是什么？怎么去打造一个新品牌，不属于研发的投入有多大，股东批不批准你投这么多钱？汽车工业从头到尾都是生态，所以创新才这么难。如果不是从头到尾的新思维，全新一代的产品定义不可能在组织内部发生。”

“蔚小理”到底领先在哪儿

王武 2021 年下半年离开了宝马中国，他是宝马在华长达 9 年的电动化战略的亲历者。不过王武强调说，他离开并不是因为不看好宝马电动车的未来，而是有了新的职业规划。此外，他并不看好特斯拉和“蔚小理”，认为后者只是把还不成熟的技术当作卖点去宣传，并没有“人无我有”的核心技术优势，也没有形成所谓的“护城河”。

宝马在中国的电动车业务可以追溯到 2012 年，宝马自身的电动车业务，则可以追溯到 20 世纪 70 年代，只是当时开发的产品多数处于预研状态，并不是为了量产而开发。2013 年，在主管部门的政策要求下，华晨宝马推出了合资自主品牌“之诺”。以之诺作为载体，华晨宝马开始试水纯电动车和分时租赁等业务。

之诺的第一款车是“1E”，在宝马燃油车 X1 平台基础上改造出来的纯电动车。不同于燃油车，1E 采取了以租代售的模式，并进入了一些分时租赁平台。乘联会数据显示，2014—2015 年之诺仅交付了 330 辆 1E。

2017 年，之诺推出了面向大众消费市场的“60H”，这款车是插电式混合动力汽车，同样基于宝马 X1 车型改造而来。但这款车同样销量惨淡，一家经销商告诉记者，有几辆库存车一直到 2018 年都没有卖掉，2019 年该店就停止了这个业务。2019 年初，宝马 4S 店开始大面积停售之诺。

在孵化之诺的同时，宝马自身也开始了电动化的第一轮尝试。2011 年，宝马发布了“i”系列电动车的两款车型 i3 和 i8，这两款车分别于 2013 年和 2014 年先后投放中国市场。

i3 是宝马首款专为城市打造的纯电动量产车型，官方宣称一次充电最远可行驶 257 km，国内用户实测在 160 km 左右。i8 则是一款售价高达百万的插电式混合动力跑车，采用了一个三缸汽油发动机和两套电动机驱动，纯电续航里程为 35 公里。

以销量结果看，i3 和 i8 都不太成功。在销量最高的 2018，i3 全球销量也只有 3. 8 万辆。从 2013 年上市到 2020 年 10 月 15 日，宝马一共生产了 20 万辆 i3 车型。今年年中，宝马宣布将停止 i3 的生产，“i3”的名字将用于宝马 3 系的纯电动版车型上。

比亚迪一位人士曾向记者表示，宝马 i3 和 i8“点错了科技树”，把投资用于车体外壳、内饰的设计和材料上，在电动车核心的三电（电池、电机、电控）等领域投资不够，王武对这个观点并不认可。

“从技术储备的角度讲，我不认为这是问题，别家公司有的技术宝马也都有。i3、i8 的设计理念，所有环保的设计概念，碳纤维车身的应用，代表的是非常前瞻的对城市通勤的思考。豪华车的路子跟特斯拉不一样，特斯拉的对手是汽油车，要以最快的速度上量。豪华车有自己内在的基因，有很深厚的硬件功力和技术底蕴，它思考的是如何在电动车上做出差异化和豪华感。”王武说道。

经历宝马 i3、i8 的失败，宝马在纯电动车方面的投资愈发谨慎。宝马集团工程技术主管乌多·亨勒曾算过一笔账，建造一座生产纯电动车的新工厂将花费约 10 亿欧元，而现有生产设施改造的成本仅为 300 万欧元。因此，在奔驰、奥迪等公司宣布开发纯电动车专用平台时，宝马坚持“平台动力模块化兼容”，并将其应用在 iX3、i4 等车型上。

2021 年 7 月，宝马在中国推出了 BMW 品牌的首款国产纯电动 SUV iX3，售价 46. 99 万—50. 99 万元人民币。乘联会数据显示，2020 年 iX3 国内销量为 857 辆。2022 年 1 月份，宝马官方发布声明称，iX3 的建议零售价在原价基础上下调 7 万元，起售价从 46. 99 万元调至 39. 99 万元。在此之前购车的车主，可以凭发票退差价。

针对宝马 iX3 的大幅官降，有评论人士认为，市场需要的是一辆智能电动车，而宝马给出的是“油改电”。

宝马眼花缭乱的产品布局和低迷的销量数字背后，还能看到其长期以来的战略摇摆。直到 2020 年 2 月，宝马管理团队还声称将继续使用其“集成”平台，不会效仿梅赛德斯奔驰和奥迪等公司，开发纯电动汽车专有平台。但是到 2021 年 7 月份，曾主导油电集成平台的宝马 CEO 齐普策不得不调整策略，在内部成立独立的电动汽车平台负责部门，以实现 2025 年后推出独立的电动汽车平台。

宝马集团监事会副主席、工作委员会主席曼弗雷德·肖赫表示：“宝马必须拥有独立的电动汽车平台，才不至于被美国与中国的竞争对手超越。”

2021 年 11 月 20 日，宝马纯电动中大型 SUViX 上市，售价 84. 69 万元，这依然是一款油改电车型。从各个维度看，在智能电动车的赛道上，宝马似乎是起了个大早，赶了晚集。

不过王武认为，汽车行业的竞争从来是长时间跨度的长跑，短期的领先不代表长期领先。对于宝马在售纯电动车与竞品的差异，王武认为并不是宝马做不到，而是有着现实的约束。

“每一个品牌都会有历史资产，比如宝马是底盘和操控，它不会轻易放弃。中国市场的确体现出了对智能装备的需求，如果只是车载娱乐系统，宝马分分钟就可以赶超。只是在于总部在产品定义的角度有没有把这个需求纳入进来，这取决于中国的声音能不能被总部听见，以及总部如何取舍，是不是可以柔性地把全球不同的需求都满足。”王武说道。

王武认为，包括特斯拉等新势力公司在内，并不存在技术的领先优势，更多的还是依靠供应商，只是它们在一些产品策略上更加激进。比如大屏幕看流媒体视频，技术上宝马也做得到，但是宝马考虑的维度不一样，视频可能让驾驶者分心，产生安全的隐患。宝马也有不同级别的自动驾驶技术，但是它不会那么激进地开放更多的功能，因为它的品牌声誉不允许为了迎合市场而造成对品牌的伤害。

“中国市场上自主燃油车替代合资很明显，高端电动车新势力公司全面领先。但是放在全球看，企业定位在哪儿，你的商业决策是什么，企业的护城河究竟是什么。如果有一天，电动车普及的条件具备了，市占率达到50%了，真正的格局才能显现出来。从目前来看，新势力的领先只是短期的。”

“开发的产品总比竞品晚1—2代”

沃尔沃是全球最早宣布全面电气化的豪华车公司，但是和落在实处的相比，沃尔沃的口号颇有些“雷声大雨点小”的意味。

“沃尔沃做电动车的规划挺早的，想要抢豪华电动车的市场，但是跟奔驰、宝马和奥迪（BBA）境遇差不多，都比不过国产豪华品牌”，张山说道。

早在2017年，沃尔沃就宣布自2019年起所推出的新款车型都将为电动车和混合动力车，2019年至2021年间将推出五款纯电动汽车。2018年，沃尔沃进一步宣布未来每一款沃尔沃车型都会推出纯电动版和插电式混动版，并且不再推出柴油版。2021年初，沃尔沃发布了全球可持续发展战略目标，给出了2025年实现全面电气化的时间表，届时纯电车型占比将达到50%，其余为混动车型；2030年成为纯电豪华车企，且所有纯电车型将只在线上进行销售。

然而时至2021年年底，沃尔沃仅推出了2款纯电动车，且中国市场的销量均非常平庸。2020年，极星2在中国仅仅售出了849辆，沃尔沃品牌首款纯电动车——XC40纯电版——2021年前10个月也只售出了499辆（乘联会数据）。

张山认为XC40纯电版和极星2销量低的原因，首先在于产品的底子上。沃尔沃目前没有纯电动平台，XC40纯电版和极星2都诞生于CMA平台架构。CMA是一个油电共生的平台，特点是在PHEV的布局上有突出优势，但是做纯电动车有许多先天性的短板。

“由于通信协议和模块布置、控制等方面的局限，预留的接口不够多，没有办法增加新的通信，极星2和XC40纯电版很多功能跟燃油车差不多，后续升级迭代的能力也不强，这是平台定死了的。”张山说。

在开发电动车的过程中，蔚来等新势力公司快速开发和持续迭代的思路也让沃尔沃研发部门备受启发。

2019年，沃尔沃开始推行“敏捷开发”的工作方式，想要通过工作流程的改变来加快产品开发、改善和迭代的速度。敏捷开发把一年分成4个节点，再把一个季度分成6个周期，以每两周为一个小的节点，去看当前开发的过程和问题，不断地去验证重新设计，再重新验证，相当于持续迭代。此外，在研发的组织架构上，沃尔沃也从原来的以项目为导向的架构，转成了以产品为导向的架构。

但是实际的运作中，沃尔沃的电动车开发并没有预期的快，一方面是硬件部门开发和验证的周期本身较长，另一方面张山认为在于人员，“以前做传统部件的研发人员，年纪普遍比较大，让他们去学习电气化的内容和转型比较难，不像造车新势力可以招年轻化的团队，可以去接触市场上最新的技术，企业内部的创新驱动力和冲劲比不过新势力”。

除了产品推出速度没有竞品快，张山认为沃尔沃已经量产的和正在开发的产品，也是落后于竞品的。“小鹏的碳化硅和 800 V 架构都已经量产了，我们量产的是 400 V 架构，800 V 架构开在开发当中。等到几年后我们量产 800 V，又比竞品晚了好几年。这也导致我们的产品在市场上卖点没那么多。”

张山认为，豪华车公司原本在燃油车领域的技术优势是发动机、变速箱和底盘三大件，进入到电动车时代，豪华车公司原本的优势缩小，新的品牌在客户体验、科技等方面优势更加明显，“就好像小鹏开发一种后排座椅放倒以后，整台车变成一张床的方案，传统豪华车公司压根就想不到”。

沃尔沃一家经销商告诉记者，在与特斯拉等公司产品的竞争中，XC40 纯电版和极星 2 价格不比对手便宜，续航没有对手长，除了“祖传的安全和环保”，似乎也找不到其他的卖点。

值得一提的是，沃尔沃还在电动车和插电式混合动力汽车领域推行了直营模式，尝试在不打破旧有经销商渠道体系的情况下，试水新零售模式。但是区别于特斯拉等公司的价格透明，沃尔沃的价格透明以大幅降价促销为基础。上述沃尔沃经销商表示：“官降对于品牌的杀伤力是肯定的，但是官降之后能带动的销量目前看来也是有限的。”

为什么瑞典总部没有更多地听取中国部门的意见，提高产品在中国市场的接受度？张山表示，一直以来沃尔沃的研发给到中国部门自主开发的能力都不太多，此外，沃尔沃传统燃油车当前仍处在赢利之中，新的豪华电动车架构开发需要时间，公司高层既要考虑目前的产品线又要考虑新的业务，需要时间过渡，不像只有电动车业务的新势力公司那么快。

“中国市场对于电动车的要求，跟瑞典觉得的要求差得比较远，比如极星的内饰采用了可回收材料的织物，产品卖点非常具有瑞典特色，但中国客户更倾向于高档的真皮，有用户抱怨说花这么贵的价钱居然买一个布座椅。”张山说。再比如沃尔沃的车机系统是用户抱怨最多的一个点，就连导航都不能全屏，但是“吐槽也没有用，因为决策权不在中国”。

第 3 节

迫于压力的跳槽

“最近我原本奔驰 4S 店的同事都蠢蠢欲动。有俩已经跳槽了，一个去了蔚来，一个去了比亚迪王朝。”上周，从奔驰门店跳槽到理想汽车的产品专家小程向记者表示。

2023 年 7 月底，网传蔚来汽车一线门店销售人员月收入 10 万—40 万元，奔驰宝马的冠军销售排队去蔚来面试。这个消息虽有夸大的成分，但小程以及多名 BBA 门店销售告诉记者，大体上与事实相差不远，几乎每家受访门店都有一些人跳槽到蔚来、理想等公司。

在燃油车时代，汽车销售顾问们的跳槽路径通常是从自主到合资，从合资到豪华，品牌更高端意味着车子更好卖，收入更高。对于喜欢车的年轻人来说，到 BBA（奔驰、宝马、奥迪）工作还意味着每天可以接触到顶级的产品，更深入了解世界殿堂级的品牌。

当新能源车方兴未艾时，造车新势力也比较倾向于从豪华品牌和特斯拉门店“挖角”高素质的销售人才。但随着传统车企转型电动化普遍受挫，2021 年左右，它们开始从蔚小理等新势力挖人。

一位猎头告诉记者，蔚来汽车的运营与营销人员格外吃香，他用“不计代价”来形容需求的热度。蔚来汽车一位离职的人员说，因为被同行“挖得太厉害”，“蔚来汽车的通讯录没有了，姓名也全部改用英文”。

而最近的这一轮，则出现了原本最稳定的 BBA 一线销售人员往新势力流动的趋势。比起收入，他们更大的压力来自 BBA 电动车转型乏力带来的焦虑感。

第一财经记者采访了数位从 BBA 门店跳槽到造车新势力的一线销售和销售管理人员，试图从他们的转型和独特的视角中，还原 BBA 电动车的转型困境和出路。

“我们也不要端着”

小程（化名）2015 年入行，先是在一家日系品牌 4S 店做销售顾问，后来升到销售主管。2018 年，在红旗大肆补贴渠道扩张的节点，投资人退掉该日系品牌的授权，改为经营红旗品牌。

此后小程跳槽到上海一家外企背景的奔驰店，重新做回一线销售顾问。和之前服务的日系品牌相比，奔驰品牌毫无疑问更有格调，客户群体更加高端，外企的薪资福利也更加完善，年假、五险一金应有尽有，对员工的人文关怀也非常不错，职员和管理层自我素质管理也比以前上一个档次。

2022 年，小程又想动一动。原因一方面是他所在的经销商集团上海的门店开到饱和，销售经理、销售主管一个萝卜一个坑，如果不开新店的话，基本上没有晋升机会。他 2018 年入职时的销售主管，到现在还是主管。另一方面，2022 年中国新能源车发展如火如荼，奔驰品牌在电动车方面进展缓慢，小程想换个环境“触电”。

于是他开始重新面试，首选 4 个品牌，分别是蔚来、理想汽车、极氪和小鹏。第一家面试的公司是蔚来，在一个交付中心，店长和 HR 经理共同面试。理想汽车的面试看起来随意很多，店长在门店里面找了个工位就和他聊。当他准备去极氪面试的路上，理想汽车的录用意向书就来了，于是就直接去了理想汽车。

小程说，从面试的感受来说，蔚来形式上更正式，但店长和人事经理都不肯说到具体的单车提成等数字，只说“努力就能拿到很高的薪酬”，有点画饼的感觉。而理想汽车的店长很实在，单车提成、激励，到店的线索、试驾数量和转化率，问什么就说什么，很容易判断出自己在理想汽车的大致薪酬范围。

到理想汽车门店上班后，小程进一步感受到理想汽车和奔驰等传统品牌不同的地方。

首先是内部沟通效率很高。如果把总部比喻成大脑，理想汽车的大脑可以直接指挥每一个细胞，总部与一线产品专家的沟通非常直接迅速。比如遇到一个客户投诉或者其他的问题，不论总部反馈回来的是否是答案，但他们总可以非常快速地给到回应。

而在奔驰 4S 店的流程是一线员工报给主管，主管报给经理，经理带着 CRM 部门一起研究，再决定要不要上报给厂家。

其次是直接。小程曾经接到一个客户，想知道 L9 能不能停到自己小区车位里面，小程马上安排试驾车开到客户小区车库。如果客户想要对比试驾，门店也会想办法去安排和落实。这在传统的汽车 4S 店几乎是不可想象的。

“别的品牌的销售可能会觉得匪夷所思，但我们就是很直接。店长经常说，件件有回应，事事有着落，你得有结果。”小程说。

理想汽车的创始人李想在网络上是一个比较招黑的体质。有段时间，李想在参加电视节目过程中“发飙”的视频在网络上大为传播。但小程不觉得有什么问题，“李想本人就是很较真，电视节目上都能不顾形象地发飙，我们也不要端着”。

再次是和传统豪华品牌相比，理想汽车更加重视客户满意度，客户投诉在内部是必须解决的大事。传统 4S 店的销售人员相比之下没有那么重视客户投诉，只要客户交了钱、车卖出去了，客户就跟销售人员没关系了。

与奔驰店相比，理想汽车的单车提成不算高，L7、L8 和 L9 分别是

700 元、800 元和 900 元，但是团队的整体考核奖励会比较高，并且可以叠加。比如门店达成整体目标的话，提成会提高 1.5 倍；大区完成目标再提高 1.5 倍；如果季度是金牌再提高 1.2 倍。

与高收入对应，管理强度和颗粒度也很高。理想汽车用互联网的手段，把销售过程拆解成若干个环节，进行精细化的管理，具体到单个人——销售顾问每天打多少电话，通话时间多长，后台会抽查。有一系列后台的机制来管理人员的考勤、接待状态、回访数量、跟进时长、邀约数量、试驾指标等。每周开会还会做出排名，很直接地把前十名是多少，后十名是多少展现出来。

一位离职的理想汽车门店人员告诉记者，公司内部设计了一个战斗力体系，有金、银、铜、铁牌四个评价等级，评价为铁牌的员工要进行辅导，如果连续两个评价周期（一个季度）仍然不达标就会优化。

此外，理想汽车还有一些其他采用直营模式新势力共有的特点，包括价格透明，车价全国统一，政策也基本上全国统一；销售人员只负责订单不负责交车等。

作为曾经的奔驰门店销售，小程觉得奔驰电动车业绩不佳核心原因是产品力不够。在同样大幅降价促销的情况下，宝马新能源车销量超过奔驰近一倍。

“豪华品牌外观设计的情绪价值非常重要，它得一眼看上去就有高级感。宝马的电动车虽然是油改电，但是产品继承了油车的高级感，一看就是宝马。奔驰 EQE、EQS 设计还不如油车。”小程说。

小程认为，还有一个原因是国产车的崛起。过去几年，蔚来、极氪等中国车企的产品造型设计也很有高级感，配置性能不输豪华品牌，领克刷新了德国纽北赛道最快前驱四门车的记录。极氪、蔚来在 30 万和 40 万元以上的市场也站稳了脚跟，这些都在持续改变用户对中国品牌的认知。

“根上的问题是传统代理制”

徐斌2011年大学毕业，误打误撞进入了汽车销售行业。第一家公司是奔驰4S店，第二家是宝马4S店。2014年，徐斌跳槽到特斯拉卖车，在特斯拉中国第一家门店——北京芳草地店工作，跟埃隆·马斯克也见过两三次。2017年，一个特斯拉车主朋友介绍他进了蔚来汽车，一直干到今天。

徐斌最初在奔驰店并不是做销售，而是在市场部做传播。他发现经销商对于市场营销的驱动不是以用户为视角，而是从厂家的视角出发，传播品牌的“高大上”和产品的过人之处。但经销商对于产品的认知，大部分停留在比较浅层的参数信息上。即便是发动机的核心竞品对比，也只能说出数字上的差别，比较肤浅。

后来他转销售岗，发现销售人员不是以用户的利益为出发点，而是以公司的经营目标为出发点。举个例子来说，经销商每个月都会搞促销，销售顾问有时忙忘记给用户争取，错过了也就错过了。

从奔驰、宝马经销商代理制到特斯拉和蔚来的直营门店，他最深的感受之一是传统经销商都是靠信息差挣钱。比如经销商从厂家批发过来的产品，很少会在当月卖掉。车子在空旷场地或者地下车库一放就两三个月，有些库龄久的车甚至要停放半年以上。长时间的日晒雨淋之后，车况会有所影响，但是用户并不了解。再比如早些年买奔驰宝马的人年龄偏大，虽然互联网那个年代已经很发达了，但许多用户并不擅长使用互联网，遇到问题投诉无门，只能吃闭门羹。

除此之外，他在经销商体制里面待得也不舒服，卖一辆车，销售主管、展厅经理、财务、总经理要层层签字，所有的字签完之后，才能走后面的流程，过程中有时会出现很意外的投诉，“做久之后你会发现，能赚钱，但是心累”。

2014 年，特斯拉在北京芳草地开了中国第一家门店。当时新能源车在中国还是一个很新鲜的概念，徐斌抱着试一试的想法去参加了面试，然后被录用，成为特斯拉中国最早的一批销售人员。

徐斌说，2014 年到 2017 年，对他而言是不一样的成长。作为汽车销售人员，不用去和客户谈判价格，不用考虑保险装潢，把产品和品牌表达好就可以了，很纯粹。当时徐斌和家里人说自己不像是卖车，反倒是像做科普，跟客户讲什么是电机、电控、三元锂电池。

徐斌印象特别深刻的一件事情，是 2014 年他的店长，一个美国人问他：特斯拉在你心中是什么感受？当时 Model S 卖 100 多万元。徐斌回答说："高端车，有钱人的玩具"。店长说不是的，特斯拉想做的是让所有人都开上或者体验我们的车。

"我当时想这老板是不是傻，怎么可能所有人都买这么贵的车。"徐斌说。不过在工作中他们按照这个理念，无论到店的客户是大学生、发烧友还是老年人，穿着朴素还是华丽，只要他们对特斯拉好奇或者感兴趣，百万元的豪车可以随便体验。这一点和奔驰、保时捷门店很不一样。

如今特斯拉车价从 100 万元下探至 20 万元，年销量超过 100 万辆，是全球最成功的电动车公司，回首北京芳草地第一任店长在 2014 年讲过的话，在当下成为现实，徐斌觉得非常佩服，"他们的规划的确早于我们市面上对产品的体验"。

2017 年，徐斌的一个特斯拉车主用户介绍他去蔚来汽车工作。他当时半信半疑，2015 年中国造车新势力蜂拥而至，许多都被证明是"PPT 造车"。他在一家有着马斯克光环、以"推动世界向可持续能源发展"为愿景的美国公司工作，挺有优越感，对蔚来也是半信半疑。

HR 经理跟他说："你再骄傲，特斯拉也是美国公司，等到 2020 年之后，蔚来会是国人很骄傲的高端电动车；你来蔚来，能看到第一辆车交付，你把蔚来干好了，成长感受不一样，会非常有成就感。"

在 HR 的一番“洗脑”之下，徐斌加入了蔚来汽车，也是从门店一线人员做起，一路做到浦东新区的“区总”。

徐斌说，蔚来是一家很有魔性的公司，比如特斯拉已经很优秀了，但特斯拉用户的售后体验并不好，特斯拉员工和老板马斯克也不能零距离交流。但蔚来不是，员工和老板，用户和车企的拥有者，打开 APP 就能说话。真正意义上与用户直连，把一切体验都打通。

徐斌认为 10 年以前一辆国产车卖 40 万—50 万元是不可能的，因为蔚来开了先河，改变了用户对中国汽车的价值判断，才有了后来的高合 HIPHI——现在的比亚迪仰望。

2023 年上半年蔚来汽车的日子并不好过。徐斌说，蔚来的研发投入比许多友商更深，比如主动刹车，蔚来可以做到 80 km/h 以下刹停，130 km/h 时速触发可以刹那间降速至 10 km/h 再发生撞击，很多友商的 AEB（主动刹车）在 80 km/h 以下有可能刹不住。但这些更内核的产品优势，不像彩电、冰箱、大沙发那么直观。

“斌哥（蔚来汽车创始人李斌）很苦的，他做的很多事情是当前看不到结果的，要等到一两年之后。但是毋庸置疑，蔚来在研发和规划上很超前也很踏实，就像 2018 年讲换电站，当时看不到，现在到处都是。”徐斌说。

BBA 推出电动车之后，徐斌有时也会去奔驰和宝马店里看看，他发现销售人员普遍不太懂产品，也不太跟客户讲解产品，更多是谈判价格，赠送礼品，聊促销政策。

“我去奔驰店里说要看看 EQE，请销售跟我讲解一下这款产品，但销售说 EQB 有现车，降价力度更大，推荐我买 EQB。”徐斌说，一线的销售人员都不重视用户的体验，不想着把产品讲好。

相比之下，宝马的门店给他的感受更好一些。宝马 4S 店把 i3、iX3 摆放在展厅的 C 位，奔驰的电动车则摆放在展厅角落里面，这体现出厂家对电动车重视程度的不一。在跟用户介绍产品方面，宝马的培训也明显好于奔驰。

不过徐斌并不认为宝马电动车以当前的状态，可以重塑油车时代的强势。大幅的降价虽然吸引了价格敏感型的客户，但也伤害了品牌。降价只是一种兴奋剂，并不会可持续地带来有质量的销量。

如同小程，徐斌也认为 BBA 的电动车产品落后于中国的对手。在燃油车时代，领先于对手的舒适、豪华和性能支撑起了 BBA 的品牌溢价能力。但在电动车时代，舒适、豪华和性能已经成为标配，核心的价值差异点变成了智能化的能力，这方面 BBA 本土化做得还很不够。

不过徐斌认为，BBA 要在新能源车上大获成功，一定要走直营的路线："经销商对品牌不会有保护意识的，他们以利益最大化为目标。我自己都要饿死了，没钱赚了，奔驰跟我什么关系。"

经销商一定以利益最大化为目标，销售顾问只追求个人的业绩和收益，而不是从用户的需求来考虑问题，这是一个恶性循环。一线销售人员以什么角度考虑问题，以什么角度讲解产品，每个细节都会影响用户在店里感受到的产品价值、价格价值和品牌价值，这是"根"上的问题。

"总部与用户需求存在好几个断层"

陈锋（化名）是汽车行业从业超过 20 年的老兵，2002 年就进入汽车销售行业。在行业高速发展期，职业生涯随品牌的发展走上了快车道，在丰田和宝马体系多年担任店总。2020 年上半年，理想 ONE 的销量数据引起了他的关注，虽然总量不太高，但是逐月往上走的趋势非常明显。

作为曾经丰田店的总经理，他对中大型 SUV 很敏感。多年以来，市场上最火爆的是汉兰达，月销量在 8 000 辆左右，终端持续加价。通用、福特都想在这一市场挑战汉兰达的统治地位，均铩羽而归。

为了了解理想 ONE 这款潜在的爆款车，他专程找朋友借了一辆车来体验。第一感受是车内很豪华，没有中高配之分，车内真皮、软性材料、内饰大连屏都是标配。这在当时是比较少见的做法，多数车厂的产品制定了繁多的配置，精抠细算，看似给到客户很多选择，实际上客户还是买低配的多。

第二是六座的设计很具巧思，过去大部分中大型 SUV 都是 2+3+2 布局的 7 座车，乘客要把第二排座椅往前翻才能进入第三排，第二排和第三排隔断，交流也不是很方便。第三是车机（车载娱乐信息系统）很流畅，当时丰田、BBA 的车机无论屏幕多大，功能性都很弱，几乎没有一个外资品牌的车机导航好用。要用物理旋钮或者按键之类的控制键来输入拼音搜索地址，费劲不说，路径规划也不好，是一个很显性的用户痛点。但是理想 ONE 的车机导航地址搜索很流畅，还可以语音唤醒和使用。

静态体验完之后，他试驾了一下理想 ONE，没有哪里不好，也没有哪里特别好，这一点特别像丰田。动力总成是增程式混合动力，跟电车比能耗比较高，但是跟油车比油耗更低，电驱系统的加速感受很平顺，而且没有里程焦虑。

“在产品定义之初，理想汽车有足够的前瞻性，同时对市场很敏锐，它知道市场的痛点在哪儿，分清哪些是用户的真需求，哪些是伪需求；知道抄谁的作业，也知道怎么把抄的作业加上自己的理解和原创，融合到产品中，更好地满足用户。”陈锋说。

2020 年下半年，陈锋加盟理想一家门店，正好赶上理想 ONE 销量的起飞，目睹曾经让行业羡慕的汉兰达被理想 ONE 甩在身后，见证了一个新时代的到来。

陈锋表示，传统车企和新势力最大的区别，在于总部对用户的感知偏弱和间接，新势力的原点和终点都是用户，基于直营体系，通过很多触点去了解用户的需求，不断迭代改善产品，思考下一步如何引领需求。宝马其实也有类似的理念，但实际运作有几个断层，第一是后端的研发部门跟客户比较远，通过样本量有限的调研来了解需求；第二是经销商不知道把用户的声音反馈给谁，即使反馈给了主机厂也经常不能及时、准确地回应用户，久而久之经销商和用户反馈信息的意愿就很低了。

第二大区别是传统车企的产品研发和设计比较重传承，突破性的思维偏少，新的设计与功能像挤牙膏一样一点点地释放，拉长产品升级的周期。新势力研发体制的完整性不如传统大厂，但它们动态地捕捉新的需求，在试错的过程中总会找到对的方案。

"我们很长时间以来都有一个担忧，就是 BBA 的电动车进场，凭借它们强大的品牌、渠道能力，我们就没饭吃了。基于这种担忧，我们每一天都在奔跑，但是跑了几年之后发现 BBA 没什么动静。虽然 BBA 投放了很多新产品，但还是没有找到产品的竞争力在哪里，这是我们看来很不可思议的现象。"陈锋说。

第三个区别是理想汽车直营渠道全国几百家门店，人员紧凑，架构一致，门店除了销售人员，没有任何辅助岗或者二线岗位，包括市场、行政、人力、客服、财务，不直接创造价值的岗位统统没有。所有门店产品一致，考核指标、绩效提成与销售政策均一样，绩效不封顶，多劳多得。

此外，从管理人员到一线人员，整个管理机制的信息都是通透、及时同步的。不像传统企业的信息需要一层层地传达，信息会有时差，会产生衰减。

比如每个月初，理想汽车会准时开全国销售会议，宣布当月所有的相关政策，所有销售人员数千人同时参会，同一时间知道当月的产品政策，销售策略和目标。员工之间没有时间差、范围差，这在传统企业几乎是不存在的。此外，由于每个店的售卖产品，考核指标、当期政策均一致，很容易形成内部赛马机制，公司上下同心协力"卷"同一个目标，整个体系会带着成员越跑越快。

陈锋说，理想汽车对销售工具的开发有一种执念，公司有专门的 IT

团队开发销售系统，这个系统一直在迭代。他们随时可以看到当天下午多少人进店，销售做了什么样的跟进动作，沟通的信息是什么，沟通的技巧怎么样。再比如根据历史数据，把每一天不同时间段的排班进行优化，让销售资源和客户资源更好地匹配。

理想汽车所有的销售人员都配有公司发放的手机，手机上预安装了大量的工具箱，比如销售有很多信息要跟客户同步，但并不能指望每个销售都能写出很好的文字。理想汽车针对不同的客户准备了多种话术，简化了销售人员自创性的话术准备，还避免了口径不统一，甚至是减分、负面内容的风险。

“这个优势外界很难看到，通过销售工具把管理的过程做得越来越简化，销售难度降低，强化提高管理效率。而传统车企的销售系统大都是第三方开发的，并不太考虑系统是否适合一线人员，更在意权限、流程甚至保密的需求。”陈锋说。正是在这样的对销售管理的重视下，理想汽车的毛利率、盈利性在全行业做到了最前列。

谈及 BBA 电动车的困境和出路，陈锋认为，豪华车企除了改善产品定义、加快迭代速度之外，还需要把定价下探到用户觉得值的程度。比如大众 ID. 3 在欧洲卖到人民币 30 万元，在中国只卖十二三万元。但即便如此，这个价格在本土品牌一向激烈撕杀的中国中低端车市场中，都不算特别有竞争力。对于中国消费者而言，这个价位的车在市场上比比皆是。

“BBA 的电动车在用户心智中一定会有同类的参照物，就是新势力品牌的某个车型。如果跟新势力同款型同价，配置接近，软件流畅，易用度接近，相信还是有相当一部分用户会选 BBA 的产品；如果价格差异比较大，易用度没有明显改善，就只有少部分有坚定品牌信仰的人会选择 BBA；如果价格差异很大，新势力的产品相比 BBA 的而言具有全面的优势，那么选择 BBA 的人可能会更少了。”

第 4 节

逃离合资车企

“我很快就要提交辞呈了，公司最近半年走了很多年轻人，多数是‘80 末’和‘90 初’，执行层的中坚力量。”2021 年 7 月底，国内某头部日系车企一位经理级职员肖倩向第一财经记者说道。

肖倩的首选是造车新势力，次选是换行业，快消、保险行业都在看机会。采访中记者注意到，包括德系、日系、美系等在内的合资车企乃至于部分豪华品牌，最近半年都出现了一些年轻职员频繁离职的现象。

也有部分年轻职员虽然没有离职，但其职业心态发生了很大的变化。一家德系合资车企工程师许晨告诉记者，最近与分布在不同合资与豪华车企的同学聚会，开口便是“有没有工作推荐”。

“大学毕业那会儿能够进头部合资车企是最好的选择，工资高平台大。但是从 2018 年起工资年年降低，公司的发展不明确，内部的上升通道越来越窄。”许晨说。

国内一家车企营销高管表示，虽然“出逃”的年轻人不能代表全部的年轻职员，但这种现象在早几年是很难想象的。就在五六年前，合资车企还代表着相对高的收入、稳定的工作和安逸的生活。而现在，随着燃油车市场的下滑，自主品牌与豪华品牌的上攻下探，合资品牌市占率连续 5 年持续降低，腰部合资车企生存境况极其艰难。

2021 年上半年，自主品牌市占率恢复到 42%。最近在一场汽车论坛上，包括长安汽车总裁王俊等在内的多家车企高管都乐观地认为，自主品牌的市占率在未来 5 年将会超过 50%，在新能源市场的市占率将会超过 70%。

中国新能源汽车的路线图无论是从政策端还是市场端都已经明确，但合资车企在新能源、自动驾驶、智能座舱方面的布局普遍落后。

“前面几年倒下的是现代、福特、神龙，慢慢会是通用、大众，日系能拿到保守客户的订单，会坚持得久一点。”上述营销高管表示，“年轻人既是消费者，也是价值创造者，年轻人开始离开合资车企，这个现象本身也很能说明问题。”

合资车企变成“围城”

许晨至今还记得 2014 年入职某合资整车厂内燃机部门时，人力资源专员对他们这一批新入职员工说的话：“在工作的前三年，我可以保证，你们都会成为你们同学中收入前三名。”

人事专员并没有说谎，许晨没有进入整车企业的同学，第一份工作年薪通常只有 4 万—5 万元，而 2014 年许晨的年收入已经接近 20 万元，是同一批同学中的佼佼者。

“我是一个幸运儿，当时我们一批同学到这里面试，能留下来的并不多，而且工作的头几年，收入要远比没进入整车厂的同学高上一大截。刚开始同学聚会，大家都让我来请客，谁叫我收入最高。”在谈到刚工作时，许晨分享了这样一个小细节。

但近几年，情况发生了明显的变化。“干了快 7 年了，收入涨幅非常小，尤其是最近 3 年，不仅没什么涨幅，反而还有下跌。”许晨说，当时那批年收入远低于自己的同学，在收入上已经实现了反超，其中有部分人更是进入了管理岗位，前途看起来一片光明。

而在合资车企工作 7 年的许晨，很难看到晋升的希望。一方面传统车企有着完善的流程体系，上下级、前后辈等级观念较重，在领导以及年资更久、排名更加靠前的干部储备没有升迁之前，“新人”们很难得到升职的机会。另一方面，合资车企的中层以上管理岗位大多数是股东派驻的员工，即跟母公司签合同的员工；而跟合资公司签合同的职员相对而言晋升机会偏小。

“和我一批进来的一个同学，做了 2 年干部储备了，看不到希望，去年跳槽去了一家机器人公司，我连干部储备都不是，更没有希望。”

更让许晨感到焦虑的是自己的专业方向，2014 年时内燃机部门是“香饽饽”，7 年之后的 2021 年，内燃机却成了夕阳产业。“部门里还有一些老人，等他们退休，估计我们这个部门也就没有了。”

在工作收入、升职均陷入僵局时，许晨并非没有考虑过外部的机会，但是较为尴尬的是，自己所从事的内燃机专业似乎已经成为一个即将被淘汰的“旧事物”，能够对口的工作机会并不多，同时近几年合资车企光环远不如前。

五六年前，合资车企的经理或者主管级职员跳槽很容易，吉利、奇瑞吸收了大量合资车企的人才，并且能够给到职级提升和收入增加。但是随着近几年竞争关系的变化，自主品牌开始侵占合资品牌的市场份额，并且自身的人才培育体系逐渐成形。一直在合资车企成熟流程中做一颗“螺丝钉”的员工，在和自主车企以及新势力车企背景的竞争者对比中，优势已经不再明显。

“在面试过程中，用人单位总会询问一些之前做过的工作，但实际上我们有很多工作都是国产化工作，技术都是海外来，我们接触不到核心，还有很多工作是和供应商共同完成的，能说的或者真正闪光的点并不多。另外，跳槽无非想追求一个更好的收入和职位，但是当下升职无望，没有相应的管理或者独立带项目经验，要打动面试官，有难度。”许晨表示。

许晨介绍说，一位和他同一批进公司的同学，在 2017 年跳槽去了一家自动驾驶公司，当时他还挺想不通，同学为什么会放弃大企业的工作机会，去一家看起来不太稳当的创业公司。

“现在来看，这位同学的选择是正确的，往自动驾驶转型可比做内燃机有前途多了。”许晨告诉记者，和他同期入职的年轻人中，还有一部分离开了汽车行业，转到医疗器械、保险等行业。这两年公司离职的年轻人很多，留下来的则有些人心惶惶。

“以前大家做兼职都有些遮遮掩掩，现在有些人会在上班时间‘串门’去推销保险或者别的理财产品，甚至还有人在办公室里公然和猎头打电话。”许晨说，他正在读同济大学的研究生，研究生毕业前不会离职，研究生读完后可能会换一个行业。

“合资品牌的背书不再吃香”

2014 年大学毕业之后，沈康进入了某知名内燃机咨询公司。尽管收入不高，但这一经历为沈康夯实了专业基础，提供了不错的职业背书。在内燃机咨询公司工作了 3 年之后，沈康进入了国内某豪华品牌研发中心，继续从事内燃机研发工作。

沈康的职业轨迹非常符合他最初的个人职业规划：从乙方（内燃机咨询公司）到甲方（主机厂），随后在主机厂深耕，实现专业、收入以及职位上的持续提升。但计划始终赶不上变化，汽车产业正经历着电动化和智能化的剧烈变革，对于还不到 30 岁的沈康来说，日渐式微的内燃机，让沈康一时间看不到未来的出路。

好在企业自身的战略调整帮助沈康实现转型。2020 年，这家豪华车企开始电气化转型，在完成最后一代内燃机的开发工作之后，沈康所在的内燃机测试部门整体转型到电动化，进行三电相关的测试工作。

“客观来说，从内燃机转到三电，测试这块差别不太大，有些理论性的需要重新学一学，毕竟化学能和电能，工作原理不一样了。”沈康说道，尽管从内燃机领域转变成电动化领域，在工作上提出了新的挑战，但是他希望借助公司的业务调整，给自己增加电动化相关的背书，实现职业上的转型。

当专业领域从内燃机转到三电之后，沈康的心态也发生了变化。原本他计划“从一而终”，用忠诚和时间为自己谋求职位和薪酬的上升。但特斯拉、蔚来为代表的新势力的崛起，和它们开出的跳槽价码，让沈康看到了新势力公司在产品、用户运营方面更多创新的玩法，以及更快实现升职加薪的路径。

沈康最近购买了一辆蔚来 EC6 作为座驾，以车主身份去体验新势力的产品和服务。

“在产品智能化，还有服务，包括粉丝圈层的运营上，蔚来真的和我们公司不在一个层次上。在产品机械素质上，现在传统车企还有优势，但是这个以后会不会和内燃机一样被淘汰呢？比起机械素质，未来的用户会不会比机械素质更加关注智能和服务呢？”

沈康的同学崔健，大学毕业后便进入了某合资车企的用户分析部门。无论是电动车还是燃油车，都需要用户分析相关的工作。在同事眼中，无论是留在合资公司还是寻找新机会，崔健应该都不会遇到太大的问题。

但事实并不是这样。“说是用户分析，但是我们和用户是割裂开的。我们拿到的用户数据基本都是第三方调研机构的调研报告，我们一年甚至几年才会有限地接触几个真实用户，所有人在办公室里，拿着调研报告、以领导思维为导向，来做所谓的用户分析，产品怎么可能满足用户需求？”崔健告诉记者，这样的用户需求和实际的用户需求是脱节的，他们早在 2017 年就提出要搭载中国本土化的车机系统，提升产品在智能化上的竞争力。

在经历了一轮又一轮的国内汇报后，海外母公司却依旧不认同这一观点，等到智能化趋势已经非常显著了，海外母公司才反应过来，结果这个已经算不上是亮点了。在崔健看来，由于冗长的汇报流程以及中外市场的差异，他们推动一些产品改进、本土化优化异常艰难，很多单纯的国产化项目，国内更像是简单的代工，而非共同开发。

同时冗长的汇报流程让崔健把很多精力都放在了制作精美的演示文稿上，而非研究用户需求。

“我们的报告通常是给技术人员和专业的管理人员看的，只要能够讲清楚我要表达什么、我要干什么就够了。但是领导们会在意报告的形式，他知道我想表达什么，但他可能会觉得我这个材料做得不好看，还要去改格式。我之前做一个项目，领导来来回回改了好几遍，不是改内容，而是改格式，他们会特别这些细节。”崔健认为，这种风气让公司真正做技术、做事情的人，变得不被重视。车市较景气时，大家收入尚可，并且外部并没有什么更好的机会。但是近一两年，当公司承受了极大的下滑压力，收入水平随着销量的下滑而下降，在收入、个人发展皆不如意的情况下，很多年轻人选择了离开。

和几年前相比，合资品牌的职业背书已经不再“吃香”。一位广州的汽车猎头告诉记者，6—7 年之前，在成熟体系中工作过的合资车企员工的确拥有很强的竞争力，但是到了 2018 年、2019 年时，有着更多自主工作经验的中国品牌车企员工已经比合资车企员工“吃香”。

一家合资车企高管此前向第一财经记者表示：“2018 年我在思考一个问题，长期待在合资公司的人，没有完整的经历过从头到尾造一辆车，实战能力和自主品牌差很多。纯合资公司背景与纯外资企业背景的经理人很尴尬，这是行业与市场价值变化带来的个人焦虑。”

“有想法的年轻人都在往外走，有一些年纪相仿的已经跳槽的同事，工资普遍涨幅 1.5 倍，去传统车企、新势力都有。”崔健说道，他已经面试了途虎和几家造车新势力，由于薪资或者能力问题，他并没有最终拿到合适的职位，“我还会一直面试，有合适的机会就走。”

“最大的挑战，是要革自己的命”

肖倩是个“80末”，从大学毕业就服务于某日系头部车企。她在公司附近买了房子，小孩也在同一个片区读书。想到要离开工作了快10年的公司，她感到压力很大。造车新势力虽然开出的薪酬更高，但相比起她所效力的公司稳定性差很多，也即未来的“不确定性”增加了。

肖倩的同事丽香在2020年底离开了公司，肖倩最近频繁地和丽香沟通，发现公司很多其他同事也在和丽香探讨离职的话题。

“日系汽车公司最大的好处是稳定，最大的坏处也是稳定。”肖倩说，日系车企推崇稳健发展，市场好的时候不激进，市场不好的时候也不会太差。长期的稳态使得公司的人事结构也过于稳固，“70后”和“80后”占据了关键岗位，年轻人的机会相对较少。

2021年上半年，该公司出台了一个新的规定，把原本分开的专业职级晋升和岗位升职结合起来，只有先获得更高级别的岗位，才能够去申请职级的晋升，这让肖倩更加感觉上升难度增加，也增强了离职的意愿。

肖倩虽然相对看好日系车企的未来，但并不看好整个合资车企的前景。原因之一是豪华品牌和自主品牌的上下挤压，之二是日系车企的产品决策大多在日本总部，而“总部的领导既不能感受也不能理解中国市场快速的变化”，之三则是新能源车转型的挑战。

“现在能明显感受到日系车这一轮上升的势头在下去，和大众、通用比可能要稳一些，但3年后会怎么样不好说。”肖倩认为，整个合资车企都面临着“国货替代”的压力。如果放在10年前，自主品牌主要集中在7万至8万元以下的市场，那个时候合资跟自主相比，不仅仅是品牌有光环，技术的先进性和产品品质也要更好。

但是现在，合资品牌已经没有了品牌光环，自主车企不仅在技术和产品品质上迎头赶上，产品配置丰富度、性价比都超过合资品牌的竞品。从公司管理角度来看，股东双方都在争夺控制权的合资车企，公司内部存在巨大的管理内耗和效率低下问题，而自主品牌的决策效率和执行力都要强很多。“自主品牌的成本控制能力比你强，决策也更快，只要自主品牌产品造型能力上线，头部合资还能靠品牌力守一守，腰部合资都得节节败退。”肖倩说。

她认为，去年以来长城、吉利和比亚迪汽车股价持续暴涨，核心逻辑并不是新能源，而是自主品牌对合资品牌的替代性消费，“上汽、广汽、长安汽车的销量规模超过了长城、比亚迪，但是市值和股票价格低很多，因为这一轮崛起的背后逻辑是国货崛起，主要依靠合资公司的汽车集团不被市场看好”。

肖倩不看好她所在的日系合资公司的另一个原因，是新能源。和美系车相比，日系车企因为普遍有 HEV 混合动力技术，相对而言短期碳积分压力不大，但长期来看，如果新能源车销量不提高，日系车企就得依靠市场不接受的三缸机来降低排放。然而在智能电动车领域，日系车企步伐缓慢且观念陈旧。

丰田汽车曾在相当长的时间里不认可纯电动化的趋势，而肖倩认为，从统计数据、用户调研和其他公司的实际业绩来说，智能电动这条赛道已经确立。“现在的消费者要买的不是一台交通工具，而是科技属性很强的玩具。”肖倩说。

2021 年上半年，国内燃油车销量小幅下滑，新能源车销量却激增 201.5%至 120.6 万辆，接近于 2020 年全年新能源车销量。此外，2021 上半年新能源车的市占率达到了 10%，2020 年则约为 6%。

“以前新能源车的销量里面网约车占比接近 7 成，今年几乎全部都是私人用户在购买，这是最恐怖的。”

合资车企的产品定义通常是由外方主导，产品定义的职能部门位于欧洲、美国或者日本，它们参照几十上百年的经验预测用户的需求，定义下一代的产品。但是在中国的智能电动车市场，它们纷纷遭遇了前所未有的挑战，核心就在于购买智能电动车的用户和传统燃油车的用户几乎是完全不同的一群人，他们的需求截然不同并且萌生还没有几年，总部位于中国之外的汽车公司既没有办法理解，也没有经验可以参考。

肖倩认为，这是为什么通用、大众的电动车打不过比亚迪，奔驰、宝马和奥迪的电动车打不过蔚来的关键所在。

2020 年，大众汽车交出了其应对智能化和电动化挑战的“答卷”：ID. 4。这款车在欧洲获得了成功，但中国销售表现却非常平庸。2022 年，丰田、日产和本田面向新时代的纯电动车也将面市。

但是纯电动车究竟如何去售卖，在上述合资公司里面依旧是个问号。

“丰田、日产、本田三家公司在中国都是百万辆的销量规模，这 100 万辆依托于现有的上游供应商和下游经销商模式。日系车企强调上下游的供应商和经销商是合作伙伴关系，丰田甚至把‘丰田生产方式’推广到供应商和经销商。未来在新能源的冲击下，如果全部采用直营模式的话，全国将近 1 000 家经销商网点都不要了吗?”肖倩说，在日系车销量规模还处于上升势头的当下，加速电动化相当于完全革自己的命，这是最大的挑战。

第 5 节
中年汽车人的职业转型

2021 年 6 月，某传统车企软件开发工程师沈川（化名）更新了简历，很快他收到了 5 个面试邀请，包括造车新势力公司头部的三家“蔚小理”，和头部的两家传统车企。与第一财经记者通电话时，他正在前往理想汽车面试的路上。

“理想汽车上海研发中心在疯狂挖人，它为了应对一线城市的牌照政策，要从零开始，在未来 1 年半时间把纯电动车赶出来。”沈川说。

广州一家猎头公司相关负责人告诉记者，2020 年起汽车人才市场的一个变化是传统车企与造车新势力、新加入的跨界玩家争抢自动驾驶、座舱电子、底层软件开发的人员，“大家都想把主导权抓在自己手里”。

蔚来汽车的运营与营销人员格外吃香，上述猎头用“不计代价”来形容需求的热度。蔚来汽车一位离职的人员说，因为被同行“挖得太厉害”，“蔚来汽车的通讯录没有了，姓名也全部改用英文”。

随着新能源赛道在 2020 年确立，传统车企各个领域的人员大都出现了程度不同的焦虑。硬件工程师感慨原本由主导部门沦为廉价的“撸铁工”，营销人员则焦虑地发现过去十多年的职业经验出现了与时代脱节的迹象。

从销量规模上看，互联网大军虽然还未彻底攻破传统汽车行业的城墙，但它们开创的商业模式、组织架构、公司文化、薪酬模式，对传统车企造成了极大的冲击。2014 年左右加盟造车新势力的传统车企人员，主要是敢于“吃第一只螃蟹”的冒险家。如今随着新能源赛道没有了不确定性，不少传统车企的中层主动“触电”，拥抱变革。

第一财经记者采访了数位从传统车企跳槽到造车新势力的中高层管理人员，试图从他们转型的经历当中，还原大变革来临时传统汽车人的忧虑与思考。

“大众 ID.4 上市当晚，我整晚失眠了”

即将迈入 40 岁的姜河（化名），今年上半年加盟小鹏汽车。在此之前，他先后在合资、自主车企工作多年，研发、制造、营销等领域都涉足过。2020 年四季度之前，姜河压根没有想过会加盟一家造车新势力公司。

“2019 年，以蔚来汽车濒临倒闭为核心事件，新能源汽车销量跌到最低谷。传统汽车行业的人大多都在看笑话，他们不信任电动化的技术路径，也不信任造车新势力，多数传统汽车公司都在做‘油改电’之类顺应政策的事情。当造车新势力的新闻进入我的视野，给我的感知是‘与我无关’。”姜河说。

然而，2020 年上半年，一系列连锁变化陡然发生。2020 年 2 月，蔚来汽车获得合肥百亿规模融资，现金的宽裕使得蔚来汽车有能力组织扩大生产、扩张网点、增加广告宣传、增强服务能力，从而起死回生。2020 年下半年，国家产业政策出台，新能源汽车赛道明确，加上全球车市复苏，蔚来汽车美股股价从最低 6.5 美元/股一路上涨至最高 64.9 美元/股。2020 年 7、8 月，理想汽车、小鹏汽车相继登陆美股，“蔚小理”三家的市值纷纷超过多家百年车企，跻身全球前十。到 2020 年末，蔚来汽车现金储备高达 424.5 亿元，最晚登陆美股的小鹏汽车现金储备也达到了 300 亿元。

2020 年下半年，“蔚小理”几乎每过一个月就创造一个新的销量纪录。与此同时，传统车企则面临着燃油车存量市场激烈搏杀与筹措资金艰难转型的双重压力。

2020 年三季度，由于工作内容调整，姜河开始研究新能源汽车市场和造车新势力，他开始对在传统车企工作产生动摇。

“传统汽车公司的品牌是广告、公关活动积累出来的，百年品牌花 30—40 年活下来，再花 20 年建立认知，再成为全球品牌，品牌成长和认知周期很漫长。但是造车新势力的几家品牌建立周期很短，领克，蔚来表现尤为突出，大家过去批判的运营模式和品牌建立模式都被证明是正确的。”姜河说，这让姜河感觉到焦虑，他在传统车企工作了十多年，几乎所有价值链都做过，“突然有一天，被告诉以往的经验跟行业的趋势脱节了。”

2020 年 11 月 3 日晚间，大众汽车国产 ID. 4 上市。看完发布会之后，姜河整晚失眠了。他没有想到大众汽车作为航母级的汽车集团，为了新能源会改变得如此彻底，会如此“谦卑”地放低身段，把产品定价下拉到背离大众汽车的品牌认知的阶段。

另一件事情是他已经逼近 40 岁，还在做偏向于项目管理的高级经理。传统车企里面总监、副总经理、总经理岗位有限，通常会按部就班地根据工作年限和业绩缓慢晋升，姜河称之为“越往上走越窄的独木桥”和“体系化的一潭死水”。而到 40 岁的年纪，他迫切地需要平台的跳跃。

2020 年底回上海过周末，此前认识的一个猎头朋友约他见面。几年没见，猎头总监已经升为全球合伙人。他们聊了 3 个小时，关于行业趋势，关于不同公司发展前景的研判。猎头忠告说，姜河现在所做的品牌是非常好的平台，无论是品牌价值还是行业影响力，都值得被期待。但是对于下一阶段，他应该非常慎重地去选择，因为这个选择将决定未来 5—10 年的职业路径。

2021 年 2 月，央视在《遇见大咖》中播出了两期跟拍小鹏汽车创始人何小鹏的节目，这对姜河下定决心是一次关键的助攻。

“在这期节目里我看到了非常真实的何小鹏和小鹏汽车，2018 年小鹏汽车快要死亡，何小鹏跟李斌探讨将小鹏汽车和蔚来汽车合并。李斌说‘蔚来汽车已经进入了 ICU（重症监护室）’，何小鹏说‘我在门外等你’。”姜河说，相对于传统车企，小鹏汽车没有任何品牌基因和创始人背书，当他看了那期视频，他看到了创始人对汽车的理解、坚持、目标，在非常艰难的状态下的坚持和努力，他跟李想、李斌在行业和资本圈所得到的认同，“一下觉得这个企业带了让我向往的光环，让我确立了信心。”

2021 年上半年，姜河加盟小鹏汽车。从面试开始，他就感受到小鹏汽车与传统车企的不同之处。

“传统车企的 HR 和业务主管，问得最多的是套路问题。比如你做过什么，最有成就感的事情是什么等等。小鹏汽车第一轮 HR 的面试，没感受到他侧重什么，但感觉到他什么都问到了，他会用各种方式来试探你对全价值链业务的了解程度。和传统车企的 HR 相比，小鹏汽车的 HR 更关注你是不是有自己的想法，是不是有自己解决问题的能力。他会现场提出一两个小课题，看你现场解决问题的能力。”姜河说。

第二轮面试是主管品牌及市场的 VP，姜河发现业务部门的 VP “极度的坦诚”，他毫不避讳小鹏汽车当前存在的种种问题，要求姜河结合自身工作经历提出解决方案，在这个过程中判断姜河是否适合以及能够为小鹏汽车做什么。

姜河此前曾接触过蔚来汽车，两家公司的业务主管都表现出极大的亲和力，他们都邀请姜河添加个人微信，称“任何问题可以随时沟通”。

加入小鹏汽车之后，姜河发现小鹏汽车组织架构非常灵活多变，小鹏汽车对于人才的驱动和管理也不是按照模块划分，而且是按照能力去评级、按照项目去使用。“只要能力强，他（小鹏汽车）可以招多个总监进来。有些核心部门及业务矩阵，高级经理也能驱动总监。”姜河说。

传统车企的市场营销曾被认为不太具备技术含量，它们往往拥有可观的资金预算，“有节奏的去做没有针对性的事情”是普遍的通病。造车新势力通常不太会把大量的精力和资金用于市场营销，但它们却成功且迅速地建立了广泛的品牌认知和品牌价值。

姜河认为，不能因为传统营销人在传统企业干了十几年，就代表他们做不出创新。“现在这个时代更需要的是技术型管理人才，在混乱的体系找到规律性的行动，定一致化的目标，带领团队做正确的事情。”

“传统车企转型最大的挑战是思维和组织架构”

张林（化名）是自动驾驶领域的大拿。他最早就职于某外资第一梯队供应商，从电子工程师做起，历经系统工程师、系统经理。之后加盟某头部自主车企（下称“A 公司”）负责某个项目的自动驾驶系统架构搭建，现在在另一家造车新势力公司（下称“B 公司”）做自动驾驶部门的负责人。

张林形容当前自动驾驶的人才市场是“兵荒马乱”和“春秋战国”，“就像战国时期各个诸侯国互相挖角，现在自动驾驶也是‘大牛’带着下面的人到处跑，没有能长期定下来的”。张林在 A 公司鼎盛时期离开，而当时小鹏汽车正处于最低谷。2015 年加盟造车新势力的人，是勇于冒险的一群人。

有过两个对立阵营研发部门的工作经历，张林对传统车企转型之难有更切身的体会。“一个是思维，另一个是组织架构。”张林说。

他以在 A 公司具体负责的一个产品项目为例介绍说，传统车企会更关注安全性、耐久性、可靠性，比如门板跟 B 柱之间的缝隙是不是大了，门缝、胶条等一些品控方面的问题，传统主机厂会花费非常大的力气在这里面。而造车新势力注重的是吸引眼球的功能和配置。

“传统车企在安全、质量等方面长时间的积淀肯定是有很高的价值，但是专业路线越走越深，对消费者关注的东西重视度不够。新势力带来的是新的造车思维，互联网思维是不断贴近客户，关注客户的体验，传统车企研发口的领导多半是看不上那些东西的，因为造一辆安全可靠的车是他们长期职业训练的结果和价值观，思维很难改。”张林说。

张林认为，当前传统车企和新势力在相互学习和渗透，但中间的界限还是非常清晰。新势力靠的是新技术、新思维，它们一定要走向另外一个方向，这是它们的生存之道，“如果‘蔚小理’像吉利一样造车早就死掉了”。

组织架构是传统车企转型智能电动化的另一个难点。传统车企的研发部门通常采用金字塔式和矩阵式的组织架构，按照底盘、动力总成、车身等专业模块进行部门划分。自动驾驶部门在传统车企的前身为电子电器部门，电子电器部门更早之前是底盘或者车身部门的一个分支。

“最早的电子电器部门，是用在动力总成方面的，就挂在动力总成部门。后来电子电器慢慢重要之后，成立了电子电器部，但是依旧很尴尬。电子电器是新的部门，它的定位是做服务于底盘、动力总成、内饰。你一个新建的部门，去跟资历更老的底盘部门提新的方案本身就很难。这个方案就算实现了也是新部门的业绩，底盘部门累死累活得不到什么，除非有懂技术的项目经理去和别的部门强推。”

随着汽车智能化、OTA（空中下载技术）、自动驾驶等技术的发展，越来越多的机械控制的机构要转向电子控制，过去这些以机械见长的工程部门会迎来巨大的挑战，过去数十年的工作经验只给他们创造了极少的价值。

“我有一个朋友在传统车企做底盘，他想推动一个技术，这个技术会导致底盘的油路全部换成电子的。这项技术创新如果落地，就意味着传统做油路的那批人没事干了，在内部做创新会遇到巨大的阻力，各个部门互相掣肘。”张林说。

大众汽车首款智能电动汽车 ID. 3 原计划于 2020 年上半年交付，但实际上推迟到了 2020 年 9 月份。接近德国大众的一位人士说，推迟交付的核心症结就在于 Car. Software 软件部门搞不定硬件部门，想要实现的一些技术改善方案无法推进，大众汽车软件部门首任负责人 Christian Zenger 于 2020 年 7 月离职。

“当时软件部门想要把单目摄像头改双目摄像头，不光是软件部门自己要改算法，内饰部门的模具要改，线束要改，以及车型总布置都要改。那些硬件部门全是老人，根本推不动。”上述人士说。

造车新势力的组织架构更加扁平，更重要的是他们从诞生起就带有浓厚的互联网基因。确立了软件部门的重要地位，没有历史包袱。

小鹏汽车一位离职的研发管理层人士告诉记者，小鹏汽车研发的组织架构是“四不像”，它既不是传统的金字塔结构，也不是强项目管理矩阵式的。

“上面一个中心的副总，向下分解是各个模块总监，然后是组长。实际干活的时候，部门跟项目组掺和到一块儿了，行政和技术经常有冲突，比如在这个地方是 A 管着 B，另一个地方又是 B 管着 A。”

上述消息人士表示，小鹏的领导层不会轻易地去干预项目，而是让下面的人自己去解决，不是靠强行的做决策去压：“底下的边界是模糊的，谁有能力就能经常浮出水面。高层会把这些冒尖的人扶起来，这也不失为一个筛选人才的办法，但是带来的一个问题是内部争权夺利非常明显。”

“所以说组织架构是最困难的问题，所以需要埃隆 · 马斯克这样懂技术、懂管理、有强大推动力的领导。”张林认为，目前国内传统车企包括上汽、东风、北汽、长城等公司都推出或计划推出独立的高端智能电动车项目，但没有一个明显能够胜出的。

“传统车企做创新会有很多的阻力，还有人才的困难，更重要的是管理层的想法和决心。如果上面的人没有互联网的基因，不懂科技，不懂管理科技人员，不懂科技的趋势，你觉得能管好吗？”张林说。

同时，张林认为“蔚小理”当前看起来比较好，但未来还并不明确，关键看战略方向规划和核心能力规划。

“它们现在不缺钱是好事，但是技术能力储备和传统车企相比是不足的。关键看他们建立正循环的能力，不是说当前车卖好了就是闭环，下一步公司的规划、车型的规划、技术的投入，从管理到技术到市场到销量到售后，这是一个循环。”

随着交付量的增加，“蔚小理”的质量问题开始放大，客户投诉大幅增加。张林表示，一辆车的成熟周期通常是 5 年，经过 5 年的市场检验和不断地改善，可以让它完善起来，“质量问题不是最关键的一点，关键是售后和客户服务能力能不能跟得上，关键是怎么把问题处理掉”。

还在老路上奔跑的人，满满的焦虑

“以自动驾驶为出发点和创新的源头，把传统汽车行业从主机厂到供应链原本稳定的势力格局、人员格局，一股脑给打破了。”从合资车企跳槽到某造车新势力担任高管的苏敏（化名）说道。

苏敏把中国的汽车产业分成三个阶段，第一个阶段是 2000 年之前，豪华品牌没有进来，老牌国企和国企主导的合资公司控盘；第二个阶段是 2000—2017 年，几乎所有的主流汽车品牌都进入中国市场，私家车步入家庭；第三个阶段是 2017 年之后，豪华品牌消费升级，中国产业政策发生变化，明确了股比放开的时间节点，以及智能电动化赛道在 2020 年确立。

“智能电动车赛道出来之前，传统车企格局相对稳定，包括合资企业，大多数公司都是由国资做大头控制，以前很少有大企业跑到外面来招人，一汽、东风、上汽几乎都是自己培养人才。2014 年、2015 年加入造车新势力的，要么是在赌一把，要么是在原本的体系内因为一些原因被动离开。但是这两年，传统车企的人主动跳槽到造车新势力的趋势在加强。”苏敏说。

2014 年、2015 年，蔚来汽车等造车新势力以翻倍甚至于 3 倍的薪水去传统大厂挖人，导致汽车行业薪酬水涨船高，打破了传统制造业的格局。但那个时期造车新势力前景并不明朗，实际上，到 2019 年造车新势力还处于严寒之中，蔚来汽车主动减员超过 2 000 人，2018 年、2019 年甚至出现了人员从造车新势力回流到传统车企的现象。

但是当传统燃油车进入存量市场，当新能源的发展趋势清晰、技术路线明显，传统车企与造车新势力形成两种势力博弈的格局时，传统车企人才加速外流的趋势出现。

“这里面的原因有几个，一是传统车企的用人比较保守，主导人员几乎都是 50—60 岁，很少见到 30—40 岁的人在核心管理层里面，它们通常都有按部就班的梯队。就像某国有汽车集团厂部级以上正职都是 40 岁以上，再往上走一级要 10 年。新势力企业要缩短 5—10 年时间，和传统车企相比，新势力更愿意要年轻人。年轻人敢拼，思路活，想法多，容易接受新事物，容易被市场改变或者去改变市场。”

二是全球发达汽车市场国家都提出了碳达峰、碳中和的目标，传统汽车巨头纷纷宣布了 2030 年左右全面电动化的目标。包括沃尔沃、奥迪等在内的公司已经宣布将终止内燃机的研发，这将导致传统车企的有些岗位将会“干着干着就消失了”，也因为此，传统车企中“还在老路上奔跑的人，内心满满的焦虑”。

“比如做汽柴油机研发的，如果 50 岁也还好，如果才 30 多岁，不转行怎么办?”

传统汽车公司销售人员也面临着转型的焦虑，造车新势力开创的直营模式成为多家传统车企效仿的方向，直营模式没有经销商，不需要设置大区。新的用户群体把智能电动汽车当作科技产品而不是交通工具，他们可以接受蔚来汽车没有优惠，但是不能接受大众汽车不打折。传统车企转型智能电动化，整个营销思路都得改，不能用传统车企的方法卖新能源，只要放在老的营销体系下，就逃不开市场折让这个话题。

“2018年我在思考一个问题，长期待在合资公司的人，没有完整的经历过从头到尾造一辆车，实战能力和自主品牌差很多。这几年外资公司已经减少了对合资公司的投入，除了极少部分掌握渠道和产品研发能力的合资企业，更多的合资公司逐渐变成了制造基地，公司里面40岁以上的人职业前景在哪儿?”苏敏表示，纯合资公司背景与纯外资企业背景的经理人很尴尬，这是行业与市场价值变化带来的个人焦虑。

苏敏认为，在这一轮变化当中，传统车企的管理人才在3年之内机会大于风险，因为企业数量激增带来了更多管理岗位的需求，但3年以后，“传统型管理人员”危机更大。

“3年的时间有两个变数，一个是合资股比放开，海外品牌更容易进入中国。国有车企过得好能活下去，不好的会异常窘迫，而且市场还不会给你翻身的机会。二是汽车产品以3年为周期，开发一款新能源车要2年，如果不能花2年做产品，花1年做市场，等到跨国公司都转过来以后，等到苹果、小米、OPPO等公司的产品都出来以后，它们更加没有机会了。”

第 6 节

风口中的新能源车销售

出生于 1998 年的李蒙（化名），在 2020 年 3 月从伦敦大学硕士毕业后，成为蔚来上海城市公司 HR 部门的一员。当时的她完全没有预料到，1 年后她会转到销售岗，并且成为上海蔚来门店的销售冠军。

某种程度上，李蒙赶搭上了中国新能源车销量起飞的“顺风车”。乘联会数据显示，2021 年我国新能源乘用车零售销量达到 298.9 万辆，同比增长高达 169.1%。上海则是全国 5 个新能源车接受度最高的市场之一，在 2021 年上半年，上海新能源车市场突飞猛进，新能源汽车的上险量达到了 10.9 万辆，市占率高达 33%。蔚来汽车 2021 年上海上险量达到了 16 989 辆，同比增速达到了 135%。

2021 年 1 月，李蒙开始在门店做实习生，4 月份转正为正式员工，5 月份就成为上海所有门店的销售冠军。之后虽然有波动，但仍然是上海地区的前三名。和在金融行业的同学相比，她的工资能够高出 2—3 倍。

李蒙告诉记者，每年的 5—6 月份是上海新能源车销售的高峰期，最多一天要接待 30 组客户。传统 4S 店的销售高峰期通常在年底，经销商会在年底前囤积车辆，增大优惠，冲击一波销量高峰。新能源车企业则普遍维持价格稳定与透明，这也导致年底反而不如 5—6 月热度高。

李蒙的同事嘉辰（化名）曾经在特斯拉门店工作过，他更加真切地感受到上海新能源车市场的变化与变迁。

2018 年，嘉辰还是特斯拉门店的销售顾问，当时上海用户对于新能源的接受度并不是很高，特斯拉的知名度也很低，许多客户弄不清楚究竟是“特斯拉还是特拉斯”，到店以后问特斯拉的车是油车还是电车。来买特斯拉的人绝大多数是中高端人群，家里有一辆或者几辆豪华品牌汽车，购买特斯拉并不是刚需，而是以一种极客的心态来体验新潮的产品，销量和用户需求都很低。嘉辰自己当时也怀疑，电动车究竟是不是下一个时代的产物。

变化从特斯拉上海工厂启动开始，大量的媒体报道以及特斯拉国产后价格的下探，冲击到一部分市场，也影响了一部分人的观念。慢慢地，买特斯拉的人多了，上海尤其以女性客户居多，通常是家里的第二辆车。再往后，普通老百姓家里小孩毕业之后的第一辆车，也有买特斯拉的。

嘉辰说，早几年客户上门买电动车，通常会问安不安全、充电方不方便，现在问这些问题的很少了，上海的小区与商场充电桩很多，开新能源汽车的人也很多，大家就没什么顾虑了。

嘉辰告诉记者，2021 年的 5、6 月是最忙的时候，早上 7 点 30 起床，凌晨 1 点到 2 点才能睡觉。工作的内容不光是卖车，还有许多协同和服务的工作。客户在交订金后，蔚来的工作人员会组建一个多人的工作群，24 小时真人在线解答客户的任何问题。虽然嘉辰只需要回答销售业务相关的问题，但他每天还是要花时间打开聊天群去看看客户问了什么，及时地回复。

李蒙表示，最累的是心累而不是身体累，去年受疫情和芯片管制的影响，曾经出现过答应了客户 6 周提车，结果 10 周才提到车的情况。虽然用户很包容，但是自己感觉却很不好。

与其他的公司相比，嘉辰感受最深的是蔚来的用户型企业理念以及确保这套理念落地的流程制度。蔚来内部鼓励销售优先去考虑用户的权益，而不是公司的利益。当一件事情需要跨部门协同时，员工可以跨部门、跨级别（包括 VP 级别）拉工作群来协调处理，快速响应。

在采访中记者发现，蔚来的销售与客户之间的关系普遍较为融洽，这在传统汽车 4S 店中较为罕见。客户通常对传统 4S 店带有不信任的情绪，传统 4S 店的销售顾问在交易达成后几乎就与客户断绝了关系，客户只会在保养或维修时与 4S 店发生关系。

李蒙告诉记者，蔚来的用户和销售更像朋友关系，有些用户中秋会给销售送月饼、鲜花。她有一个做中国福利彩票的车主，有一次闪送了 50 张刮刮乐。她刮出了 260 块钱，请了全店同事喝奶茶。

李蒙曾经以用户的身份拜访过一些传统豪华品牌 4S 店，她发现传统汽车销售顾问的工作内容与工作方式，与蔚来汽车存在着很大的差别。

首先是工作时间上的不同。蔚来的 NIO house 和 space 一般开在商场，营业时间与商场一致，也就是早上 10 点到晚上 10 点。传统 4S 店的工作时间一般是早上 9 点到下午 6 点。

其次是工作内容，蔚来的销售除了要接待客户外，还要进行日常客户的维护，比如在客户结婚或生日时写卡片，送礼物等。还要与产品专家沟通，学习产品和技术知识，蔚来希望销售人员能对自家的产品非常熟悉。

在接待客户时，蔚来的销售人员会比较多地去介绍蔚来品牌和服务体系，更关注客户对新能源车、对蔚来品牌的接受度等。李蒙认为传统豪华品牌销售顾问面向客户时更加直接，会问客户的预算、购车时间等，对品牌和产品的介绍却不够多，一些销售顾问甚至对产品的参数并不熟悉。

传统豪华车以及特斯拉、小鹏等品牌产品试驾比较麻烦，通常都需要预约，有些 4S 店并不会完整地配备试驾车辆，相比之下蔚来的产品试驾要方便很多。石门一路的蔚来太古汇门店配备了多辆试驾车和多名产品专家，即便客户突然提出试驾的需求，最多等待 20 分钟就可以去体验车辆。

隔壁的特斯拉则严格地执行预约试驾的流程，在特斯拉的理念中，预约试驾的动作可以筛除掉一部分意向不强的客户，这也是埃隆·马斯克“第一性原理”的体现之一。

李蒙与嘉辰的故事，只是汽车行业百年未有之变局的冰山一角。越来越多的传统车企开始学习新势力的营销和服务方式，几乎所有传统车企转型做智能电动车时都会高举“用户型企业”旗帜。

一家外资车企营销高管告诉记者说：“汽车行业应该特别感谢特斯拉和蔚来两家公司，特斯拉改变了汽车产品的定义，蔚来改变了企业和用户的关系。”

第 7 节

传统汽车人在新势力

2018 年，黄晓鸣（化名）告别家乡的某头部自主品牌车企，抵达广州，就职于小鹏汽车自动驾驶部门。当时小鹏汽车首款车 G3 还没有上市，但那一年小鹏汽车“挖”了很多自动驾驶的研发人才。

黄晓鸣很快就发现小鹏汽车和他工作过的两家自主品牌车企的区别。首先是小鹏汽车的自动驾驶主要依靠自研，传统车企主要依靠供应商。传统车企比如上汽、吉利等公司也有较为庞大的自动驾驶研发团队，但是他们做得更多是预研，实际上车的功能很少。

其次是响应速度很快。“比如我的老板今天下午提出一个需求，明天我就会出一个评估性的材料给他。如果需要关联部门上会评审，明后天就可以搞定。传统车企的流程是一样的，但是时间进度特别长。小鹏汽车 3—5 天可以搞定的事情，传统车企可能要两个礼拜。”黄晓鸣说。

另外，小鹏汽车没有那么多一成不变的东西。比如传统车企的车型研发，初期定了的方案，后期几乎是无法变更的。但是在小鹏汽车，研发过程中如果不是硬件产生大的变化，可以不停地优化和叠加东西进去。这里面的原因，可能还是小鹏汽车的自动驾驶和智能座舱等部分的研发主导性较强，而传统车企主要依靠供应商，“一改就涉及钱的问题”。

造车新势力究竟新在何处？传统汽车公司在这方面的研究一直在持续，公认的看法包括新的智能电动车产品、新的智能座舱设计、新的用户生态运营模式、新的营销方式、扁平化的管理、创新公司的逻辑，等等。

而造车新势力自身怎样看这个问题？第一财经记者分别采访了离开传统车企，目前就职于新势力的营销人员、产品经理和人事副总裁，试图站在他们的角度，去还原造车新势力公司为什么“新”，以及“新”背后的底层逻辑。

“关键时候给你一支手枪也能打仗”

2017年，李鹏程离开工作了十多年的一汽大众。两年后，他加入了小鹏汽车，出任副总裁兼品牌公关总经理。

当时小鹏汽车第一款车G3刚刚开始交付不久，销量较低，整个舆论环境对小鹏汽车来说不太有利。原因之一是G3上市前3个月，小鹏汽车创始人在演讲中公然称“智能汽车的核心在运营，而不是制造”，引发了汽车行业与汽车媒体大面积的质疑与攻诘。

“其实今天来看，何小鹏当时讲的‘仅仅做功能的堆叠是绝对不够的，一定要从头开始设计一辆智能汽车’，‘整车厂很少自己研发或者深度定制OS（操作系统），OS是所有灵魂产生的基础’，这些话其实都是对的，但是当你没有技术和产品来支撑的时候这么说，就容易给人错误的认知，会被诟病得很厉害，互联网语境和汽车语境是不一样的。”李鹏程说。

何小鹏对2019年还有一个定义，当年新能源汽车市场遭遇寒冬，小鹏汽车现金流濒临枯竭。他跟蔚来汽车创始人李斌商量：“要不一起合了，你做高端，我做中高端，我当时手里还拥有30亿元现金。”李斌回应道：“蔚来现在还在ICU（重症监护室）里，小鹏是在门口坐着准备进去。”

何小鹏此后对江淮汽车前任董事长左延安说，当时他心里很清楚，没有200亿元根本救不活小鹏和蔚来。

不过当时的李鹏程并没有太过考虑加盟小鹏汽车的风险：“是有一些选择的机会，但是传统车企我基本上不考虑了，没什么好玩的。创业公司我不抗拒，我发现新势力的方向没错”。

加入小鹏汽车之后，他很快发现新势力公司与传统车企的区别。首先是工作逻辑不同，传统车企流程体系很完善，有稳定的产销渠道，“很像一个四五十岁的成年人，最重要的一件事情是规避经营风险。什么是对的、什么是错的非常明确，无论什么层级的员工都有清晰的工作流程和分工，大家按部就班就好了”。

“传统车企正确地做事，新势力做正确的事。两边的工作逻辑不一样，传统车企是过程导向，新势力是结果导向。新势力用更简单高效的方式去解决问题。它不是为了规避风险，而为了迅速达成结果。”李鹏程表示。

其次是传统车企由于流程太过于完善规范，上下级等级观念较重，职员通常习惯了当螺丝钉，不少工作是由供应商完成的。造车新势力没有那么完善的流程体系，每天都在补旧的流程上的窟窿和解决新的问题。组织架构上更加扁平化，没有那么多层级。

“小鹏汽车讲同学文化，不叫‘总’，人与人之间可以很迅速地联系上并进一步交流。任何人对我的部门的工作有什么意见，他才不管你是什么级别，在钉钉或者飞书里面直接发给我，这点很像互联网公司。”李鹏程说。

再次是“时间刻度不一样。”李鹏程介绍说，在传统车企，如果同事之间说“有时间聊一下某个事情”，可能是第二天也可能是下一周，在小鹏汽车就是“马上”。“开完这个会议或者打完这通电话，马上就去沟通，节奏会快很多。”李鹏程表示。

最后是放权，为了保证效率，小鹏汽车每个部门都会配 PMO（项目管理办公室）和 HRBP（人力资源业务合作伙伴），前者负责跨部门协作的业务拉通，后者在人力上支持与服务特定部门的人力资源需要。

“传统车企里，HR 是一个权力部门，它认为招人是 HR 的事情，不允许业务部门干预太多。尤其是头部的企业，业务部门提出招人有时会被误解为‘帮人安排工作’，谋福利搞猫腻。小鹏汽车的 HR 是一个支持服务部门，密切与高效地协作，即便人员和组织大规模变动，团队的业绩和产出也不会受影响。”

李鹏程表示，在传统车企时“旧人开不掉，新人招不进来”，只能哄着下属干活，但手里也没有升职加薪等激励给到他们。小鹏汽车有奖金包、工资包等正向激励，部门负责人也可以开除不合适的下属，甚至内部架构搭建都可以自己完成，对自己的成长提升很大。

从传统车企跳槽到造车新势力会不会出现不适？李鹏程表示，首先是自我心态要调整，传统车企中层以上干部通常会配备有独立办公室，出差标准也相对宽裕，但在新势力公司工位就是大通铺，出差标准也低很多，所以“摆正心态”是传统汽车人要做的第一件事情。

其次是由于智能电动车是一个新的赛道，行业里也没有成熟的组织架构模式，造车新势力为了保持组织高效运转会随时纠偏，对组织架构进行调整，它要求员工能够适应混乱多变的环境，还是一个特种兵和多面手，能够胜任不同领域的工作。

“在传统车企，我们有比较完备的业务支持系统和成熟的业务流程。在新势力，盖房子、刷房子之类的杂活都得自己干。你可以指挥千军万马，关键时候给你一块板砖、一支手枪你也得能打仗，姿势不重要，结果很重要。”李鹏程说，传统车企的人进入新势力后经常会抱怨流程不清楚、分工不清楚，其实“并不是新势力喜欢混乱，它在发展过程中不得不经历这些东西。传统车企的人需要适应这些混乱，在过程中解决问题”。

李鹏程认为智能汽车现在还处于很早期的阶段，当前还处于巨变的前夜，量变还没有积累到质变的程度。智能汽车行业真正崛起是在高阶自动驾驶技术成熟、把人的精力从驾驶行为中释放之后。

“中国人多，路况复杂，市场巨大，中国智能汽车在全球占有很大的优势。2021 年新能源汽车的市占率是 10%，但很恐怖的是这 10%不像以前主要是网约车，高端的智能电动汽车比例也越来越高。我觉得大众、丰田等传统车企走下坡路一定程度上不可避免，中国造车新势力里面会诞生新的丰田和大众。”

“要有很强的主体意识，想办法跟上这艘大船”

小兰（化名）是汽车专业科班出身，大学毕业后进入一家大型国有车企工作，先后参与过两个自主品牌的产品规划。

从早期的平台定义到车联网，小兰在这家国企工作期间对整个产品开发的业务有了全面的认知，也比较早接触到新能源汽车行业。2014 年，小兰意识到新能源车私人市场将会起来，但当时市场仍是网约车为主。因此在产品规划方面，虽然在产品和技术上有很多想法和思考，但并不能完全落在产品上，那个阶段公司新能源车产品也不是特别成功。

2016 年，小兰想加入一家造车新势力，但阴差阳错地进入了一家合资公司。在该合资公司，小兰体验到了外资企业的工作方式和方法，但她也发现，合资公司的产品开发由外方股东主导，合资公司雇员的决策介入很有限。

小兰介绍说，此前工作的国有车企有很多优势，比如正向研发，混动、纯电等多种技术的前瞻性储备研发，对于个人来说能学到很多产品的知识。不足之处是层级的观念相对较重，以及习惯于从对标的维度来看一些东西。合资公司的优势是体系流程很完善，缺点是决策很冗长，需要花很多时间去跟外方总部沟通。在合资公司工作期间，小兰写了很多 PPT 去论证想要做出的决策，但出来的成果比较小，个人的成就感弱一些。

2018 年，小兰离开上述美系合资公司，加盟蔚来汽车。经历国企、外资，再到造车新势力，小兰用“比较震撼”来形容刚到蔚来汽车工作时的感受。

“在蔚来我认识到了很多不同背景的人，他们教了我很多东西。蔚来让我看到了一种新的思维方式和探索，我自己的思路也更开阔了一些。从前我没有从第一性原理去规划产品的经验，在蔚来没有那么多条条框框，对标不是我们思考的原点，斌哥（李斌）说的打造用户型企业不是说说而已，产品开发更关注用户本质的需求，从功能、场景和情感等不同维度怎么去满足，思考的深度和广度被重新定义了。”小兰说。

和之前两段产品经理的工作经历相比，小兰在蔚来最大的变化之一是从后台走向前台。传统车企的用户调研主要靠第三方调研公司提供调研报告，车企无论是在销售端、服务端还是研发端，与用户直接接触很少。但蔚来汽车是直营模式，很多岗位都是用户的触点，小兰自己添加了几十名车主的微信，并且加入了几个几百人的车主大群。

“传统车企往往带有很强的思维定式，到蔚来要刷新自己，一秒钟把自己变成小白，从用户的角度出发，对自己有很大的挑战。我自己有很多用户的微信，他们会反馈很多问题，他不断地反馈和激励你，让你把产品变得更好，这件事情也非常有压力，因为产品的改善要有很多的投入才能实现预期。”

“蔚来汽车注重体系化效率，如果是这么做更高效，为什么不改呢？我们要找的人是要适应变化和有自驱力的，不是按时打卡坐班的。”小兰说。

蔚来的业务布局很宽，从 NIO house 到 NIO Power、NIO Service、NIO Life，甚至 NIO RADIO、二手车等等。组织架构也不断在变，身边的同事不断地调整，跟传统车企很不一样，有时候小兰也觉得困惑，但同时会感觉很刺激。

“我们公司很扁平，我的层级不高，但是很多最高级别的汇报会也会去参加，这在传统车企是不可能的。蔚来非常好的一点是工作氛围，我们内部禁止叫‘某某总’，应届生也喊斌哥，很亲切。”小兰说。

与传统车企相比，蔚来汽车内部信息透明是一大特色，管理层会定期跟员工交流，让员工知道公司在发生什么，目标是什么。员工则要有很强的主体意识，想办法跟上这艘大船，而不是听从指令式的工作。小兰认为，信息透明对每个个体都有目标感的输入，产生驱动力和好的工作结果，形成积极健康的循环。

2019 年蔚来汽车最难的时候，网络上流传一张深夜李斌独自在办公室的背影照片。那个时期一些人离开了蔚来，小兰认为每个人都有自己的选择，有些人即便离开，心里也是很不舍的。此外，虽然 2019 年蔚来汽车的资金链濒临断裂，但员工的工资依旧照发，只是福利少了一些，“内部没有冲击，很多时候压力是李斌他们扛了”。

“如果拿纯互联网的东西套到蔚来，会死得很快”

周全是蔚来汽车人力资源副总裁，加入蔚来之前，曾分别效力过平安、腾讯和滴滴。周全经历了腾讯公司从 600 人扩张到 2 万人，也经历了滴滴和 UBER 打得最惨烈的阶段，最终在 2018 年加盟蔚来。

随着智能电动汽车的崛起和传统汽车巨头的没落，传统车企的弊端和人员的短板被持续放大。不过周全认为，智能电动汽车不光是对传统车企有挑战，对互联网人也有很大的挑战。

“现在好像互联网人打天下，但事实上汽车非常的复杂，它的‘know how’非常多，造智能电动汽车比简单做一个 APP，做一个应用要复杂得多。人命关天，APP 上如果有一个 bug，可以用一个礼拜来修复，车不允许这样的情况出现。一辆车有一万多个零部件，组装在一起还要安全、质量可靠，这是传统汽车人的优势，应该受到足够的尊重。传统互联网人对造车要有敬畏心。”周全说。

传统汽车制造与供应链的人才，要面对零部件智能化与产品迭代速度加快的挑战。智能电动汽车重视用户的体验，需要快速迭代响应用户需求的变化，这对智能制造、柔性制造、工厂的数字化程度提出了更高的要求。

“按照摩尔定律，智能电动汽车每隔一段时间，产品的体验差异非常大，汽车生产线要如何改造、柔性制造该怎么实现，对传统汽车制造和供应链的人才是一个挑战。”周全说。

与传统车企不同，造车新势力通常不太会把大量的精力和资金用于市场营销，但它们却成功且迅速地建立了广泛的品牌认知和品牌价值。

周全认为，智能电动汽车采用直营模式等商业底层逻辑改变的根本原因，还是产品的逻辑发生了变化。

“智能汽车不再是交通出行的机械产品，而是消费电子类产品。传统燃油汽车功能性的体验差异是驾驶和乘坐，心理体验差异是品牌。消费电子类产品的体验差异是科技和服务，好的体验的车会吸引越来越多的用户，形成虹吸效应，用户体验、用户口碑是消费电子类公司最关注的。如果网上用户说体验不好，拖很长时间不改，用户口碑就下去了，倒逼智能电动汽车公司一定要快。”周全举例说，腾讯公司创始人马化腾会因为一个应用的按钮怎么放置，和产品经理争论半天；蔚来汽车的李斌在产品体验上也“管得很细”，有人会质疑说 CEO 怎么会管这么细枝末节的东西，最核心的原因是“用户体验是互联网公司最大的产品战略”。

这其实也是蔚来汽车组织架构过去几番调整的原因之一。“我们还在求生存阶段，必须快，如果发现架构有问题，对满足用户需求不够了，有妨碍了，不调就活不下来。一切从用户体验出发，看哪种架构能够更好地达成目标。蔚来现在看起来很有钱，但传统车企如果想融资的话，分分钟可以超过我们，蔚来没有本钱去折腾。”周全说。

不过周全同时认为，传统汽车营销人建立品牌的理论和逻辑依旧是有效的，只是方式方法发生了变化。

蔚来汽车组织扁平化的基础之一是采用了很多的技术手段与措施，让后端的人员能够更多的直接接触用户，同时在组织上有保障。传统车企的员工极少直接接触用户，而蔚来汽车通过直营模式，使得前端的销售可以服务后端员工，加上蔚来汽车 APP，甚至 NOMI 都可以及时呈现用户的反馈，这样可以确保用户的声音更快触达前端和后端。

从传统车企加入造车新势力，要进行哪些改造？蔚来汽车招聘员工和高管，最看重哪些素质？

“我招的高管也不少，进入到最后一轮面试的时候，讨论最多的是价值观——真诚和一切从用户利益出发，看候选人价值观跟我们是不是符合，对蔚来的价值观和用户理念是不是认同，这是决定性因素。”周全表示，从专业能力和领导力角度出发，总能找到 2—3 个符合的人才，但是这 2—3 个里面选谁，尤其要考察价值观。

“事实证明，符合这一点的人，价值观驱动的人，我们干得挺开心的，做事逻辑挺一致的。”

第五章

大浪淘沙

第 1 节
高度“内卷”下，新能源的车轮滚滚向前

一个旧的时代正以肉眼可见的速度落幕，新的时代正冉冉升起。

风起于青蘋之末

2022 年春节，李军（化名）回山东济宁兖州区老家过年，他惊奇地发现，这个“老头乐”占主导的县城里，居然多了几辆特斯拉 Model 3、蔚来 ES8 和小鹏 P7，而且悬挂的都是当地牌照。他的表妹去年买了一辆奇瑞新能源车，家里还有一辆福特锐界。在与新能源汽贸店老板攀谈时得知，在当地，家庭用户第二辆车买新能源车，已经成为一种再正常不过的行为模式。

“去年很重要的一个变化，是新能源车市场教育的阶段过去了，大家购买电动汽车不存在基本的担忧了。特斯拉、‘蔚小理’还有其他几家，可能会进入到进一步高速增长的阶段。”2022 年初，上海一家造车新势力公司高管苏晓（化名）向记者说道。

2021 年，新能源车以多数人没有预料到的方式起飞。两年以前，何小鹏还在微博里感叹中国新能源车是表面繁荣，打开数据来看网约车占比超过了 70%。2020 年，虽然国产特斯拉 Model 3 和五菱宏光 MINI EV 爆发，但整个市场依旧反响寥寥，高端玩具或低端代步工具，都不能体现产业的发展趋势。

但是2021年，形势陡然发生了变化。比亚迪总裁王传福形容说，这感觉就像回到了2006年中国车市井喷的年代，只不过15年前井喷的是燃油车，这一轮井喷的是新能源车。

以Model Y年销量超过哈弗H6成为SUV市场销量冠军，以新能源汽车年销量增长160%至325万辆为里程碑事件，中国新能源汽车和智能电动车的双重分水岭出现。

盛宴与狂欢中，更多的“门外汉”涌入汽车制造业，他们包括小牛电动自行车创始人李一男、创维创始人黄宏生、扫地机器人公司创始人昌敬等。狂欢背后，则是赛麟、拜腾、博郡等新势力密集的爆雷，传统车企转型的焦虑以及传统车企高管创业者们的集体落寞。

过去30年里，中国的汽车产业整体上呈现一种相对的稳态，如今在智能电动汽车的革命下出现了“春秋战国”、群雄争霸的景象。繁荣的表象背后，各家车企从技术到人才高度“内卷”，多家新势力车企的中、高管向记者表示，与传统车企相比，新势力公司对人才的使用方式近乎“榨取”，从产品研发的前端到销售的末梢系统性地制造紧迫与“内卷”。

但无可否认的是，这种“内卷”驱动了新能源的车轮加速滚滚向前，一个旧的时代正以肉眼可见的速度落幕，新的时代正冉冉升起。

过去的每一天都是“血泪史”

上海虹桥商圈驻扎着威马、哪吒等造车新势力公司，上海虹桥商圈的龙湖天街，同时也是新势力品牌商超店扎堆的聚集地。每到中午时分，新势力商超店的销售顾问们，开始拿着传单走向各个餐厅，在餐厅门口发传单、留名片和加微信。有些执着的销售顾问，会追着顾客到餐厅里面，在餐桌边把微信加上才离开。

“新势力品牌卖车像互联网地推，我们从店总到店员都背着很重的KPI，为了获取线索和成交无所不用其极”，一个新势力品牌销售顾问何峰说道。

何峰效力的品牌是头部月销过万辆的几家之一，和传统汽车品牌的销售顾问相比，何峰的收入至少是2倍以上。但何峰说，外表光鲜背后是极度的“压榨”和“内卷”。

传统汽车品牌的4S店一般开在城市郊区，功能完整，占地面积大。它们主要依靠自然到店和懂车帝、抖音、汽车之家等平台的销售线索，通过电话预约到店接待。只有在固定的时间节点如车展或地区性的消费展，销售顾问才会离开4S店进行外拓。

开在商场里的新势力展销店，天然获取着高人流量的红利，但每天的工作都类似于外拓。哪怕路过的顾客只是一个眼神的停留，销售顾问马上会迎过去。到午餐和晚餐时间，展台只会留一到两位销售顾问，其他几个就去其他楼层的餐厅发传单和名片。

“我们要风雨无阻地去发传单、加微信，客户留资（留下资料）、加微信都有KPI。而且内部会横向竞赛，例如这个月我拿了多少订单，加了多少个微信，回访电话做了多少个，每次通话的时间长度是多少，公司后台会分析出来。如果排名垫底就要被淘汰了，新人来补位。”何峰说。

2020年，李琦（化名）从传统车企跳槽到一家头部新势力公司，他最大的感受也是“内卷”。

“合资品牌把海外经过验证的产品定义、渠道管理和营销的体系、制度和流程导入中国，创造了中国汽车产业的‘1.0状态’，这种相对成熟的状态和模式下我们强调的是体系力，经营结果是体系力的体现。但新势力没有很标准的流程和体系，它们依靠的执行力，用大量源自互联网化的数据做支撑。”李琦说。

比如新势力会把销售成交的环节，从线索到进店、试驾等过程性指标全部“抠”出来，把各个数据指标展开以后，制定针对性的措施。如果某一个时期线索量比较少，店员就要到街边发传单进行外拓；如果成交量或成交率比较低，店总就要带着销售顾问反复回访，甚至是“逼单”。

作为销售部的成员，李琦经常会走访“友商”的门店。他曾经在一个新势力品牌商超店留下了电话和微信信息，初期店员的回访频度达到每天一次，半年多后还会持续跟进，并不会轻易地放弃任何一条销售线索。他还发现销售顾问不定时会给他的朋友圈点赞，感觉就是为了不断地出现在视线中，创造存在感。

“店员为了不被淘汰，为了拿到订单业绩，有的连续 4—5 个月都没有休息。我自己下班没有晚上 10 点前的，11 点也是常态。”李琦说。

和传统车企相比，新势力以高薪酬著称。李琦认为，这种高薪酬背后是对员工高度的“榨取”。他表示，传统车企虽然薪酬相对低，但对人才有体系化的成长和培养计划；新势力用很高的薪水吸引人才的同时，也迫使人员大量的产出，如果达不到预期的价值，会立即让人员离职，补充新的人来继续这个循环。

“我们公司每个月都会有人离开，而且离开的感受是前所未有的不再喜欢汽车行业，就好像一瞬间把自己透支掉一样。”李琦说。

在另一家头部造车新势力工作的刘阳也表达了同样的观点，该公司今年起开始实施人员体制优化，逐月进行末位淘汰。“我每一天都过得心惊胆战，过往的每一天都是血泪史。”刘阳说道，每个月发工资的时候就跟打强心针一样，看到“手机银行”里的数字很开心，因为传统车企开不出这么高的薪酬。

催生状态下的野蛮生长

小鹏汽车内部流传着一个故事，2017 年 P7 立项时，正逢韩国加速部署“萨德”，而当时只有 LG 能够生产符合轿车低重心姿态、高度较低的电池——这也是为什么当时造车新势力一窝蜂造 SUV 的原因所在。

考虑到在当时采用LG电池的政策性风险，公司其他高管都建议暂停P7项目，但何小鹏特别喜欢P7的造型方案，力排众议坚持了下来。好在之后宁德时代开发出了高度较低的电池，小鹏P7切换成宁德时代并顺利下线。

“其实按照传统车企的逻辑，就算没有电池适配的问题，P7这款车也是不该做的”，小鹏汽车的一名管理层人士赵留（化名）说道。当时的背景下，小鹏首款车G3没有卖好，整个品牌的价位只有十多万元，按照正常的市场逻辑去做产品规划，需要去做一个走量同时有利润的主流车型。而小鹏P7不仅是一款轿跑类的小众车型，同时在价格处于中高价值区间，从燃油车市场的经验来说，这个定位没有任何一款能够成功走量的车型。

“小鹏对于P7的导入，可以认为是在缺乏正常的市场理性研究下，就做了突破性的产品导入。”赵留说。

李琦告诉记者，包括产品定义、渠道网点布局乃至销量目标的设定，新势力的决策过程往往都很随意。传统车企会从各个角度去论证目标的合理性，新势力的决策方式经常就是老板的一句话，没有任何分析和支持。从传统车企跳槽到新势力的人，往往对于新势力随意制定目标的企业风格感到不可思议。

不过也有传统车企的人士认为，传统车企正是因为集体决策而导致没有个人对结果负责，从而缺乏真正意义上的市场意识与结果负责导向。

再以产品开发来说，传统外资车企一款新车的开发流程通常在48个月左右，一款车开发出来之后的生命周期为6—7年。随着自主车企加强产品攻势，新车开发时间有所压缩，但一般也在40个月左右。

新势力企业在此基础上进一步压缩，许多车型的开发周期只有20个月左右，部分产品的开发周期甚至只有一年出头。在传统车企的人士来看，这么短的开发周期不足以完成高寒、高温、高原、盆地、盐碱等环境下的产品验证。

所以当2016年、2017年第一批造车新势力的产品上市时，许多传统车企的人员认为新势力公司把还没有开发完整的车型推向市场，让用户来当小白鼠。而实际上，在交付量偏小的情况下，新势力车企在第一批产品推向市场时问题不断。头部几家新势力随着经营状况的好转以及改款车型的推出，质量问题明显改善。但随着2021年交付量的快速上升，新势力的质量问题有进一步爆发的隐患。

不过在一些新势力的“小步快跑、不断迭代”的造车理念下，质量问题似乎并不是当前最受关注的问题，尤其是对于几家还未上市的公司而言，如何快速扩大销量规模和持续的融资才是更受关注的重点。

时间推进到2021年底，每年车市的收官之战——广州车展，包括小鹏、威马、蔚来、长城沙龙、广汽埃安等在内的新老造车势力都纷纷推出配备了激光雷达的车型。车规级固态激光雷达的成本通常在数千元，搭载4颗激光雷达的车型仅此一项成本就超过了2万元。

某美系合资公司技术中心一名工程师向记者表示，由于算法的缺失，上车的激光雷达相当于“瞎子点灯白费蜡”，而且从多数车企激光雷达的位置布置来看，它们大多被安排在最容易发生碰撞的车头两个角上。从量产的角度而言，这种布局方案“明显噱头大于实质”。

2022年1月份，蔚来在成都“NIO DAY”上发布了第二款轿车ET5，这款车搭载了4颗英伟达Orin－X芯片，算力达到了汽车行业前所未有的1024TOPS。头部“顶流”企业在硬件上的堆料和军备竞赛，进一步加剧了行业的“内卷”。汽车行业过去的理念是以合适的成本满足用户的实用性需求，新势力的做法是售卖期货，功能虽然没有开发出来，但硬件先预留够。

“其实你看蔚来的每一次发布会，都是在讲功能、体验和服务，只有这一次（ET5发布会），李斌大部分的时间都在讲硬件。”新势力车企高管苏晓说道。

与传统车企相比，这样的案例比比皆是。比如传统车企的渠道网点，无论是直营还是加盟 4S 店，店面验收之前不允许摆车，从装修到验收的过程通常在半年以上。新势力品牌的商超店，从选址到签合同、装修，最快 3 个月全部完成。一些品牌在装修好之前，就在商场里布置一个临时的展位，摆一辆车就开始收订单。

从产品定义到产品开发、渠道建设、销售管理，新势力从前端到后端制造了整个体系的紧张感。李琦、刘阳等受访对象表示，在面试包括特斯拉等在内的新势力公司时，对方的人事经常会很直接地问对于高强度的工作和持续性的加班是什么看法。

放在 30 年的时间轴里看，从 20 世纪 80 年代开始，合资公司开始把外资车企的成熟经验、流程与制度体系性地导入中国。长城、吉利、长安等本土车企在借鉴外资体制、制度和流程的基础上创造出适合自身的模式，随着头部自主品牌销量规模的提升与高价值市场的进入，汽车产业进入到一种看似良性的平衡之中。新势力的出现则打乱了传统汽车产业的平衡感，即便通用、大众也倍感焦虑。

“外表看上去新势力蓬勃发展，进去之后才发现是汽车行业的血泪史，是资本催生状态的野蛮发展。新势力把整个汽车行业在不景气的大环境下，还带入了一种前所未有的“内卷”状态，这个状态对行业本身的发展而言，是良性的还是杀鸡取卵，还是得辩证地看。”李琦说道。

新能源的车轮滚滚向前

2021 年 3—4 月，上海一家新势力公司发现终端订单数噌噌地往上涨，每个月都创新高，下半年开始月销量突破 1 万辆。公司内部最开始有些摸不着头脑，开会复盘发现产品还是那些产品，网点也还是那些网点，营销也没有更多投入。最后总结下来，更大的原因是新能源汽车消费进入了普及期，某种程度上该公司适逢其时，销量随着行业大势“水涨船高”。

“其实2021年新能源车异军突起是超出大多数人意料的。”苏晓说道。

中国电动车产业政策萌芽于2009年的“十城千辆”计划，到2019年国内新能源乘用车销量虽然超过了100万辆，但绝大部分销量来自网约车的驱动。2019年10月，何小鹏在微博里说，将中国电动汽车的销量数据打开来看“很沉重”，因为如果把卖给出行公司的数量排除在外的话，2019年前三季度卖给真实消费者的电动汽车只有十多万辆。

2020年，中国新能源车销量达到了136.7万辆，同比增长10.9%。不过在2020年，市场哑铃式的结构特点依然很明显，市场增量主要来自高端的特斯拉和低端的五菱MINIEV，即电动车作为高端玩具和低端工具的属性并没有改变，更为广阔的私人用户市场并没有开发出来。

2021年，新能源汽车市场则陡然出现巨大的变化，一是销量规模达到了352.1万辆，同比增速超过160%，其次是私人用户市场启动。

金安是一家头部自主车企的区域负责人，去年8月份在开发新的渠道网点时，投资人对他说，如果你们是新能源品牌我就做，燃油车就不做了。“投资人是很敏感的，他们的信息更多来自终端正在发生的变化，比如友商竞品的订单增长情况、价格情况还有用户口口相传的口碑。”金安说道。

2021年末的一次晨会上，某自主车企战略规划部部长宋明突然问参会的十多位部长：“如果换车，大家会买奔驰还是特斯拉?”答案出乎意料地整齐：特斯拉。这件事情给了宋明很大的触动。

“其实以大部分参会人员的收入，买奔驰E级是绰绰有余的，但是大家全部选择了特斯拉，这可能表明主流价值人群对电动车的认可。”宋明向第一财经记者说道。

打开2021年特斯拉、“蔚小理”等公司上险量数据，能够清晰地看到新能源车对整个市场的渗透。

以特斯拉为例，2021 年前 10 个月，特斯拉销量前五的省市分别为广东、上海、浙江、江苏、北京，销量占比 65.72%。在传统弱势的西南、西北、东北等省份，特斯拉虽然销量数值较低，但同比增幅较高。

分市场级别来看，特斯拉在一级市场的销量占比呈现不断减少趋势，2021 年前 10 个月同比减少 13.68%；二至四级市场份额增幅较高，其中四级市场份额增长 7.69%。随着门店、配套设施的逐步完善，长期来看特斯拉西南、西北和东北以及低级别市场增长潜力较大。

蔚来、小鹏、比亚迪等公司虽然销量结构上对一线城市依存度更高，但低级别市场也开始有了启动迹象。

2021 年，中国车市出现的另一个分水岭，是智能电动汽车正式上道，其标志性事件包括 Model Y 销量超过哈弗 H6 成为中国 SUV 市场销冠，蔚来 ET5 订车系统宕机以及小鹏 P5 月交付量超过 5 000 辆等。

销售终端一个显而易见的变化，是年轻人对于智能座舱和自动驾驶系统的关注度大幅提高。

广汽集团下属某子公司的销售负责人吴明（化名）最近陪一个“95 后”的朋友买车，他发现“95 后”对车辆的关注点和决策流程发生了很大的变化。

“传统买车第一步都是看发动机，很多人都会打开机盖看看发动机舱的布置。但我朋友上车第一步是体验车机，在屏幕上来回滑动，不停地进行语音交互的测试，问销售顾问自带的车机软件有哪些。决策过程比以往短了很多，在 APP 上下订单，一点都不纠结。”吴明说。

而智能座舱领域的技术和中国用户需求的把握，正是外资车企的集体短板。南北大众去年销量快速的下滑，除了芯片的影响还有一个重要原因，是顾客对大众品牌与车型的认可度在持续地下降。如果产品升级换代不能快速跟上，大众以及其他以燃油车为业务主体的外资品牌的销量下滑难以逆转。

2021 年三季度，一家外资车企中国区 CEO 在制定未来 5 年在华发展事业计划时，预测 2025 年中国车市将出现燃油车的拐点，当年起燃油乘用车车销量将持续下滑，到 2030 年将从 2 100 万辆下滑至 1 500 万辆。

中国汽车市场剧烈的变化，驱动了全球汽车巨头的变革。此前一直坚定混动和氢燃料电池技术的丰田，在 2021 年 12 月一口气发布了 19 款电动车。虽然这种做法在丰田历史上极为罕见，也极不“丰田”。

2022 年 2 月，大众汽车工会主席丹妮拉·卡瓦洛表示，大众汽车在中国必须采取更积极的行动，进一步了解中国消费者的需求，以此收获更多的市场份额，尤其要重点关注软件领域。

“燃油汽车时代，中国汽车市场的产品、技术以外资导入为主旋律，用欧美用户的喜好来覆盖中国用户的需求。但是在智能电动汽车时代，汽车的电子消费品属性越来越强，市场的引领和变革将从中国开始，由中国市场去影响全世界的市场。”一家新势力车企研发高管总结道。

第 2 节

沧海横流，未来谁主沉浮

以 354 万辆年销量为里程碑事件，中国新能源车与智能电动汽车的元年在 2021 年开启。

站在历史性分水岭的顶端，能看到互联网背景的造车新势力奋力前突，传统车企经历数年转身后开启大举反攻，科技公司在一旁虎视眈眈，更多跨行业的新创公司如过江之鲫般不断涌现。

智能电动车的上半场，造车新势力暂时拔得头筹。大众汽车、比亚迪等传统车企则在迎头赶上。2021 年，比亚迪新能源车全球销量仅次于特斯拉排名第二。大众汽车在 ID 系列推出后，其全球新能源车销量也跃升至 32 万辆。

2021 年底，丰田汽车一举展出 19 款电动车，首款电动车 BZ 系列也于 2022 年在中国市场投放。东风岚图、吉利极氪、广汽埃安等传统车企新创的智能电动车品牌也取得良好开局。传统汽车巨头们的全面反攻战于 2022 年打响，造车新势力公司的创始人经常拿诺基亚和苹果来形容传统车企与新造车公司的关系，但事实上，诺基亚仍然是全球第三大通信巨头——没有人可以忽视传统巨头的力量。

汽车与科技两个产业的融合与竞争进入到新的阶段。吉利明确了造手机的计划，特斯拉和蔚来汽车也被曝计划推出手机。华为虽然宣称不造车，但深度参与小康赛力斯的产品研发，掌控了销售渠道。

小米汽车正式下场的 2024 年被认为是大决战的开始，相比互联网公司，软硬件一体的科技公司不仅掌握更先进的芯片与软件技术，并且具备大规模制造与精益生产的经验和能力。

三股势力交织角力的边缘，天际、爱驰等造车新势力逐步走向衰败。他们的创始人曾经是传统车企高管中天花板级的人物，但他们创办的汽车公司如今都陷入了销量打不开局面、融资后继乏力的困境中。

未来谁主沉浮？可以肯定的是，已经迈出转型步伐的传统汽车巨头将占有一席之地，如今顺风顺水的新势力并不一定全部成功，苹果等科技公司的入局使得百年汽车工业的变革仍存在无限可能性。

大象转身

“ID 没什么优惠，你买 ID 不如买我们这款燃油车。”销售顾问指着旁边一款小型 SUV 向张文说道。2021 年初，大众汽车前工程师张文计划买一辆 ID 电动车给夫人开，没想到进入大众品牌的 4S 店后，出现了上面那一幕。

张文感到非常惊讶。ID 是大众汽车集团面向智能电动化转型的先行军，仅仅产品平台的投资就达到了数百亿欧元，在中国也制定了雄心勃勃的销售计划。没想到大众品牌的销售顾问，却把 ID 的潜在购买者“往门外推”。

“这是传统经销模式下非常典型的现象，内在的逻辑是经销商会主推库存高或者返点高的产品。”曾经参与大众 ID 在华项目的李山（化名）说道。

其实在面向中国市场推出的初期，不止一个用户抱怨过大众品牌 4S 店销售顾问在售卖 ID 时的冷淡态度，虽然这在厂家看来是极度不可思议的。

作为大众汽车转型智能电动化的先行军，大众汽车在 ID 产品上投入了巨大的资源。在开发端，仅 MEB 平台的研发成本就达到了 500 亿元。在运营端，大众汽车效仿造车新势力开设直营城市展厅，合营充电服务网络，为用户提供一揽子服务。

为了提供兼顾多方利益平衡以及提供更好的销售服务体验，大众汽车采用了有别于传统经销商模式的代理制，并向代理商提供了数倍于燃油车的利润。为了增强客户购买意向，大众还向用户提供了诸多权益，包括免费安装充电盒、提供一定额度的电费补贴、保险补贴、二手车置换补贴等。

在欧洲主战场，大众 ID 这一套整体性的策略取得了巨大成功。在欧洲开售的第二个月，ID. 3 就成为欧洲电动车销量冠军。2021 年，大众 ID 系列与 E－UP 累计销量约为 16 万辆，超过了特斯拉。

但是在中国，ID 系列的开局并不顺利，初期的几个月，单车销量持续为数百辆。除了部分销售顾问的“消极怠工”，大众 ID 产品也被诟病没有高度契合用户的需求。

ID 系列产品继承了大众汽车一贯的产品风格，优势包括三电系统与工艺、品质、操控性的领先性。ID 系列是中国汽车市场中少有的电池实际续航大于标称续航的车型，也被誉为驾驶质感最接近燃油车、不需要用户改变驾驶习惯的电动车。

但是在中国新能源车用户更关注的电动车加速快、智能座舱体验等方面较为落后，一些客户评价 ID 的车机还停了留在上个时代。此外，ID 系列产品的辅助驾驶系统也较为保守，不如新势力激进。

“一般燃油车导入中国，都会进行本土化的适应改造，但是在 ID 这个产品序列上，从产品定义到营销和渠道的策略，都是德方主导的，把全球的整体战略移植到中国，出现了水土不服的问题。”大众汽车一名研发工程师王武说道。

大众 ID 在中国销量的反转始于 2021 年 8、9 月份左右，ID. 4X 等车型月销量逐步突破 4 000 辆，至 12 月，ID 家族产品月销量超过 1.6 万辆。其中一个重要的变化是大众在华开始调整代理制，加强与传统经销商模式下触点与服务能力的融合，并在营销端实施了更多年轻化的尝试。

2021 年全年，大众 ID 系列在华销量为 7.55 万辆。数据虽然低于“蔚小理”，但作为大众 ID 推出的第一个不完整的自然年度，这样的成绩依然可圈可点。

根据国内新能源车上险数，大众 ID 在 2021 年四季度起销量结构不断优化，上海等单一城市销量占比迅速下降。2021 年，大众 ID 国内上险量前 5 的省市分别为上海、四川、江苏、北京、河南，总销量占全国的 53.88%，经济发达与人口大省占比与蔚来、小鹏接近，分月数据则体现出大众 ID 向低级别市场渗透呈加速趋势。

渐进式改革

国内一家自动驾驶公司投资人认为，传统汽车公司并不是以市场为第一原则，而以自我认知为中心，这是造车新势力在这个阶段完胜传统车企的筹码。基于这种理念，直营模式取代传统经销商制度也是必然，因为前者能够更好地与用户直连，获取用户需求。

但对于大众汽车来说，经销商的利益又是其不能忽视的。在过去几十年里，大众汽车成长为全球千万辆级的巨头，靠的正是供应商与渠道商等伙伴体系的支撑。也因为此，大众汽车转型的过程中会出现不同的利益牵绊与边界条件制约。

在 ID 的渠道模式上，大众汽车首创“代理制”营销模式，该模式介于传统 4S 店和品牌直营店之间，代理商负责 ID 的展示、邀约、试驾、交付和售后，厂家负责定价、开票和车辆调度。根据服务质量和数量，厂家向代理商支付佣金。

和传统经销商制度相比，代理制模式下经销商无须建库存，没有垫资和现金流的压力；厂家通过 APP 等线上系统与客户直接发生交易关系，掌握用户数据，线下的服务过程依旧依靠经销商来完成，节约了人力与建店成本。

大众汽车期望代理制能够实现厂家、经销商与用户的三方共赢，厂家可以在维系既有经销商投资人利益，以较低的成本实现大量网点覆盖；经销商能够分享新能源车的收益，维持价格体系的稳定；用户可以获得有别于传统渠道模式的、更好的服务体验。

为了规范经销商行为，厂家在提供更高额度的销售佣金的同时，也制定了详细的考核项目，包括看车、试乘试驾、订车、交付等环节，要求店里安排新能源车的专属销售顾问，不能搭售装潢等附加产品，等等。一家经销商透露，如果出现三次违规行为，厂家将直接取消代理授权。

从实际运营结果来看，经销商与销售顾问出现了明显的分化，部分销售顾问不擅长销售电动车，主动性也不强，这是 ID 导入中国初期销量不佳的主要原因之一。但就此去否定传统渠道模式并不正确。

汽车行业内，特斯拉开创了展销、交付与售后分离的新能源车直营模式，但埃隆·马斯克的首选并非直营，只是在电动车处于市场教育阶段的时候，特斯拉得不到足够多的经销商投资人支持，不得已而为之。而且特斯拉正有意减少一线城市商超体验店的数量，转而在传统汽车商圈建设更多传统 4S 店形态的网点，以提高展销和售后服务能力。

跨行业来看，无论苹果、三星还是华为等全球领先的手机公司，并未采取纯直营模式，只是给到渠道商的分成存在区别。区别来自产品是否强势，是否有很强的可替代性。换言之，主机厂是否能够直接掌握用户数据，开发出用户需要的产品是核心，产品通过谁去卖只是在不同阶段的战术选择。

站在大众汽车的立场来看，其最大的苦恼在于行业里没有一个与其规模匹配的成功案例可以去模仿，只能是摸着石头过河。在借鉴和学习新势力的做法的同时，不断地结合自身情况予以调整。

如南北大众最初并未设立独立的 ID 事业部，通过软性协作的机制调动内部资源。2021 年 2 月 10 日之后，一汽大众设立了独立的 ID 运营中心。再比如大众汽车正与华为进行商谈，据传大众汽车试图收购华为智能座舱业务部门，这体现了大众汽车不断修正、弥补短板的努力。

站在产业链与市场的角度，大众汽车最大的挑战并非渠道模式，而是传统汽车公司的供应链关系，以及全球一体化和中国需求差异化的矛盾冲突。

汽车产业变革的核心是由传统分布式执行架构升级到计算机中央大脑式架构。传统汽车在交付时是最佳的状态，随着使用时间和里程的增加状态日益变差；智能电动汽车交付时是最差的状态，然后通过数据的收集与 OTA 升级，日益进步。

要实现持续 OTA 升级的能力，除了将软硬件解耦、把分布的 ECU 整合到中央大脑上之外，还要求主机厂具备核心技术领域的全栈自研或控制能力。大众汽车 ID 系列虽然是智能电动车，但是在采购战略上按照传统的方式，捆绑着一级供应商做整体性解决方案，以规模和成本来取胜，很难解决应对产品持续升级优化的需求。

根据杰弗里·摩尔（Geoffrey A. Moore）提出的鸿沟理论，当创新的技术与产品进入主流市场阶段，实用主义者和保守主义者将替代早期的技术追捧者成为主力消费群体，这将是大众与丰田等传统车企的机会。

最大的变量

软件定义汽车时代，先手掌握在科技公司手中。

这一轮汽车革命的实质，是汽车从一个机械的分布式执行机构的集合，到计算机式中央处理器控制的移动智能终端的转变。

过去百年间，传统车企用底盘、动力总成等机械领域的积淀建立起了技术的护城河，但在智能电动汽车时代，能源形式的转变让机械的门槛降低，造车新势力、科技企业们正开始侵蚀传统车企的护城河。而另一方面，软件定义汽车时代，传统车企在追赶科技企业软件、智能等领域的领先时，显得步履蹒跚。

科技企业的程序员们往往会比车企的工程师们更早接触软件、芯片等领域的顶尖技术，智能电动汽车时代，汽车产品越来越接近信息技术产品，传统车企过去在软件和智能上的缺失和落后正被逐渐放大。

当下最先进的特斯拉 FSD 芯片，采用的依旧是 14 纳米制造工艺；而高通的骁龙 8 已经开始使用 4 纳米工艺。800 万像素是当下汽车摄像头的天花板，而在手机领域，上千万像素已成为标配。

2021 年 9 月，由李书福与沈子瑜共同创办的湖北星纪时代科技有限公司与武汉经济技术开发区签署战略合作协议，正式宣布进军手机领域。其时，特斯拉被传正在研发一款名为 Model π 的手机，这款手机可以借用星链直接进行卫星通信，不需要地面通信设备的支持便能够自由上网，下载速度高达 210 mbps，支持太阳能充电、超声波指纹传感器、远程控制车辆等功能，还有脑机连接功能。2022 年 2 月，蔚来汽车被曝正在组建手机开发团队。

针对汽车公司下场造手机的分析有很多，核心观点在于汽车公司需要打造移动终端的生态闭环，但实质上，这是一场针对软件人才与技术制高点的争夺。

一个显而易见的事实是，在同等营收规模下，科技企业的软件人才要远超于需要兼顾更多硬件的传统车企，在这种情况下，当手机公司下场造智能电动汽车时，在软件领域对传统汽车公司形成了降维打击。

人力上的鸿沟则更让传统车企追赶得颇为艰难。大众汽车以全球

2 000 多亿欧元的营业收入规模，能够支撑起 5 000 人的软件工程师团队。更多的车企很难靠既有的业务规模支撑起大量软件工程师的成本开支，切入手机制造，既是突破软件人才瓶颈的需要，也是进入更高级别消费电子价值链、接触更先进技术与产品的需要。

科技公司对汽车工业的另一个冲击，在于其成本、开发理念和模式的底层逻辑完全不同。传统汽车公司做一个产品要核算成本、测算市场，尽可能把产品线铺满。科技公司讲究针尖刺穿效应，围绕核心几款产品，追求单品爆款。

小米等手机公司习惯于 C2B（customer to business，“消费者到企业”）模式，即订单拉动式生产，通过预售制和快速动态响应的供应链响应客户需求，降低需求变动带来的影响。

京东供应链一位人士分析说，C2B 预售模式使得小米在供应链的资金流上得到保障，订单信息拉动生产，以需求信息集约化来组织供应链运营，对小米而言实现的几乎是“零库存”，每一动态的库存都属于客户。

订单拖动式生产是所有汽车公司的终极梦想，能够极大程度减少中间环节的浪费，大幅提升经营质量。但现实中除了丰田汽车，绝大多数车企都无法做到极致的精益生产，更多采取的是计划式做法，通过规模来降低成本和提高竞争力，当销量规模扩张受阻时，为了维持上游的低成本会通过向下游匹配更多促销费用、压库的方式来达成既定目标，这是汽车行业长期以来的矛盾冲突。

相比起蔚来、理想和小鹏汽车，华为、苹果、小米、百度被认为是真正的科技大厂。华为拥有完整的智能电动车生态链技术，百度的自动驾驶研发已经实施了 9 年，苹果的汽车项目被传将于 2024 年落地。智能电动车第三阶段的博弈，将从这个时间节点开始，而这也很可能是终局大决战的开启。

第 3 节

旧世界正在崩塌，新世界秩序未立

大变革时代已经到来。

2022 年 12 月 30 日，广州车展作为当年国内唯一一个 A 级车展延期举办，并开创了国内车展“跨年”举办的先河。于是，蔚来汽车的张山（化名）有了一次前所未有的参展体验——从 2022 年逛到 2023 年。

2022 年广州车展媒体日与专业观众日人流较往年有所减少，张山和他的同僚们得以相对轻松地逛完所有展台。车展的第三天已是 2023 年 1 月 1 日，不同机构开始发布 2022 年国内汽车销量的快报数据。

一边在展馆现场看着琳琅满目的品牌和车型，一边在手机里看着统计数据，张山心里涌起一股很强烈的情绪：疫情之下汽车消费与供应链如此艰难，新能源车还能跑出惊人的发展速度，实现 90%的销量增长和接近 30%的渗透率。

新能源车平替燃油车的浪潮下，旧世界以猝不及防的速度崩塌。南北大众和通用不再是冠军榜的常客，取而代之的是比亚迪、长安和吉利，2022 年国内车企销量排名前五中只有一汽大众一家合资公司。

新世界的格局也在快速演变。埃隆·马斯克曾两次嘲笑比亚迪，称比亚迪没有技术壁垒，但 2022 年，比亚迪强势“打脸”特斯拉，以超过 200%的增速登顶全球新能源车销量冠军。

2022 年的特斯拉则没有完成销量目标，库存车辆开始堆积，不得不在 2023 年元旦后的第一周发动价格战。不过当特斯拉举起价格屠刀，它可怕的虹吸效应再次显现，这一次受冲击最大的是蔚来、小鹏等造车新势力。

“蔚小理”统治的造车新势力头部格局在2022年被打破，特斯拉降价冲击进一步放大它们体系能力的脆弱——“0—1”的经验，不一定适用于“1—N”。

另一边，快速萎缩的燃油车战场上，大众、丰田为了捍卫市占率先后发起价格战，“老大老二打架，老三消失”，是中国汽车产业正在发生，以及将会愈演愈烈的现实。不过在新能源的战场上，拥有强大体系能力、品牌及渠道的外资汽车公司还没有找到感觉。展厅外“奥迪也有新能源车”的横幅，既是经销商的呐喊，也是外资车企在新战场上系统性的无所适从与焦虑。

巨变的时代，吉利、长安等中国本土车企领导者显现出坚韧的一面，它们双线作战，一边大肆杀入合资品牌的腹地，一边迅速完成对比亚迪、特斯拉以及本土造车新势力的合围。

2023年最大的变量，还包括华为在2022年三季度亲自下场造车能否成为现实。华为首个自主定义的产品，正商讨由奇瑞代工生产。车企们担心的来自科技行业的最大对手，担心的变成代工厂的命运，似乎将成为现实。

业内普遍认为终局将会在2025年出现，中国本土车企将只剩5—6家。2023年，已进入终局大决战的前夜。

旧世界崩塌

2023年1月，萧大业（化名）开着新买的吉利星越L从上海开车回到湖南老家。这辆吉利汽车的旗舰SUV售价超过了18万元，含税加保险落地价将近20万元。得知她花20万买一辆自主品牌车之后，萧大业的父亲一个劲地数落她为什么不买一辆丰田或者大众。

但是当亲自驾驶了一次之后，萧大业的父亲却乐得合不拢嘴：“比小舅那辆日系 SUV 高档多了，高速上也稳当很多。”

萧大业的购买行为和她父亲前后的态度变化，以及他们代表的“90 后”与“70 后”群体，是中国车市延续了 20 年格局崩塌的重要驱动力之一。

2021 年前的 20 年里，外资品牌近乎完全占据着中国车市金字塔腰部以上的位置。中国的自主品牌则盘亘在金字塔的底部，规模虽然不小，但售价低廉、收益微薄。直到 2016 年、2017 年，长城魏派和吉利领克才在金字塔的腰部撕开一个小小的缺口。但总体格局并未发生质的变化。

2021 年是一个分水岭，吉利汽车替代上汽大众成为当年车市的季军，长安、长城等中国车企占据了前十榜单近一半的席位。2022 年，旧有格局被进一步打破，比亚迪超越南北大众夺冠，平均单车售价（22 万元）超过了大众、丰田。与此同时，销量排行前五中，中国品牌占据了三个。

从东风雷诺、广汽菲克、神龙汽车、东风悦达起亚、长安福特，到北京现代，曾经在中国风光无限的合资公司相继破产或者销量大幅衰退，今日之销量规模仅有巅峰时期两成左右。

2022 年，合资公司整体的败退蔓延至日系车，它们不得不加入降价大军，日系车的保值神话在去年终结。

如果说五六年前，长安福特、神龙、北京现代等合资车企的败退，最核心的原因是战略错误与管理问题。但如今，大环境的改变几乎不再给到它们重回巅峰的机会。

原因一是国潮兴起，成为汽车消费主力的年轻人对品牌的在意程度降低，正如萧大业并不会认为花 20 万买一辆吉利汽车有什么问题。从销量结构变化与市场终端的反馈来看，比亚迪海豹、长安深蓝等自主品牌新能源车，抢的首先就是传统意义上本田雅阁、大众迈腾的市场。中汽协数据也显示，去年 15 万—20 万元新能源车增幅最大，超过了 200%，这一价格地带正是此前合资 B 级车的核心市场。

二是过去几年里，中国品牌汽车性能、质量、配置、成本等方面对合资品牌的反超。“过去合资车卖得比自主品牌好，比自主品牌贵，除了品牌的光环外，的确要承认在一段时间内，合资车的性能和品质比自主品牌要强一个档次。但是现在你再看合资车，油耗、性能被自主品牌追上了，配置丰富度大幅落后，尤其是内饰，大量的塑料件，的确感觉比较廉价。”一家日系品牌销售顾问分析道。

三是市场结构变化，短短两年里新能源汽车份额从不到 10%快速扩张至接近 30%。中国车企抓住机会逆天改命，而变化缓慢的合资公司则错失进入新能源车赛道的最佳时机，并且因为燃油车份额急剧的萎缩不得不展开价格厮杀，规模小的公司加速出局。

旧世界的崩塌还包括奔驰、宝马、奥迪等公司对豪华车市场的统治被打破。2022 年，国内豪华车零售市场销量为 347 万辆，同比下滑 2. 7%。其中传统燃油豪华品牌新车销量为 282 万辆，同比下滑 7. 8%。

几乎所有的传统豪门都出现了销量与价格下滑，宝马 3 系等销量最大的中级轿车促销力度超过了 15%，奥迪 A4L 等车型甚至超过了 20%。雷克萨斯结束了在华连续 17 年销量正增长，2022 年销量同比下滑近 19%，终端出现了大幅的降价促销，保值神话不再。

特斯拉、蔚来、理想等新创公司，抢走了原本属于传统豪门大约 20%的份额。2022 年，豪华纯电车型销量为 52 万辆，同比增长 45%，加上插电式混合动力汽车共约 65 万辆。奔驰、宝马等豪华车企虽然在新能源车战场竭力反击，但到目前为止效果有限。

“懂车帝”联合新能源汽车国家大数据联盟发布的《新能源汽车市场洞察报告（2022 版）》认为，新能源汽车的发展让用户对“豪华”的定义有了新的判断标准，中国造车新势力先进的技术理念、丰富的配置应用和贴心的客户服务，获得了市场认可。在一定程度上帮助中国车企实现了品牌定位的突破，并且与宝马、奥迪、奔驰等传统豪华品牌标杆产生了较强的竞争关系。

整体而言，从销量到品牌价值，自主品牌整体性逆转合资品牌的分水岭已经出现。过去几年，造车新势力与自主品牌主要是以第一代的智能新能源车发起进攻，今年起多家车企逐步完成第二代产品的升级，这将带来更大的进攻优势。

新世界秩序未立

2022 年结束前，行业内对特斯拉竞争优势的判断有所下调。一是特斯拉的产品质量风波不断；二是特斯拉车型配置简单，在业内一度被调笑为“毛坯房”。但是当特斯拉举起价格屠刀，它依然展现出无与伦比的市场收割与打击能力。

2023 年 1 月 6 日，特斯拉官宣降价，Model 3、Model Y 都创下历史最低价格。此后 1 个月里，特斯拉新增了 6.5 万—7.5 万张订单，与特斯拉存在直接竞争关系的小鹏、问界直接受到冲击，1 月份订单萎缩至 4 000 张左右；价格比 Model 3 高出将近 10 万元的蔚来 ET5 的客户也大量流失，如果不能遏制住订单下滑，2023 年 6 月前蔚来有可能复制小鹏汽车在 2021 年下半年的连续销量下跌。

2021 年之前，“蔚小理”还是中国本土造车新势力的“铁三角”。但 2022 年，“蔚小理”领衔的造车新势力格局被打破，蔚来和小鹏 2022 年销量跌出了前三，并且增速大幅低于行业平均值。广汽埃安和哪吒汽车后来居上，跃居新品牌销量排行的头两名。在它们身后，长安深蓝、吉利极氪正以肉眼可见的速度追赶和反超。

比亚迪在 2022 年创造了中国汽车行业从未有过的速度奇迹——在年销 70 多万辆的规模基础上翻倍增长，单月最高销量达到 23 万辆，累计销量186.35万辆，同比增长208.64%，超过行业平均值近1倍。

仅仅以“速度神话”来形容比亚迪2022年的业绩仍显单薄。比亚迪共有5款车月销量超过了2万辆，价格从10万元覆盖到30万元的主要细分市场；平均成交价18万元的“宋”在2022年12月销量突破7万辆，2022年累计销量48万辆，打破了此前大众朗逸、哈弗H6、日产轩逸、五菱宏光MINI EV等创造的单车运营效率天花板。

由于拥有更加完整的产品布局，高中低端产品全面开花，比亚迪2022年力压特斯拉成为全球新能源车销量冠军，被认为将会是电动车时代的丰田。从整个市场来看，比亚迪和特斯拉双巨头的格局已经形成，但这一格局也不一定稳固。

长安、奇瑞、吉利汽车已经完成在插电式混动和纯电两条业务线的布局，2023年将进入产品大年，对特斯拉和比亚迪形成合围。汽车研发的长周期决定了一家公司很难恒强，竞争对手会不断研究领先者的短板与软肋，推出更有竞争力的产品。比亚迪与特斯拉的先发优势固然存在，但如同宁德时代一般市占率的下滑或是大概率事件。

比亚迪的挑战还来自其自身急速的扩张。2021—2022年，比亚迪工厂、品牌、车型数量、门店数量几何式增长，仅仅上海的经销商门店数量就达到了近80家。在顺境时，产能与网点是财富，逆境时将成为包袱。此外，短时间内取得成功容易让企业内部滋生骄傲的情绪，所有企业的衰败皆首先源自内部，这是比亚迪最应警惕之处。

大变革时代

2023年农历新年前不久，某外资车企紧急做了一场用户调研，原因是该公司推出的纯电动车销量不达预期。问题包括该车企在中国乃至全球都有着广泛的知名度，但其纯电动车的知名度却非常低，经销商不擅长售卖新能源车。

为了帮助经销商提高销售新能源车的能力，该公司建立了几家直营商超店，试图自己掌握整套新能源车的销售服务能力之后，再反向输出给经销商。但是当直营门店建好之后，遇到的第一个问题却是店长从何而来。他们试过从既有经销商系统内选拔优秀门店经理，也尝试从星巴克、华为等快消或科技产业发掘人才，但都不甚理想。

张山将这种情况形容为“系统性的无所适从”，燃油车和新能源车虽然都是交通工具，但在用户功能体验方面却接近于两个物种。新能源车短续航、补能便利性较弱、智能化装备提高后故障率增加、产品通过 OTA 持续迭代等特性，让用户对产品的销售服务过程有了更高的需求。

而传统燃油车的运营模式则更接近于计划式的做法。汽车制造业以规模取胜，规模决定了上游原材料与零部件的成本，也决定了市场竞争力的高低。为了获得相对较低的成本，车企在产品上市前通常会与供应商签署带有对赌性质的阶梯定价合同。

但汽车产品的开发周期长达 3—5 年，如果预判不够准确，就会出现滞销。为了达成既定的目标，满足供应商采购合同约定的数量，经销商便成为厂家克服产品与用户需求不匹配的护城河与现金池。一家年产销 200 万辆的车企，社会库存达到 40 万—50 万辆在行业里是常态。

在此模式下，传统燃油车企的销售服务逻辑是相对简单的“进销存”管理，厂家、经销商之间近乎批发商的关系，通过政策和管理工具来确保指标的达成。作为代价，厂商在产品弱周期对于经销商在销售服务端强制捆绑保险、装潢等手段通常“睁一只眼闭一只眼”，默许经销商打价格战、通过其他手段弥补收益，与之而来的便是糟糕的用户销售服务过程体验。

但在智能电动车领域，特斯拉、“蔚小理”对市场进行了长达七八年的再教育，通过数字化的手段优化订单、线索、销售过程和交付等管理，实现了用户期待的透明的价格、更优质的服务、更迅速的问题响应和解决能力，而传统燃油车旧有销售系统难以支撑和实现这些变化。

电动车与燃油车的产品差异，还改变了参与方的利益分配。传统燃油车4S店是高成本、高资产的运作方式，靠保养、维修等售后业务覆盖店面运营成本，而电动车不再需要每年更换机油、机滤等材料或零部件。经销商虽然帮助厂家分摊了运营与资金风险，但也削弱了车企的收益。

诸多因素叠加，智能电动车的出现倒逼汽车厂家自我变革，把4S店的功能如体验、仓储、物流、整备、交付、维保拆分，加强管理的深度与颗粒度，以实现整个产业链的综合成本降低。从这个角度来说，传统燃油车的售卖模式本身管理就比较粗放，整个价值链条成本和效率偏低，只是在中国车市的黄金年代并未暴露更多的问题。

变革成为唯一出路，也在2023年进入高潮。1月，吉利汽车与长安汽车先后发布纯电产品序列。此前包括吉利、长安以及其他的汽车公司普遍在体系外孵化一个新品牌来承接纯电动车业务，以此防范创业的风险和维护燃油车业务基本盘。只有大众汽车以“All In”的姿态在母品牌以及既有的系统里运营纯电动车，但“油电并行”的战略在现实中遇到诸多困难与挑战。

但是在燃油车份额快速萎缩的变动下，传统车企的母品牌如果坚持不“触电”，未来将如何继续发展和生存？吉利与长安作为中国本土车企的领导者，如果能够在母品牌支持下跑通新能源车的运营，将会给更多传统车企指明方向和道路。

第 4 节

老兵不死，剩者为王

这将是中国车市 20 多年来从未有过的惨烈厮杀。

2022 年 9 月，有媒体问福特中国电动车事业部总经理马克·考夫曼（Mark Kaufman），福特 Mach - e 电动车和中国造车新势力相比有什么优势？

考夫曼回答说，你说的某些新势力虽然承诺了诸如终身质保之类的服务，但是 5 年后它们还能不能活着都是个问题；而我可以很肯定地说，福特再过 5 年甚至更久都会存在。

这话听上去很有道理，福特迄今 120 年历史，经历过无数次危机，而中国的造车新势力成立还不到 10 年，它们还没有穿越过哪怕一次衰退周期。但在现场的人听起来却感觉说服力不足，也许福特在燃油车领域很强，但在新的赛道、新的赛制下，福特电马还没有证明自己在中国市场存活的能力。

不只是福特，包括大众、丰田、奔驰、宝马，它们在全球拥有数十万名员工，几十上百座工厂，每年销售数百万乃至上千万辆汽车。但是在中国电动车战场上，它们普遍存在感不强，甚至出现系统性的无所适从。

身处造车新势力内部的人员，却是另外一番感受。蔚来汽车中台部门的李思告诉记者，其实公司最警惕和担忧的就是奔驰、宝马等传统豪门竞争对手，它们拥有强大的品牌、研发、制造、供应链和深耕中国多年的渠道系统，一旦做出正确的产品，对新势力的打击将是碾压式的。

更进一步看，2022 年多数造车新势力公司并未跑赢行业大盘，他们表面光鲜，背地里却持续流血，反而是吉利极氪、长安深蓝、广汽埃安，这些诞生于本土车企的新品牌成为 2022 新能源市场的亮色。随着长安、吉利、奇瑞等在 PHEV（插电式混合动力汽车）和 EV（电动汽车）两个战场布局完成，面向特斯拉、比亚迪的交锋，面向合资品牌的绞杀将在 2023 年打响。而合资品牌头部的大众、丰田在 2022 年就祭出了价格杀器，为了夺回销量与份额不惜代价。

这将是中国车市 20 多年来从未有过的惨烈厮杀，也将是所有非头部车企的噩梦，剩者为王。

系统性无所适从

2022 年底，考夫曼提前退休，内部称因为福特退休金制度改革，他做出了更合适的选择。

业绩方面，福特电马 2022 年在中国仅售出 6 991 辆汽车，不及“蔚小理”多数时候一个月的销量。对于一家汽车公司来说，长期销量低迷意味着更少的营业收入和亏损，亏损会导致发展投资的压缩，更加打不开局面，这是一个难以解开的循环。

考夫曼的压力还来自底特律。在美国，Mach－e 对标特斯拉 Model Y 部分月份销量排到行业前三。在中国，Mach－e 售价不仅大幅低于北美，甚至比中国某些新创公司的同级车售价还要低，但是销量和收益却远远低于北美。考夫曼不可避免会经受来自总部的质疑——为什么同一款车在北美销量和收益兼顾，在中国按照当地团队的要求下调了价格，提高了配置，牺牲了收益，但销量为什么还是上不去？

同样的问题，考夫曼在内部经常会问团队。而在团队看来，这恰恰是最可怕之处——福特电马中国事业的负责人，对中国电动车的市场看起来并不了解。考夫曼的压力与困惑，也是众多外企在华 CEO 们的压力。大众、奔驰、宝马等公司在电动车领域投入重金，产品已经更新到第二代，但是销量却始终不达预期。

强者如宝马、奔驰，它们的部分电动车终端促销力度达到了 8 万—10 万元。奔驰在 2022 年官宣下调多个电动车产品售价，实际上是对市场实际成交价格的妥协。2023 年 2 月中旬，宝马 i3、ix3 终端促销力度已经达到或者超过了 25%。在系统内，宝马电动车终端价格低于宝马品牌同级别的燃油车，在电池成本不断飞涨的背景下，电车与油车价格倒挂极其罕见。横向来看，宝马 i3 和 ix3 的市场成交价大幅低于同级别的蔚来 ET5 和 ES6，但销量却大幅落后。

在燃油车时代，外企中国区经常是全球的领先样本，销量更高、利润更高；但在电动车时代，它们从“尖子生”变成了“差生”。

问题的首个症结依然是产品定义。捷豹路虎管理层人士王武告诉记者，外企总部看待电动车的思路跟国内新势力截然不同。中国造车新势力不计成本地打造出配置丰富、性价比高的产品，在销售服务系统投入大量的资金来提高用户的满意度。但外资车企不接受以亏损的方式造车和卖车，所以在产品和服务两端，外资车企的电动车都做不到极致。

在比亚迪、吉利、理想等中国品牌电动车用户群里，外资车企的电动车经常被调笑为手机中的功能机，它们使用落后的车机硬件和软件生态，纯电续航偏短、加速慢，配置低，售价却不便宜。

而它们的一些创新，不仅没有成为产品的亮点，反而广受诟病。比如大众 ID 在升窗器上效仿特斯拉，用电子集成的方式减少物理按键，看似极简的设计却大大增加了使用的复杂性，并不被用户认可。背离用户实际使用便利性，为了创新而创新的设计在其他外资车企的电动车上也存在。

“我们现在看到的豪华车公司推出的电动车，都没有跳出燃油车的定义，去重新构建新一代汽车产品的概念。正是因为没有跳出燃油车的定义，从产品到营销服务没有创新，所以找不到卖点，找不到盈利点，也找不到需求点。”王武说道。

一家豪华车企的研发人员表示，由于产品与技术决策以欧洲为核心，总部定义的产品与中国市场的实际需求存在巨大的差异，“我们已经量产的车相对于竞品是落后的，正在规划和开发的产品，等到几年后正式量产的时候依然是落后的”。

但总部或许不这么认为，他们看到同样的产品在欧洲和北美等市场销量不错，对中国团队提出了更高的销量目标要求，这带来整个销售系统的焦虑和动作变形。

过去 20 年里，代理制与 4S 店结合的经销商模式是中国车市的主流形态。头部的车企通常有 800 到 1 000 家供应商，车企把车辆批发给经销商，通过管理工具和政策手段确保经销商完成提车任务。经销商承担着仓储、部分物流、展销、售后等一系列的功能。在燃油车快速普及的 2000—2020 年，虽然大量的消费者戏称 4S 店为“四儿子”，以此来表达不满，但这种模式基本上没有遇到太多的考验。

但是进入电动车领域，传统的汽车销售模式开始失效。针对燃油车时代用户的消费痛点，特斯拉、蔚来等公司推出了透明的价格体系和更好的全过程服务，以“直营+商超”为主建立销售店面，并采用互联网与数字化的手段强化了从总部到门店一线的管理颗粒度与深度。经过特斯拉等公司长达七八年的市场教育，电动车消费者对传统经销商服务的诟病日益增加。

而当外资车企开展电动车业务时，它们一方面想要拥抱看起来更加新潮的零售模式，另一方面又没有对旧有的经销商网络进行改革。于是它们大多通过贴补的方式，以经销商为主体建设了一些商超店，希望商超店提高知名度、进行形象展示以及集客。同时把电动车授权给经销商，在旧有的 4S 店里进行售卖。

在实际运营过程中，两条路线都遇到了极大的挑战。商超店方面，由于运营机制上仍然是“B2B2C”（business to business to customer，向企业销售产品或服务，从而获客的商业模式），流程体系没有革命性的变化，店端人员很难按照厂家的设想去完成全新产品和品牌的宣讲。加上外资车企的电动车本身知名度较低，产品新奇度不够，进店客流远低于预期，通过商超店获客的目标也没能完全实现。

而在 4S 店这一端，习惯了砍价成交的销售顾问同样难以适应新能源车用户更长时间的跟踪、服务过程，难以提供用户期望的更高的服务质量。油电并轨销售的其他问题还包括同一家店的燃油车销售顾问与新能源车销售顾问抢单，尽管此后一些品牌彻底放开销售顾问售卖新能源车的权限，但依然出现了销售顾问出于提成更高等原因，引导新能源车消费者去购买燃油车的情况。

外资车企经常用“汽车行业的竞争是一场马拉松”来回应新能源车业务的落后，但是另一方面，它们似乎失去了战略定力。宝马、奥迪终端大幅促销背后是经销商的库存压力，经销商的库存压力又来自厂家制定的指标。当宝马 i3、ix3 只要 20 多万元和 30 万元出头，售价大幅低于同级别的蔚来 ET5 和 ES6 时，受伤害的还有宝马的品牌资产。

老兵不死

传统汽车公司经常被形容为大象，步履缓慢。互联网公司则如同草原上的游牧民族，来去如风，唯快不破。传统汽车巨头在智能电动车赛道的没落，让传统车企的弊端与短板被持续放大，也助长了互联网背景的造车新势力的乐观情绪。

理想、小鹏汽车都喊出过 3 年达成 160 万辆和 100 万辆销量的口号，虽然它们去年的销量才刚刚超过 10 万辆。小米汽车的产品到 2024 年才会面市，但雷军已经大胆预测："我们成功的唯一途径是成为前五名之一，每年出货量超过 1 000 万辆。竞争将是残酷的。"

不过身处造车新势力公司的人，则是另外一番感受。李思告诉记者，公司内部和高层最担心的就是奔驰和宝马两个传统豪门，它们拥有强大的研发、供应链、制造和渠道能力，更别提它们用几十、上百年时间在全球范围内建立起来的广泛知名度与品牌价值。一旦它们做出正确的产品定义，造车新势力公司面临的将是碾压式打击。

他将"蔚小理"阶段性的成功定义为不计成本、集中所有资源实现的针尖式突破，它们并未完成"1—N"的架构与流程建设，表面光鲜，实则流血不止，还不具备穿越一次衰退周期的能力。

蔚来以服务为核心竞争力之一，优质的服务让蔚来在初期的竞争中脱颖而出，但庞大的零售与服务人员也逐渐成为蔚来汽车的包袱。以用户为中心的涟漪式营销模型，如今看来也存在品牌知名度的短板，全国销售结构失衡。

截至 2022 年年底，蔚来汽车的员工总数达到 3 万多人，但 2022 年的销量只有 12 万辆。横向比较，奇瑞汽车员工总数约为 5 万人，2022 年的总销量约为 100 万辆。特斯拉全球员工总数约为 12 万人，2022 年总销量约为 130 万辆。

马斯克曾经感谢初期高价购买特斯拉产品的用户，正是那些"老韭菜"的付出，特斯拉才得以生产出售价更低廉的产品，让更多的人购买电动车。但蔚来却不准备放弃老车主，为了让第一代车型具备持续迭代的能力，蔚来投入不菲的人力与资金开发出适配老车型的软硬件系统，以远低于成本的价格售卖给老车主，但不少老车主却不领情。

2016 年至 2023 年，蔚来汽车累计亏损已经接近 700 亿元。2022 年三季度，蔚来汽车平均每卖出一辆车亏损 13 万元。令外界担忧的是，蔚来汽车的收益并未随着销量规模的扩大而明显改善。

小鹏汽车则是另一个维度的样本。2022年下半年，小鹏汽车经历了销量连续环比下跌的“黑暗5个月”，月销量一度跌至5 105辆。前三季度，小鹏汽车净亏损就达到了67.78亿元，亏损幅度同比扩大89.54%。

直观的原因包括G9上市失败，P5和G3销量不振，更深层的原因在于小鹏汽车的最高管理层架构以互联网人为主，他们对于汽车工业研、供、产、销高效协同的认知不足，甚至在取得了初期的成功之后，降低了对传统汽车工业的敬畏之心，从而出现了产品规划混乱，销售体系内耗严重的问题。

智能电动车兴起之后，造车新势力经常讲述的概念是软件定义汽车、软件收费、软件价值大于硬件价值等。但无论如何定义，智能电动车和燃油车都属于制造业。

一辆汽车有上万个零件，每个零件的产商、型号、版本多样复杂。生产一辆汽车需要成百上千个步骤，每个步骤要用不同的设备来生产，每个产品的生命周期中，涉及几百上千供应商、零售商等许多伙伴的合作和管理。

在漫长的岁月里，传统车企犯过许多的错，付出过数十亿乃至百亿美元的惩罚性赔偿。不断堆积的错误以及总结的经验教训，形成了企业如今的流程与规范。

互联网背景的造车新势力经常诟病传统车企步调慢，手机的旗舰机的开发周期通常为1年，改型机半年，极端情况下改型机的开发周期只有3个月。而汽车的开发周期往往是3年，有些车型的开发周期要到5年。

通用汽车一名技术人员说，之所以慢是因为所有的工程变更都要进行失效模式分析，都必须经历多个部门的评审。和新势力比的确很慢，某种程度上对创新也是扼杀。但从企业安全与产品责任角度来说，这种低效某种程度上却是更安全的做法。

当互联网人进入到造车大军后，它们沿用自己最熟悉的互联网公司的做法来改造汽车企业的组织架构与流程，偏好采用赛马机制，鼓励内部竞争，对混乱有较高的包容度，崇尚小步试错、快速迭代。

在创业初始的阶段，造车新势力利用有限的资源，在极短的时间内打造出一个爆款车型，实现 0—1 的突破，组织结构更强调结果导向，工作流程上更注重用更简单高效的方式去解决问题，而不太在意组织架构与流程规范的打造。当企业完成 0—1 的突破，想要实现 1—N 的扩张时，它们才发现原本搭建的组织架构和系统流程并不适配。

“你会看到小鹏汽车会犯一些常识性的错误，而这些错误传统车企一般是不会犯的。”从传统车企入职小鹏汽车的吴超向记者表示。这些错误包括复杂的 SKU，每一款产品之间的家族化特征薄弱，缺乏平台化开发带来的规模效益提升，直营店与加盟店的内耗，等等。

必须承认，新势力公司创新的零售模式、数字化的管理工具对于销售体系管理与执行效率的提升效果显著。但本质上，只有特斯拉颠覆了传统汽车工业的运营体系，它开创了全新的产品定义；以前所未有的方式生产汽车，大幅缩减汽车的零件数量；仅仅推出有限的产品，并且每个产品的硬件差异极其有限。

其他的造车新势力更多是用互联网的方法赋能汽车工业，而非颠覆。2022 年 12 月 31 日，蔚来汽车的张山走遍了广州车展每一个展台。他原本以为比亚迪的销售人员会比较功利，但实际体验下来，从产品沟通、留资等方面来看，比亚迪的销售人员非常专业，这也意味着互联网公司带来的新打法没有那么高的壁垒，传统车企也在迭代。

1 月，特斯拉以一场史无前例的价格战拉开 2023 年中国车市的序幕，受特斯拉降价冲击，众多造车新势力订单直线下滑。相比之下，扛住特斯拉冲击波的主要是比亚迪、吉利、五菱、长安等中国本土传统车企以及理想汽车，它们在 1 月份仍然实现了销量同比正增长。

采用直营模式的造车新势力，一旦产品连续数月滞销，工厂停产，公司将立即面临资金链断裂的风险。如此一来，许多造车新势力将在“鬼门关”前走一遭。

本田曾经测算过在中国开一家商超店的平均运营成本是 400 万元/年，中国共有 250 个以上的城市需要覆盖，按照每个城市开 3 个商超店计算，一年的运营成本就是 30 亿元。在销量维持增长时，企业的现金流与利润尚能覆盖这些成本。倘若经济环境恶化或产品竞争力不足，直营店将是企业的现金流黑洞。

跨行业来看，肯德基对加盟商实施统一的经营管理，遵循统一的规章制度，在成本、效率、运营质量、企业抗风险能力、资金投入等方面做到了均衡。但肯德基本身是美国品牌，它所在的汉堡等快消领域对手并不多，肯德基渠道模式能否完美复制到汽车行业还很难说。

采用直销代理制的长安深蓝、吉利 smart 在 2022 年异军突起，smart 电动汽车更是在短短数月内收到了超过 1 年产能的订单。证明直营和用户运营不是运营新能源车的唯一解，也显露出具备强大研发、供应链和制造能力的传统车企，一旦它们开发出正确的产品，将会是改变市场格局的重要角色。

祛魅，剩者为王

2022 年年底的一个深夜，哪吒汽车的龚涛下班打车回家，乘坐了一辆问界 M5，一辆采用了增程式动力系统的 SUV。当时正好长城汽车高管李瑞峰在微博上连续数日“怒批”增程式为落后的技术，龚涛饶有兴趣地和司机聊起这个话题。

“司机说开问界 M5 跑网约车一天只要 10 块钱电费，增程也好插混也罢，没什么区别。他买车之前在比亚迪和问界之间犹豫，选择问界主要是因为华为的车机体验更好。”龚涛告诉记者。

这事让他思考了很久，最大的启发就是“祛魅”，“祛魅”也是他对于2022年汽车产业变化最深刻的理解和洞察。

以特斯拉2012年发布Model S为起点，智能电动汽车革命的浪潮兴起。此后蔚来、理想、小鹏等公司相继下场，它们均以智能电动车为旗帜，在热钱大量涌入的泡沫阶段，它们的创始人不断发表耸人听闻的言论。

蔚来汽车李斌曾说：“完全想不明白，现在大家为什么还买油车，除了能闻点汽油味，别的还有什么好？听个响？”何小鹏曾说：“2025—2030年的某一年，买一辆普通功能的汽车，将没有任何价值。”

但实际上纯电动汽车在今天作为交通工具优势与短板同样突出，它们的使用场景非常有限，几乎无法在低温地区日常使用。在广袤的西北、西南，电动车的使用便利性也非常糟糕。而在自动驾驶方面，一些明星公司产品频发的事故，足以证明自动驾驶目前还只是不成熟的功能，远没有它们宣称的那么可靠和优秀。

“人们不再为虚幻的东西买单，讲故事的讲不下去了。比亚迪为什么卖得好？因为DMI纯电续航是真的，省油是真的。原来汽车行业便宜实用的是丰田，电车时代是比亚迪。”龚涛说。

极少在技术上吹嘘的理想汽车反而是“蔚小理”中走得最稳的，它采用一些人士抨击的“落后的动力系统”，把精力放在研究用户的需求，开发出用户需要的产品，以及打造持续产生正确产品定义的组织体系上。

7座中大型SUV原本是一个狭小的细分市场，理想汽车在这个市场布局了3款同质化很高的产品，但却切割出不同的用户需求，实现了销量增长和品牌扩张。对手经常攻击理想汽车的产品没有太多技术含量，但是对用户来说，彩电、冰箱、大沙发、空气悬架，都是实实在在的功能和体验。

事实上，对用户需求的洞察是更甚于技术水平的核心能力，技术与产品只有服务于正确的产品定义，才能转化为让企业持续发展的销量与收益。

2022 年 12 月，李斌、何小鹏在内部信中的反思，核心指向也是回归商业本质，砍掉讲故事的、没有产生价值的部门。不注重产品质量、用户服务、运营效率、现金流健康度、盈利性，靠讲故事与持续烧钱来维持不可持续的商业模式，终点必然是死亡。

如果把时间轴拉长到过去 5 年或者 10 年，把视野扩大到整个汽车行业，不难发现倒下的公司的共性就是缺乏对市场的尊重与敬畏。2018 年下半年，猎豹汽车销量出现了大幅下滑。该公司一名高管在媒体采访时公然称，就算销量下滑 50%，一年也有六七万辆，企业也死不了。4 年之后，猎豹汽车正式破产，留下 90 亿元的债务。

神龙汽车、北京现代、长安福特、东风悦达起亚，这些曾经如日中天的合资公司断崖式下跌的起因，也是企业决策层出于各种非市场的因素，罔顾实际能力，开足马力压库，最后压垮了企业。

“四大汽车集团”曾经是中国车市巨无霸式的存在，但最近几年它们中的一些存在感持续降低，原因是它们每年享受着合资公司带来的数百亿利润贡献，在自主事业上却不思进取或缺乏建树，没有把巨量的资金转化成自身技术、产品、品牌与企业长期成长的基石。东风岚图、北汽极狐等一些持续亏损的项目，究竟要贴多少合资公司利润才是尽头，这个问题似乎从来没有得到正视。

小米手机曾经扮演了行业清道夫的角色。在山寨手机横行的年代，售价低廉的红米手机把山寨机公司清扫出局。小米汽车下场后，会不会重演手机行业的故事，把一些体质虚弱的公司清理出局，答案将在 2024 年开始揭晓。

2023 年 2 月中旬，一汽集团一则最高层人事变动的消息迅速出现又消失于网络。东风汽车一名老员工向记者表示，许多员工都在猜测这是不是东风、一汽和长安三大集团合并的信号。因为除了合资板块与商用车，东风汽车其他的整车业务几乎全部都在亏损，而且是持续多年亏损。如果股比完全放开，东风汽车不具备自负盈亏和独立发展的能力。而国内这样的公司不止东风汽车一家。

长安、奇瑞等中国车企的高层管理者倾向于认为2025年是大决战之年。一是行业洗牌在未来2—3年会进一步加速，中国汽车市场将会出现类似于美国的格局，主要市场被约15家的公司瓜分——中国市场虽大但对汽车品牌的喜好度却显现出极高的集中性，小众品牌如三菱、斯巴鲁、马自达、雷诺、Jeep均已退出或进入市场边缘地带。

二是中国将只能存活5—6家本土汽车集团，剩余的10家会由外资头部的奔驰、宝马、大众、丰田等少数几家传统巨头，来自科技行业的小米汽车，潜在的华为汽车或苹果汽车组成。如果预言成真，一些大型汽车集团的结局在今天已经书写。

旧世界已经崩塌，中国汽车产业维持了近20年的格局，在2019—2022短短3年里被打破。新世界的秩序取决于今天的努力与拼搏。2022年，疫情掩盖了决战的杀气和氛围，2023年则再无阻拦，这将是中国车市20多年来从未有过的惨烈厮杀。

第 5 节

自动驾驶十年风云

2017 年，小马智行联合创始人楼天城找到张宁时，他已在谷歌加拿大公司工作数年。在小马智行美国办公室，除了见到几位清华大学“姚班”同学的熟悉面孔，张宁还初次体验了不到 1 岁的小马智行自动驾驶汽车。以现在的眼光看，当时这辆车的表现还比较稚嫩，但还是带给张宁很大的触动。

“楼教主（楼天城）告诉我，小马智行准备建立北京研发中心，国内马上就会有第一辆自动驾驶的车。我们将要一起见证它从无到有，这会是一个很美妙的过程。”张宁说。与自动驾驶汽车的初次会面，促使张宁辞去谷歌的工作，回国与楼天城等人一起创业，担任小马智行副总裁兼北京研发中心负责人。

轻舟智航的 4 名创始人，此前都是谷歌自动驾驶不同领域的员工。轻舟智航创始人于谦说，在谷歌旗下 Waymo 工作期间，他认识了侯聪、大方和汪堃，他们早期创业时，就在自家的车库里面改装车辆，自己写代码。

楼天城与张宁，于谦与侯聪、汪堃的故事，在 2016 到 2019 年自动驾驶赛道不断重复上演——清华大学汽车工程、计算机等专业毕业的学长创立了一家公司，他们找到分散在谷歌、百度北美等公司的师兄弟，一起扎入自动驾驶赛道。

与此前中国互联网、移动互联网等行业创业者相比，自动驾驶赛道的创业者普遍更加年轻，几乎都是年少成名的技术大牛。他们中的许多毕业于清华大学等名校，有着境外某知名大学的博士头衔，曾就职于谷歌、百度等“大厂”。

创业团队的光环加上 2016 年 AlphaGo 打败围棋圣手李世石事件，催生了人工智能将会极大加速自动驾驶商业落地的乐观情绪。大量自动驾驶公司雨后春笋般涌现，连续几年，全球自动驾驶公司的融资额达数千亿元之巨。

但到 2019 年，创业者和投资人们发现技术的进步与成熟并不如预期的迅速，科技行业过往的成功经验也不能顺利复制到汽车制造业；大佬们曾许下的“3 年量产”“5 年量产”的豪言壮语无一兑现，自动驾驶接近 2 年的寒冬出现。

2022 年 11 月，悲观情绪开始新一轮的蔓延。全球激光雷达鼻祖德国 Ibeo 和累计融资 26 亿美元的自动驾驶公司 Argo. ai 相继破产或关闭。已上市的美股自动驾驶及相关公司，市值与 IPO 时相比大面积暴跌 80%—90%。

但第一财经记者多方采访调研发现，完全无人驾驶何时商业落地虽然没有统一共识，但路径中形成的技术能力正进入大规模商业应用的前夜，诱因则是中国智能电动汽车销量激增带来的高阶辅助驾驶商用需求。

对于怀揣自动驾驶梦想的创业者们来说，曙光已经出现。

从疯狂到冷静

自动驾驶汽车的诞生可以追溯到 1925 年，一辆名叫“美国奇迹”的钱德勒轿车在繁华的纽约曼哈顿第五大道行驶，引来了上千人驻足观看。因为这辆车上没有驾驶员，仅靠后座的一套无线电接收装置来操控车辆的加减速、转弯甚至鸣笛。当时，有媒体评价称：“就好像一只幽灵的手放在了方向盘上。”

但在从业人员看来，真正的自动驾驶汽车始于2009年，以谷歌设立自动驾驶部门为标志性事件。设计出AlphaGo的谷歌，在2009年就开始秘密开发无人驾驶汽车项目。接近时间，中国部分科研机构与公司也开始着手自动驾驶技术的研发，如2011年，由国防科技大学自主研制的红旗HQ3无人驾驶车，首次完成了从长沙到武汉286公里的高速全程无人驾驶实验，创造了当时我国自主研制无人车在复杂交通状况下自动驾驶的新纪录。2013年，百度基于比亚迪“秦”改造的首辆自动驾驶汽车在乌镇大会上亮相。

但2009—2016年，自动驾驶总体上所受关注并不多。变化在2016年下半年发生，谷歌开发的围棋智能机器人AlphaGo打败围棋圣手李世石，这一事件极大地激发了行业对于人工智能的关注与认知。

“AlphaGo的出现，把人工智能带向了一个新的高潮。就像人工智能之前的移动互联，诞生了很多超预期的东西，降维打击了很多行业。在人工智能兴起后，大家对于它能够改变什么抱有很高的期待。”轻舟智航联合创始人、CTO侯聪说道。

其次是谷歌的自动驾驶部门在2016年底正式成为独立的商业主体，也就是后来外界熟知的Waymo。根据摩根士丹利的一份报告，2015年时，Waymo的估值仅有85亿美元，两年后摩根士丹利对Waymo给出的估值达到700亿美元。到2018年，Waymo的估值更是暴涨到1 750亿美元，相当于1/4个谷歌。

而2018年Waymo的员工总数不到1 000人，试验车也只有几百辆。庞大的估值背后，是资本圈对无人驾驶技术商业应用以及广阔商业前景的乐观情绪。

在资本热捧之下，原本效力于Waymo或百度等公司的一众技术大咖，纷纷开启了自主创业的历程，这其中包括了小马智行、元戎启行、文远知行、轻舟智航等国内知名企业。也就是在2016年起，中国大量自动驾驶创业公司涌现。

美国布鲁金斯学会（Bookings Institution）发布的投资情况报告显示，2016年8月至9月，在一个月的时间里，初创企业投资总额从3.08亿美元增至13.08亿美元，涨幅达324.7%以上。而在2016年10月至11月，全球自动驾驶主流投资进入急剧增长阶段，在一个月的时间里，其交易总额从110亿美元增至580亿美元，涨幅达427.3%以上。

2017年2月，成立仅一年的Argo.ai被福特以10亿美元的价格收购；2017年3月，以色列公司Mobileye被英特尔以153亿美元收购。

“那个时间段，用‘人在家里躺，钱从天上来’形容不算夸张，投资人就算对自动驾驶、人工智能一窍不通，只要听到是自动驾驶的项目，就表现得趋之若鹜，生怕错过了这个绝佳的投资机会。”一位长期从事自动驾驶行业的管理层人士用“野蛮生长”来形容这个时期。

乘着AlphaGo打败李世石的余威，在人工智能的帮助下，3—5年之内实现自动驾驶驾驶似乎成了业界的共识。多家自动驾驶公司以及汽车公司高管曾喊出过3年或者5年内实现自动驾驶量产的口号。特斯拉公司CEO埃隆·马斯克也曾表示，2018年就能够推出完全自动驾驶系统。

2017年“百度AI（人工智能）开发者大会”上，时任百度COO的陆奇发表演讲称，人工智能将和前三次工业革命一样，让人类进入全新的时代。会议末尾，陆奇当场宣布，百度在2020年可以实现高速和城市道路全路网自动驾驶。

在当时多家机构的研报中，在自动驾驶的加持下，自动驾驶的运营车辆（Robotaxi）可实现24小时连续运转，一次车辆的投入，即可覆盖日益高昂的人力成本。这是一条万亿级的广阔赛道。

“2016年前后，国内智能驾驶赛道萌芽兴起，也引起一股投资热潮，当时回国创业的第一波自动驾驶技术人才都头戴巨大光环，可以说是极度稀缺。”上海辰韬资产管理有限公司合伙人郭晓斌表示。

但随着时间推移，行业发现自动驾驶公司喊出的口号和总是“下周回国”的贾跃亭一样，落地时间一再拖延。一方面自动驾驶技术的进展缓慢，各种离奇的事故频发。另一方面，自动驾驶整个产业链条件不成熟，一辆车的成本达到200多万元。人工智能在汽车领域并没有复现移动互联网对传统行业的降维打击，在3—5年内实现自动驾驶，如今来看已成为一句空谈。

2019年年初，时任Waymo首席执行官的约翰·克拉夫奇克（John Krafcik）公开表示“自动驾驶汽车可能永远无法在全路况条件下行驶”。他的这一表态为2019年自动驾驶行业的“寒冬”奠定了基调。

2021年7月，头豹研究院发布的一份研报认为，就目前阶段而言，Robotaxi仍是个伪概念。介于技术、商业模式、法规等各方面的不成熟，Robotaxi仍处在“伪概念”阶段，相关公司仍深陷“量产地狱”，无法在短期内实现盈利。

与巨额投资相比，自动驾驶公司没有一家拥有大规模商业化的时间表，想要实现赢利更是遥遥无期，而企业要发展还需要持续投入重金。

中国的自动驾驶公司同时期也遭遇了寒冬。2019年，国内共有25家中国自动驾驶零部件和方案供应商宣布完成融资，较2018年的33家减少8家，融资额同比下降34%。2020年年底之前，自动驾驶行业融资情况延续了2019年低迷的情况，直到2021年重新迎来一波小阳春。

鲜花与荆棘

2022年初，在一家传统豪华车企待了5年之后，张斌选择跳出舒适区，改换门庭来到了一家自动驾驶公司。

彼时，张斌觉得自己是幸运的，“之前我是做发动机开发相关的工作，但是内燃机已经是公认的夕阳产业了，自动驾驶又被很多人看作是未来汽车的核心竞争力，无论是职业方向的转型还是跳槽之后的薪酬，我都觉得特别满意”。

从发动机横跨到自动驾驶，即便还只是涉及测试，过去更加擅长机械的张斌，也被迫自学起了计算机编程。就在一切看起来向正轨发展时，张斌却遭遇了裁员——他和他所在的整个团队，都被调整了。

张斌的经历只是自动驾驶赛道的一个缩影，无论资本疯狂还是寒冬的阶段，自动驾驶赛道一直是鲜花与荆棘并存。

2019—2021 年初，自动驾驶第一轮洗牌潮出现。在此期间，自动驾驶卡车公司 Starsky Robotics 宣布破产，关停一切业务。自动驾驶公司 Zoos 被亚马逊以 12 亿美元的价格收购，而在此前的融资中，Zoos 的估值就已经达到 32 亿美元。Uber 正式将自动驾驶部门 ATG 出售给了 Aurora。在关停前 1 年，ATG 仅为 Uber 带来 4 200 万美元的收入，但 ATG 产生的损失高达 5 亿美元。

2022 年 10 月以来，美国自动驾驶公司 Argo. ai 和德国激光雷达公司 Ibeo 相继破产，同时中国头部自动驾驶公司小马智行被传出裁员和组织架构调整，三起事件引发了行业的密切关注，并引发了一些悲观情绪。

Ibeo 是车规级激光雷达的发明者，创立于 1998 年，创始人 Ulrich Lages 博士还未毕业就成立了 Ibeo，主攻基于激光扫描技术的紧急制动系统。仅仅两年后，德国传感器巨头 SICK 注意到 Ibeo 并收购了这家公司。2009 年，Ulrich Lages 与 Ibeo 管理层回购股份独立发展，并开始专注于智能驾驶方向激光雷达系统的开发。

2010 年，Ibeo 与法国零部件巨头法雷奥合作开发车载激光雷达 SCALA，获得了奥迪 L3 级自动驾驶项目定点。2020 年，Ibeo 拿到了来自中国长城汽车的定点项目。

Argo. ai 则是美国自动驾驶领域的一个独角兽公司，创立于 2016 年，由谷歌前员工 Salesky 和 Uber 前员工 Peter Rander 共同创办，主要研发虚拟驾驶员系统，包括传感器、软件、计算平台和高精地图等L4级自动驾驶技术。

就在Argo.ai创办仅仅一年之后，福特汽车就以10亿美元的天价将其收购，这是自动驾驶走上风口的典型事件之一。2019年，大众汽车完成对Argo.ai的26亿美元注资，Argo.ai的估值达到65亿美元。

但实际上，两家公司的关闭各有其自身的原因。Ibeo始终坚持全固态激光雷达方案，和半固态激光雷达相比，虽然拥有诸多优点，但受制于当前的技术与产业链的水平，量产成本与维护成本非常高。这也导致Ibeo从创立到首次产品量产用了足足19年之久，而且整个生命周期量产的产品数量仅10余万套。而Argo.ai在烧光福特27亿美元后，L4高级驾驶辅助系统却迟迟未见量产曙光。在Argo.ai宣布倒闭后，福特表示"计划将资本支出从Argo.ai正在开发的L4，转移到内部开发的L2+/L3技术上"。

有媒体报道称小马智行内部正在进行业务调整，内容包括基础架构与数据（Infrastructure & Data）部门缩编，其中隶属该部门的上海Data部已经被解散。记者了解到，小马智行过去几年已经进行了数次业务调整，包括研究开展自动卡车、造车业务等，这体现了一家创业公司为了营收与融资不断进行的突破与尝试。

对于裁员的传言，小马智行回应称，公司正在进行业务架构调整，属于人员正常流动；目前公司财务状况良好，业务运转正常。张宁向记者表示，该公司目前的现金储备足以支撑到2025年。

张宁表示，小马智行从2020年底也开始布局量产辅助驾驶，并已经有正在接触的量产项目。选择在这个时间而不是更早投入的原因，是因为Orin芯片和M1/AT128等车规级激光雷达的问世。但张宁拒绝透露具体是为哪一家车企做定点项目。

"2022年的寒冬，是技术路径和战略的寒冬，因为方向错了。为什么特斯拉没有寒冬，而Argo.ai倒闭了，因为没有人会去支持错误的事情。"

元戎启行 CEO 周光表示。

俯身向下，量产为王

完全无人驾驶何时能够商业落地，目前并没有定论。

周光认为，无人驾驶的相关法规政策出台之前，必须要有上百万辆车、几万亿公里的里程报告证明自动驾驶的事故率远低于人类驾驶员，考虑到当前高阶辅助驾驶系统量产装车的节奏以及政策出台所需要的时间，最快也要 2026 年。

在投资圈也存在不同声音，华兴资本集团投资银行事业部董事魏青是较为乐观的代表，他认为完全无人驾驶将会率先在中国实现，而非美国；快的话 2025 年底，慢的话 2027 年就可以落地。魏青认为，自动驾驶最先进入的可能是城市运营领域，赋能出租车和公交车，将会对传统的出租车和公交车行业产生降维式的打击。

北京一家投资公司董事合伙人陈锋则认为，当前自动驾驶还存在着诸多的技术路线之争，比如究竟该走“视觉系”还是“融合系”，要不要高精地图等等。当一个产业还存在着巨大的技术分歧时，这个产业远没有到成熟的节点。

前福瑞泰克联合创始人、捷信公共关系顾问公司执行董事李意欣也是悲观派的代表。

“无人驾驶作为梦想是可以的，作为生意和企业是不可以的。技术不可以决定一切，先进的技术也不一定就可以解决市场的问题。”李意欣表示，无人驾驶要实现仅依靠单车技术的进步远远不够，它需要整个城市交通系统的改造重塑。做无人驾驶要有成熟的商业计划，包括召回的成本等等，而不是一个简单的售卖行为。

李意欣认为，自动驾驶公司降维做 L2 级辅助驾驶就可以活下去，此外，即便死掉，自动驾驶公司积累的技术也是有价值的，可以帮助无人驾驶最终实现。

事实上，俯身向下，从 L4 级降维到 L2 级辅助驾驶是多数自动驾驶公司正在采取的行动。这背后的原因既有资本市场的遇冷，也有智能电动汽车普及带来的市场机会与产业链配套条件的成熟。

随着中国新能源汽车销量急剧攀升，中国市场上的新能源汽车和智能化产生了较强的绑定，其中高阶智能驾驶辅助功能，被认为是汽车智能化的重要体现和关键组成部分。在智能电动车的“内卷”之中，激光雷达、4D 毫米波雷达、大算力计算平台等从过去自动驾驶测试车上，转移到了用户可购买的量产车之上，这也带动了自动驾驶所需要的传感器与芯片价格的下探。

侯聪告诉记者，2019 年自动驾驶车辆装的传感器得要 200 多万元，随着辅助驾驶系统推广开来，激光雷达、传感器唾手可得，大算力芯片也越来越便宜，整套支持全无人驾驶算力芯片和传感器，在市场上都有合适的产品。

周光表示，元戎启行与一些自动驾驶公司最大的差异，就在于它从创立起追求的就是低成本的 L4 级自动驾驶前装解决方案。2021 年年底元戎启行发布了 DeepRoute - Driver 2.0 解决方案，在硬件上由 2—5 颗（半）固态激光雷达以及 8 颗高动态范围摄像头组成，最大亮点在于其低于 1 万美元的成本，以及量产后将减少到 3 000 美元。

L2 级辅助驾驶系统的量产带来巨大商业机会的同时，也带来了又一波的投资潮。数据统计，国内自动驾驶的公司中，Momenta 融资近 13 亿美元；文远知行完成了 9 轮融资，吸金近 15 亿美元；小马智行融资金额为近 80 亿元人民币。根据 ICVCity 研究院统计的数据，2022 年第三季度，国内自动驾驶行业共完成 41 起投融资事件，公开披露的投融资总额超过 11 亿美元。

郭晓斌表示，和2016年相比，此次投资热潮来得更为理性，前期产生的行业泡沫慢慢开始冷却，估值慢慢回调。郭晓斌称，2022年，受宏观大环境改变的影响，资本相比2021年而言再次降温，变得更加理性和务实，更加注重商业化落地的时间表。

纽迈科技CEO徐雷认为，最开始资本热衷于投资一些具有颠覆性、革命性的技术，但随着行业的发展，大家都看到了全自动驾驶在短期内实现的可能性和投入产出比都很低，于是纷纷转投更能在短期内实现商业闭环的公司了，包括高级别辅助驾驶公司等。

"从特斯拉第一代Autopilot出来，到现在的8年时间内，其实自动驾驶行业都在围绕两条不同的商业化路径进行争夺。一条是一步到位的全自动驾驶路径，另一条则是渐进式的汽车前装路径。"徐雷向记者表示，如今随着Argo. ai的倒闭、全自动驾驶公司的资本遇冷，两条路径现阶段的比拼逐渐落下了帷幕。

曙光已现

L2级辅助驾驶原本被博世、大陆等传统零部件巨头掌控，但如今，他们遇到了年轻的对手。

在L2这个级别，中国本土已经涌现了一批优秀的自动驾驶相关企业，包括地平线、黑芝麻等。在系统级的解决方案领域，中国本土的自动驾驶公司也开始蚕食博世、大陆、奥托立夫等公司的份额。

侯聪表示，系统的稳定性、功能安全等量产的规范，行业沉淀的经验积累，这既是传统聚焦L2驾驶辅助的零部件巨头的优势，又是自动驾驶公司转型去做L2辅助驾驶量产需要跨过的门槛。但从技术架构上、算法能力上，布局L4自动驾驶的公司会对传统做L2驾驶辅助的公司形成降维打击，这主要体现在"knowhow"、仿真的运用、仿真平台的打造、数据的闭环、数据驱动等方面。这些需要花很多精力去搭基础设施，需要很多人工智能相关的人才，需要投入很多资源。

博世中国一名离职的员工告诉记者，博世有自己的晶圆厂，很多芯片并不是全行业通用的芯片。由于疫情的原因，供应出现很大的问题，更加灵活的中国本土公司抓住机会抢走了不少份额。

“出货量大的公司供不上货，自然需要其他供应商替代。另外我们的产品性能上能持平和超越外资公司，成本相较于它们也有一定的优势。”禾多科技一名员工告诉记者，在与一些巨头型零部件公司竞争时，他发现巨头出于规模的考虑，倾向于销售平台型的产品。而汽车公司出于成本或者竞争差异的考虑，倾向于购买定制化的产品，这是一对矛盾。在解决方案的多变方面，本土的自动驾驶公司更加灵活。

另一方面，在高阶辅助驾驶方面，博世、大陆等传统 ADAS（高级驾驶辅助系统）供应商近乎处于“失位”状态，这也给予了自动驾驶公司新的机会。

政策方面，越来越多的城市正在往更高阶智能驾驶商业化方面推进。2022 年 8 月 1 日，《深圳经济特区智能网联汽车管理条例》开始实行，提出 L3 级自动驾驶在行政区全域开放道路测试、示范应用，探索开展商业化运营试点，标志着我国自动驾驶行业正式向 L3 级迈进。此后，重庆、武汉等地政府部门也先后发布了自动驾驶全无人商业化试点政策，并向百度发放全国首批无人化示范运营资格，允许车内无安全员的自动驾驶车辆在社会道路上开展商业化服务。2022 年 11 月，上海市交通委员会等部门宣布上海首批自动驾驶高速公路开放。

包括周光在内的多位受访者向第一财经记者表示，Ibeo 实际上是被中国激光雷达企业“卷”死的，因为过去几年激光雷达装车量迅速攀升，中国激光雷达公司不断提高产品性能、降低成本，而过去几年 Ibeo 不仅固守着固态激光雷达技术路线，技术与成本的进步也相当缓慢。

华西证券的研报显示，2022年，拥有激光雷达的量产车骤增至16款，激光雷达装车量达到2.47万颗。截至2022年11月，中国激光雷达供应商禾赛占全球前装定点份额27%，暂时排名全球第一。速腾聚创以16%的数量排名中国第二、全球第三。

根据咨询机构Yole预测，随着高级别自动驾驶技术的发展，车载激光雷达的应用将变得更为普及。到2027年，仅ADAS激光雷达市场规模将达到20亿美元，将会是2021年的50倍以上。

自动驾驶公司看见曙光的同时，也有车企担忧汽车的灵魂不再为自身掌控，因此逐步扩大自研的投入。总体而言，市场上已经形成三种路径，一是车企坚定全栈自研，完全自主掌控自动驾驶能力；二是自动驾驶公司单纯扮演汽车公司的供应商角色；三是自动驾驶公司与汽车公司通过组建合资公司等方式深度绑定，如Momenta与比亚迪、华为与阿维塔。

李意欣认为，Momenta与比亚迪成立合资公司体现了很高的商业智慧，这种模式解决了知识产权、共同研发、获取客户与数据、产品与技术风险等问题。他认为，自动驾驶赛道上，由主机厂投资或者跟主机厂有联合实验室的，生存概率比较大；其次是做供应商。

魏青认为，2024年有可能是自动驾驶公司业务起飞的一年，因为传统汽车公司新能源车销量正在快速攀升，而且它们也加入与新势力一样的“堆料”路径。关于自动驾驶行业的趋势，他认为未来3年并购会比较活跃，传统主机厂将会通过收购或其他方式扶持一批自动驾驶公司。

无论如何，经历泡沫与寒冬，自动驾驶公司已经找到了商业化的路径。前路或许还有很多荆棘，但曙光已经出现。

第 6 节

中国动力电池激荡 20 年

2003 年，墨柯所在的北京新材料发展中心（北京市科学技术委员会直属事业单位，后与北京新能源科技发展中心合并）接到了一个任务——调研中国锂电产业链状况，为北京 2008 年奥运会 50 辆电动大巴项目寻找电池供应商和材料供应商。与任务同时下发的还有一个要求：尽可能采用国内供应商，如果实在没有，可以考虑国外的供应商。

“因为当时部门还负责其他的任务，我第一个想法是找一些市场研究机构，哪怕花一点钱买报告，可以更快地了解锂电行业。”墨柯向第一财经记者说道，但是打探了一圈下来，全国竟然没有一家锂电产业链的调研机构。

没办法，墨柯找到全国化学与物理电源协会以及相关方向的协会，想通过他们帮忙召开锂电行业的会议。但这条路走得也很艰难，因为当时不管是化学与物理电源协会还是电池工业协会，基本上是铅酸电池企业主导，锂电产业的资源相当有限。

直到两年后的 2005 年，墨柯终于“攒”出了全国第一次锂电池行业大会，到场人员只有 200 多人，但已经囊括了国内主要的锂电材料企业。

当时中国的锂电产业方兴未艾，无论生产工艺、产品性能、产业链完整度与日韩相比都相差甚远，隔膜、电解液等关键材料长期被外资垄断。但锂电产业链从欧美到日本、韩国、中国的全球迁移浪潮已经清晰，中国锂电产业展现出生机勃勃的一面。

北京奥运会成功举办之后，中国依然没有锂电产业研究机构。墨柯索性离开北京新材料发展中心，一头扎进锂电产业，创办了真锂研究机构。只是他当时也没有想到，中国锂电产业能够逆袭日韩，成为全球霸主。但实现这一切的关键驱动力，不再是最初消费锂电的全球化迁移与分工，而是中国内生式孵化的电动汽车革命。

如今中国电动汽车与锂电产业的宏大图景已经展开，2022 年比亚迪超过特斯拉成为全球新能源汽车销量冠军，宁德时代连续 6 年全球动力电池装机量冠军，中国锂电产业链连续 3 年被彭博新能源财经评价为“占据全球主导地位”。源自 2001 年北京申奥成功以及奥运电动大巴项目的星星之火，在十多年后最终形成燎原之势。

星星之火

世界上第一辆以铅酸电池为动力的汽车诞生于 1881 年，比世界上第一辆内燃机汽车的发明早了 5 年。驱动电机的诞生，则比世界上第一辆汽油内燃机出现早了 48 年。但受制于电池技术的进步，在此后的 100 多年里，汽柴油内燃机统治了汽车工业。

直到 1991 年，索尼推出首款商用锂电池，电动车重回汽车公司的视野。5 年后，日产汽车研发出世界上第一辆搭载圆柱形锂离子电池的电动车 Prairie Joy。再过 12 年，特斯拉推出了同样搭载圆柱形锂离子电池的 Roadster。两家公司之后分别成为电动汽车和智能电动汽车的普及先锋。

中国锂电产业的萌芽集中于 1994—1999 年，大体可以归结为全球锂电产业链从欧美到日、韩、中国台湾再到中国大陆迁移的浪潮带动。消费锂电四巨头比亚迪、比克、ATL 和力神都诞生于那一时期。

中国电动车成为国家战略有着多重诱因，学术界在 2000 年前曾多次提议“把发展轿车清洁能源作为中国汽车工业跳跃发展的起跑线”，也即通过新能源实现中国汽车产业的弯道超车。

一个更加直接的诱因是 2001 年 7 月北京申奥成功，投入电动大巴符合“科技奥运”与“绿色奥运”的定位。2001 年 9 月，中国科技部在“863”计划中，首次设立了电动汽车重大专项。

但是当墨柯为奥运电动大巴寻找供应商时，遇到了不小的困难。一是中国锂电产业主要面向手机、数码类消费电子锂电池产品，不能直接满足汽车动力电池的使用需要；二是产业链基础薄弱，如隔膜、电解液等关键材料长期被外资垄断。

2001 年，盟固利创始人其鲁和团队实现了小型锂离子电池正极材料的国产化，首次打破了我国电池材料产品长期依赖进口的局面。也因为此，其鲁被称为中国锰酸锂和钴酸锂正极材料奠基人。2003 年，其鲁首次在实验室里研制出 100Ah 动力锂离子二次电池。2004 年，北京市科委决定把盟固利研制的 400Ah/400V 的电池组搭载到公交车上进行长期试验，为确保 2008 年北京奥运公交车的运行开始做准备。除了盟固利，曾毓群参与创建的 ATL 也拿到了一些奥运大巴的订单。

不过墨柯透露，虽然 50 辆奥运电动大巴主要的供应商都是国内电池厂商，但是使用的原材料大部分源自进口，这表明当时中国锂电与动力电池产业基础依旧非常薄弱。此外，在“863”项目启动的第一个 10 年，产业界参与电动汽车和动力电池研发与生产的较少，更多的是高校与机构展开科研项目。

但是 50 辆电动大巴在北京奥运会期间零故障成功运营，让更高决策层看到了发展电动汽车的信心。2009 年，国务院出台《汽车产业调整与振兴规划》，安排资金支持新能源产业发展。同年，中国发布“十城千辆节能与新能源汽车示范推广应用工程”，为新能源汽车生产与推广提供财政补贴，并计划在 3 年内，每年选择 10 个城市各推出 1 000 辆新能源汽车开展示范运行。由于报名的城市过于踊跃，之后实际参与“十城千辆”项目的城市超过了 20 个。

墨柯认为，“十城千辆”是中国电动汽车和动力电池产业真正意义上的第一个关键节点，虽然主要的商品是电动大巴和环卫车，但它带来了切实的商品需求，同时让产业看到了政府的决心，更多的企业和人才进入到汽车动力电池领域，中国动力电池产业群雄并起的局面开始出现。

同一时期（2009 年），日产 LEAF 和通用的 VOLT 先后在美国上市，之后宝马等更多的车企也加入生产和销售电动汽车的阵营，全球第一个电动汽车商品化的浪潮开始出现。

时间继续推进到 2011 年，随着智能手机与平板电脑的崛起，全球锂电需求仍然维持高增长，但锂电企业随着苹果的崛起和诺基亚、摩托罗拉失去市场地位而洗牌。受到中韩低价销售竞争路线的影响，日本锂电全球市场份额从 2002 年的 65.3%下降到 2011 年的 34%。经历了最初十年的野蛮生长，中国和韩国电池企业凭借低成本以及优质客户的配套成为重要的两极，中日韩三足鼎立格局形成。

2014 年是锂离子电池行业动能转换的转折之年。2014 年之后，智能手机、平板电脑和笔记本电脑的出货量增长陷入停滞，消费锂电池的产量增速也降到 10%以下。中国锂电企业与日韩相比仍聚焦于中低端市场，生存压力陡增。

据高工锂电统计，2014 年国内锂电池行业电芯企业达到 760 家，90%企业营收都在 1 个亿以下，产品同质化严重，价格竞争十分激烈，特别是在面向低端客户、技术壁垒较低、利润率较低的传统铝壳电池市场受到的影响更大。而且锂电池行业受到人工、原材料等成本上升的影响，行业利润率进一步降低。

行业的衰退给龙头企业也造成了影响。比克电池在 2008 年之后营收即放缓停滞，净利润更是由正转负，于 2010 年录得公司历史上最大亏损，毛利率也大幅下滑。力神电池自 2010 年之后净利率常年保持在 5%以下，于 2013 年发生亏损。

但幸运的是，中国各级主管部门推出的电动车补贴、牌照政策，带来了电动网约车市场的蓬勃发展。2013 年到 2017 年，中国动力电池装机量复合增长率 160%。受益于此，中国锂电企业顺利切换增长引擎，进入到全新的赛道。

攻防互换

2008 年，彼时奥运会上亮相了搭载锰酸铁锂电池的 50 辆电动大巴车，这是动力电池在国内汽车上的首次应用，这条技术路线源于日本，后来朝着更高能量密度的三元锂电池发展。

在日韩发展朝向三元锂电池技术路线时，以美国 A123 系统公司为代表的磷酸铁锂技术路线开始兴起。随着 2012 年美国 A123 系统公司申请破产，三元锂电池逐渐在国际上得到广泛认可。但彼时，中国市场更看重电池安全性能，此后很长一段时间内磷酸铁锂电池占据了主流。

相较于三元锂电池，磷酸铁锂电池虽然在能量密度上不占据优势，但具备成本低、安全性高、循环寿命长的优点，加上在中国电动车发展初期应用场景更偏向于商用车，磷酸铁锂技术路线成为当时电池厂的首选，比亚迪就是当时国内最大的磷酸铁锂电池制造商。

这一时期，比亚迪、宁德时代、比克、沃特玛、国轩高科等国内电池企业快速发展，但由于过度押注磷酸铁锂技术和产能盲目扩张，其中一些企业也在短短数年之后因技术路线的切换破产倒闭。不同的是，宁德时代始终锁定在三元锂电池的研发上，这也为其后期快速成长奠定了基础。

需要说明的是，同时期全球范围来看三元锂仍是行业主流。中国动力电池第一次崛起也来自三元锂对磷酸铁锂的替代。原因是电池能量密度提高之后，电动乘用车能够实现 300 多公里的续航里程，满足了网约车市场的需求。

2015 年、2016 年，国家引导政策逐步加大对电池能量密度的考核，这导致磷酸铁锂技术路线进一步失势。2017 年，比亚迪电池装机量首次被宁德时代超越，大批磷酸铁锂动力电池材料企业破产，一些企业破产背后的原因还有政策红利期的盲目扩张。

坚持研发三元锂电技术的宁德时代在这一时期迅速发展，成为政策变化的最大受益者。2017 年，宁德时代以 17%的市场份额摘得全球第一的桂冠。国际巨头 LG 与松下被甩在了后面。而在国内，此前常年盘踞销冠之位的比亚迪，也因为技术路线变化沦落为老二。

2018 年也是动力电池产业呈现两极分化的一年，当年宁德时代和比亚迪分别以 23. 54 GWh 和 11. 44 GWh 装车量拿下冠亚军，排在第三名的国轩高科装机量不足比亚迪的三分之一。同一年，沃特玛骗补事件暴雷，一代巨头倒下；宁德时代则实现上市。

据动力电池联盟数据，2018 年，国内动力电池累计产量达 70. 6 GWh，其中三元锂电池占比 55. 5%，磷酸铁锂电池占比下降至 39. 7%。2019 年，磷酸铁锂电池占比进一步下降至 33%，三元锂电池占比达到 58%。2020 年一季度，三元锂电池的市占率提升到 76%，一家独大的趋势更加明显，一些研究机构在当时提出三元材料将主导正极市场。这是磷酸铁锂与三元锂的第一场战役。

2020 年 3 月，“战争”升级，比亚迪发布了一款震惊新能源汽车领域的“重磅炸弹”——刀片电池。相比传统造型的电芯，刀片电池有效增加了空间利用率，在同样的空间内能装入更多的电芯，体积利用率提升了 50%以上，续航里程提升 50%以上，达到了接近高能量密度三元锂电池的同等水平。

“早几年使用磷酸铁锂电池的汽车，续航里程 400 公里就不错了。比亚迪通过结构创新，使得磷酸铁锂电池的续航里程达到了 500 公里，随着电化学体系的升级，可以做到600公里，覆盖了最主销的500公里左右的市场。”蜂巢能源董事长杨红新向记者表示，解决了能量密度问题之后，磷酸铁锂成本优势再次凸显。

2022年，比亚迪汽车销量激增至180多万辆，带动磷酸铁锂电池国内市场份额超越三元锂，达到55.6%。电芯材料价格在2022年年尾又出现一定幅度的上涨，低成本电池的市场优势进一步增强。

在比亚迪、特斯拉等车企带动下，磷酸铁锂重回主流赛道，中国做磷酸铁锂材料的企业一夜之间遍地开花，产能快速扩张。头部的做方壳电池公司都开始布局磷酸铁锂的产能，尤其是像宁德时代也开始给特斯拉大规模做磷酸铁锂电池，这是一个极具市场带动作用的标志性事件。

在中国电动汽车第一次出现爆发式增长的2014年，嗅到中国电池产业商机的松下、三星SDI、LG化学等海外动力电池巨头，纷纷进入中国建设动力电池厂，三星SDI和LG化学的动力电池厂在不到1年时间里竣工。

三星正式投产的西安工厂不仅向现有的国际OEM（代工）企业供应电池，三星SDI还锁定了郑州宇通客车、北汽福田等客户，其中宇通是对客车电池需求量最大的商用车企业。而上汽、北汽等也与韩国电池企业展开合作。国内电池企业面临被“釜底抽薪”的风险。

2015年，工信部制定了《汽车动力蓄电池行业规范条件》，在售的新能源汽车只有搭载了符合条件、进入“白名单”目录的动力电池，才能享受新能源汽车补贴，搭载目录之外的动力电池则无法获得补贴。自2015年11月开始，工信部先后发布了四批符合《规范条件》的企业名单，共57家电池企业入围，包括宁德时代、沃特玛、天津力神、国轩高科等。行业内普遍认为，这为中国电池企业的发展赢得了宝贵的发展时期。而这项政策，让宁德时代再次成为最大的受益者之一。

“宝马是宁德时代的贵人。”宝马中国首个电动车“之诺”项目的参与者白元向记者说道，车规级与消费级存在系统性的差异，宝马教会了宁德时代整车厂整套的需求、标准与流程。这也成为宁德时代此后区别于其他锂电企业，迅速拿到宇通客车等众多客户订单的核心竞争优势之一。白名单出台后，韩企流失的上汽、北汽等公司订单也大量流入宁德时代。

2019 年 6 月，电池白名单政策废止，LG 化学、松下等日韩公司卷土重来。不过等到其工厂建成时，磷酸铁锂已经替代三元锂成为中国动力电池的主导。

杨红新认为，在磷酸铁锂这条赛道上，无论中国还是海外市场，中韩之间的战争已经结束，一方面因为中国本土企业与供应链的崛起，无论技术还是成本等方面，中国企业不再落后于韩国企业。另一方面中国拥有非常深厚的磷化工基础，日韩则缺乏这方面的资源。不过，在全球三元锂电池市场上，韩国仍将是强大的对手。

当时间推进到 2020 年，将近 10 年的市场培育终于激发普通民众购买电动车的欲望。随后的三年，中国新能源汽车销量以近乎每年 100%的增速快速从 170 万辆增长到 2022 年的 688.7 万辆，与之配套的动力电池需求量在短短 2 年里呈现了 4 倍左右的增长。动力电池第二轮创业潮兴起，起家于消费电子领域的亿纬锂能、中航锂电、欣旺达等企业开始投身于动力电池业务，长城汽车旗下的蜂巢能源也在这一时段诞生，他们被看作目前动力电池领域的第二梯队。

二线动力电池的快速发展在一段时间内让宁德时代感到了危机，虽然宁德时代仍稳居第一，但市场份额在 2022 年出现了下降趋势，一些新能源车企开始选择与二线动力电池厂合作，不再局限于宁德时代一家供应商。根据中国汽车动力电池产业创新联盟数据显示，2022 年，宁德时代以 48.20%市场份额占比位居第一，其次是比亚迪（23.45%）和中创新航（6.53%），其他位居前十的动力电池企业市场占比不足 5%。

“技术路线、服务、成本是客户考量选择供应商的几个维度。有些头部公司在部分产品线上是空缺的，而我们有低成本的相关产品，这就抓到了客户的一个痛点。另一方面，资源太集中、头部效应过于明显的时候，商务谈判就不好谈了。客户为了降本希望引入新的供应商去改变现有格局。”杨红新说。

不过墨柯认为，虽然车企也会不断地去培养二级、三级电池供应商，但这一代电池技术下已经没有太大的突破，宁德时代已经建立起的规模、成本、一致性的优势难以被超越。

年轻的代价

2022 年劳动节前的最后一天，宁德时代发布了其当年第一季度财报。就是这份财报，在业内引起了轩然大波，因为宁德时代当期的毛利率跌至历史冰点。

劳动节假期的最后一天，5 月 4 日，宁德时代已经等不及交易所开市，先提前通过电话会议安抚市场情绪。这次主持电话会议的是宁德时代董事会秘书兼副总经理蒋理。

整场会议蒋理都被投资人关于赢利能力下滑等的问题不断“轰炸”。其实投资人问题的答案也是显而易见的，即原材料涨价和价格传导不及时共同导致的毛利率骤降，解决方法也很简单，对下游车企进行涨价。

但这次会议并没有抵挡住投资者出逃，5 月 5 日，劳动节后的第一个交易日，宁德时代股价大跌 8.16%至 375.35 元，一天市值就蒸发了超 813 亿元。

宁德时代“急”了，5 月 5 日，董事长曾毓群亲自出面召开了业绩说明会，才没有让这场风波愈演愈烈。

事实上，这并不是宁德时代一家的风波，只因它是行业龙头受到了更多的市场关注。据记者统计，在上市动力电池企业中，2022 年一季报基本都呈现出“增收不增利”的特征。除鹏辉能源外，宁德时代、国轩高科、亿纬锂能、欣旺达净利润同比下滑幅度均在20%—33%。

而上述现象的根源在原料。就价格涨幅较大的锂资源而言，2022年碳酸锂价格从年初的26万元/吨一路上扬，到3月上旬时，价格已突破了50万元/吨。整个一季度，碳酸锂平均价格同比上涨了4.7倍，环比上涨幅度也超1倍。

动力电池企业只能眼睁睁看着原材料上涨，因为资源并不掌握在自己手中。真锂研究创始人、总裁墨柯用“年轻的代价”来形容中国动力电池企业在此轮发展中吃的“资源亏”，他表示：“国内电池企业跟海外巨头比还太嫩，没有同时做好资源的全方位战略布局和储备，曾经宁德时代也有很好的收购锂资源的机会，但是错过了，导致其现在需要付出很大的代价，这是成长的代价。”

2020年8月，宁德时代发布公告称，为保障行业关键资源的供应，公司拟以证券投资方式对外投资，金额不超过190.67亿元。当时业内传宁德时代的收购对象正是天齐锂业。天齐锂业那时因为举债收购海外锂矿，正面临债务危机，它的收购代价并不高。但最后宁德时代并没有出手，如今天齐锂业已经成长为中国两大“锂工”之 。

在赢利能力上，宁德时代近年来呈下滑态势，2019年、2020年、2021年前三季度毛利率分别为29.06%、27.76%、27.51%。而同一时间，LG新能源的毛利率分别为13.16%、15.93%、24.25%，虽然宁德时代毛利率绝对值因为供应链采购和人力成本等优势，高于LG新能源，但是后者毛利率在原材料涨价情况下仍呈上升趋势。

国轩高科工程研究总院副院长徐兴无向记者表示，绝大多数国内企业之所以没有提前布局锂资源，是因为近几年新能源汽车市场发展远超预期：“之前是愁没有市场，现在是愁没有资源。因为一个行业，如果没有扎实的资源作为支撑的话，发展不长久。”

纵观锂电行业近三十年的发展，消费锂电池价格从最初的600日元/Wh

下降到 2011 年的 25 日元/Wh，降幅超过 95%。事实上，汽车的动力锂电池的降本之路也是如此。如果不考虑近期原材料价格的上涨，动力电池价格在过去十年下降了 8 成左右，但近年来需求的骤增逆转了上述趋势。

2017 年，全球锂离子电池的出货量只有 143. 5 GWh，其中汽车动力锂电池的出货量达到 58. 1 GWh。2022 年，全球锂离子电池总体出货量已经达到 957. 7 GWh，在 5 年间累计增长了 5. 7 倍，其中汽车动力电池出货量增长尤其快，5 年累计增长近 11 倍至 684. 2 GWh，而消费锂电池在 2022 年却出现了 8. 8%的同比下滑。

在电池原材料价格大幅上涨的背景之下，动力电池企业从 2021 年就开启了“囤矿”模式。不过作为后来者的企业如宁德时代、比亚迪等，收购锂资源的代价早已不可同日而语。

全球锂资源主要聚集在澳洲和南美，前者主要拥有优质的锂辉石矿，而后者则是拥有锂盐湖资源，仅智利、澳大利亚和阿根廷 3 国就拥有全球 78%的锂资源。中国是一个锂盐生产大国，大概占据了超 7 成的全球市场份额，但是在拥有的锂资源方面却明显不匹配，仅有 5. 9%的占比，而且中国普遍拥有的锂云母矿含锂量只有澳洲锂辉石矿的 20%—30%，开采成本更高，且效率更低。

在此背景下，企业在海外“囤矿”成了最优选。但是目前锂作为“白色石油”已经被战略“管控”。在澳大利亚，海外实体收购锂矿企业 10%及以上股权，需要通过该国的国家安全审核。

不少加拿大公司掌握了较多的锂资源，但锂矿也已被加拿大政府添加至“关键矿产”名单，中国企业收购必须进行国家安全审查。2022 年，包括中矿资源在内的 3 家中国企业被要求剥离或撤销其在加拿大锂矿公司中的股权投资。

除此之外，继石油以后，南美洲三个锂资源大国（阿根廷、玻利维亚、智利）也在致力于成立“锂佩克”组织，其作用如同石油领域的“欧佩克”，以此来实现对锂价格的控制。

多国对锂资源进行不同程度的“封锁”，这导致国内品位较低或者有瑕疵的锂矿都引发了哄抢。

2022年国内“抢矿”的疯狂，在斯诺威矿业的“天价”拍卖中来到新高潮。在当年5月天价成交又遭悔拍之后，斯诺威矿业在11月末再次进行拍卖，协鑫能科、盛新锂能、天华超净3家公司公开竞逐，经历19天9轮拍卖熔断，拍卖价格追平此前20亿元成交价格。宁德时代也参与进来，成了斯诺威矿业第一顺位候选重整投资人。

事到如今，后来者的动力电池企业只能通过上述哄抬价格的方式“抢矿”，或者与矿业公司达成长协、包销等的合作模式来获得稳定的锂供应，但后者同样不能控制采购成本。

有行研人士测算，2020年锂盐占电芯成本比例在10%左右，但是随着近两年碳酸锂、氢氧化锂价格的上涨，2022年9月初时锂盐成本占比已经接近50%。

全球化新篇章

2022年12月下旬，宁德时代位于德国图林根州的电芯工厂传来了好消息——实现了锂离子电池电芯的量产。该工厂是宁德时代的首个海外工厂，与特斯拉柏林超级工厂相距仅300多公里，将为在德国的主要汽车厂商提供产品和服务。

除图林根工厂外，2022年8月12日，宁德时代还宣布在匈牙利东部城市德布勒森建设电池工厂，总投资金额73.4亿欧元。

中国动力电池的发展脉络，是从无到有，从有到强，下一步便是国际化，徐兴无向记者表示。

出海已经成为头部动力电池企业的主攻方向之一，除宁德时代外，国轩高科、蜂巢能源、亿纬锂能、中创新航、远景动力等都布局了海外工厂。

“美国创新，中国生产，全球销售”的经济趋势，同样也在动力电池行业中得以体现。锂电池在美国诞生，由日本企业最早商用，并由韩国企业进一步发扬，到如今成了中国动力电池企业前所未有的产业输出机会。

目前，美国市场基本被日韩企业占据了先机，抓住欧洲市场便成了中国动力电池企业的共识，头部企业几乎纷纷计划或已经在欧洲建厂。蜂巢能源董事长兼 CEO 杨红新在接受第一财经等媒体采访时表示，相比美国市场，欧洲市场对新能源汽车发展的态度更为坚决，对中国企业也更加开放。

除欧洲外，在接受记者采访时，多家国内企业都表示正在筹备东南亚地区建厂的计划，如在印度尼西亚、马来西亚等。在日韩企业盛行的美国市场，也有不少企业试图挤进去。2022 年远景动力在美国市场规划了两个电池工厂，总产能达 60 GWh。

宁德时代董事长曾毓群也曾强调，“美国市场，宁德时代一定要进去”。在 2022 年 3 月，就有媒体报道，宁德时代考虑在北美投资 50 亿美元建厂，就近供应特斯拉等车企。但后来该计划一度因美国《通胀削减法案》出台的新规而放缓。目前，有报道称，宁德时代将通过与福特合建电池厂，“曲线”进入美国市场。

中国动力电池企业在全球市场的市占率超过 6 成，排在第一。中国汽车动力电池产业创新联盟发布的数据显示，2022 年，我国动力电池企业电池累计出口量达 68. 1 GWh，这占当期我国动力电池累计产量的比例为 12. 5%。

目前，锂电产业主要集中在东亚三国（中韩日），欧美并没有形成成熟的产业链，尚存在巨大的市场机会。而且，海外市场竞争没那么激烈，动力电池毛利率相对国内市场而言更高，也进一步推动企业出海的步伐。

但值得注意的是，在国内市场，国内动力电池企业在“白名单”保护下逐渐成长，形成了成熟的产业链和成本优势，并占据了绝对的市场优势，但在出海时，它们将直面与日韩企业的竞争。

目前，大部分中国企业还是依赖中国市场。SNE Research 数据显示，除中国市场外的全球市场还是以韩国企业为主导，2022 年 1—9 月，韩国三家动力电池巨头的市占率（除中国市场外）高达 56%，单 LG 新能源一家市占率就超 30%；中国企业市占率为 22%，其中宁德时代市占率为 18.9%；日本企业市占率为 20.4%，松下市占率为 18.9%。

日本电池产业链曾押宝在氢燃料电池上，以松下为代表的日本动力电池企业在没有好的产业链环境的前提下，逐渐落后于中、韩企业，未来在全球市场上的份额还可能会进一步萎缩。

科尔尼公司全球合伙人、大中华区汽车及工业品业务负责人王怿恺向记者表示，综合来看，韩国动力电池企业在国际化道路上走得比中国早，在企业管理能力上更强，产品定位更高端，而中国动力电池在产业链、市场、成本上更具优势，未来全球市场竞争格局会是“中韩争霸赛”。

第六章

海外风云

第 1 节

俄乌冲突后的俄罗斯车市

俄罗斯莫斯科一家奔驰 4S 店，店头还悬挂着“Mercedes - Benz”的标志，走进去却如同一个大杂烩。最先映入眼帘的是一辆沃尔沃极星，往里走摆放了两辆大众 ID. 3、一辆日产 Ayria，再往里走店里还摆放着来自中国的阿维塔 11、岚图 free、比亚迪唐、极氪 001、高合 Hiphi - X 等汽车。走到展厅的尽头，才看到一辆奔驰大 G。

这是看在李力眼中的景象。李力是一家自主车企的海外业务高管，他对记者说：“有的奔驰店甚至还卖本田、二手的宝马。”俄乌冲突之后，多家欧美车企暂停了俄罗斯工厂的汽车生产和出口。为了活下去，原本做外资品牌汽车代理的经销商，“什么车都卖，无论利大利小都做”。

原本高大上的专卖店开始做“杂货铺”，只是俄乌冲突后俄罗斯车市变化的冰山一角。李力告诉记者，许多店里摆放的“二手车”并不是真正意义上的二手车，而是新车当作二手车来卖。背后的原因，也是为了避开欧美厂商以及俄罗斯当地的政策，贸易商们在俄罗斯以外的国家将车辆上牌，再以二手车的名义回流到俄罗斯市场。

最突出的变化，则是新车价格翻倍的上涨，无论俄罗斯本土的拉达、中国品牌还是欧、美、日、韩的汽车产品，售价几乎都上涨了 1 倍。定居在俄罗斯的贸易商刘开宇向记者表示：“2018 年、2019 年时，一辆柴油版的奥迪 Q7 在俄罗斯卖 60 万左右，国内卖约 90 万—120 万元，那个时候豪华车在俄罗斯的价格比中国便宜。但是俄乌冲突后，奥迪 Q7 在俄罗斯能卖到200万元，相当于翻了三倍。”

另一方面，俄乌冲突后，俄罗斯汽车市场销量再次出现断崖式下降，欧美品牌撤出对这个过去被外资品牌主导的汽车市场来说，无疑是“致命一击”。2022年俄罗斯汽车市场销量不足70万辆，距离高峰时期的200多万的年销量相去甚远。

在俄罗斯街头中国品牌汽车的数量正在增加。“俄乌冲突后当地汽车市场的供需关系出现了极大的变化，任何一个能够保证供给的品牌，只要把供应链做的完善一些，在俄罗斯都有市场。”李力对记者表示，当地的经销商正削尖脑袋囤积车辆，谁手中握有子弹，谁就能拥有市场。

新车销量创31年最低

2008年金融危机爆发时，普华永道公司曾预测俄罗斯将会替代德国，成为全欧洲销量最大的汽车市场。做出类似预测的还有当时的雷诺汽车行政总裁卡洛斯·戈恩。但随着时间推移，俄罗斯与德国汽车销量走出了完全不同的曲线。

在最辉煌的时期，俄罗斯年汽车销量也未超过300万辆。在过去10年里，俄罗斯汽车销量长期在140万—180万辆之间波动。俄乌冲突后，俄罗斯汽车销量出现历史新低。欧洲商业协会（AEB）公布的数据显示，2022年俄罗斯汽车总销量约为68.7万辆，同比暴跌58.8%。新车销售额缩水52%，约1.5万亿卢布（约合1 405亿元）。同时，俄罗斯的新车产量也降至近31年来的最低水平。

俄罗斯汽车行业资深分析师谢尔盖（Sergey Burgazliev）告诉记者，纵观俄罗斯汽车市场发展，近年来整体呈现波动式增长。在21世纪之前，俄罗斯汽车市场几乎只销售本国品牌汽车。进入2000年，俄罗斯品牌的销量开始慢慢下滑，而进口品牌和在其境内组装的国外品牌销量不断攀升，甚至超过了本国品牌。

受金融危机影响，2009 年俄罗斯汽车销量开始暴跌，随后又恢复增长且较为迅速。不过，俄罗斯本土汽车品牌销量仍在不断下跌，但境内组装的国外品牌销量开始快速增长且超越进口品牌。后来，由于受乌克兰危机等政治因素影响，以美国为首的西方国家对俄罗斯进行了持续的经济制裁，这使俄罗斯乘用车销量由 2014 年的 227.6 万辆下降至 2015 年的 128.4 万辆，2017 年、2018 年（160.7 万辆）有所回暖，随后 2019 年略有下滑，2020 年受疫情影响进一步下滑至 143.4 万辆。2021 年俄罗斯汽车市场销量有所回弹，达到 166.7 万辆，2022 年暴跌至 68.7 万辆。这两次断崖式下跌均是地缘政治因素导致，背后的核心要素为购买力下降。

“部分汽车产品的价格高得离谱，能不换车的消费者就不换了。由于购买力不足，大众消费市场的需求在急剧下降。卢布贬值也使消费信贷利率有所提升，这进一步打击了消费者的信心。”刘开宇表示，目前车市仍处于创伤期，随着恢复和供应链问题的缓解，市场需求会缓慢增加，预计今年车市销量在 60 万辆左右。

AEB 数据显示，俄罗斯在 2022 年第一季度共销售了 15.4 万辆新车，同比下降 44.7%。值得注意的是，一季度俄罗斯汽车产量远低于销量，共生产 8.6 万辆汽车，同比下降 64.6%。这意味着，在俄罗斯市场销售的产品中，一半来源于非官方授权渠道，也就是通过平行进口的方式回流到俄罗斯市场。不过，4 月车市有所回暖，共销售 5.4 万辆汽车，同比增长 70.6%，结束了在此之前长达连续 15 个月的同比销量衰退。不过 IHS Markit 发布的一份报告显示，俄罗斯 4 月销量回暖主要因素是去年基数较低，在疫情和俄乌冲突发生之前的年份，俄罗斯 4 月销量通常在 15 万辆左右，这与 2023 年 5.4 万辆的销量形成了鲜明对比。

IHS Markit 在报告中还提出，从宏观角度来看，私人消费将是俄罗斯 2023 年经济增长的主要拖累因素。由于失业以及供应链、线上贸易和旅游的中断，私人消费活动前景仍然黯淡。超过 1 200 家西方企业已经离开俄罗斯，年轻专业人士的流失和潜在应征入伍者的增加是另一个下行风险。由于通胀高于预期，预计实际可支配收入将继续下降。政府可能会通过增加货币供应量来增加社会融资规模，这将产生通胀影响，一定程度上抵消支持措施的有效性。综合上述多种因素，2023 年俄罗斯轻型汽车市场的最新预测为 75. 1 万辆，略高于 2022 年。

新车售价普遍上涨 1 倍

从俄罗斯撤出的品牌，产品涨价力度更大。

李力告诉记者，丰田凯美瑞在中国市场最高售价为 30 万元左右，搭载 v6 发动机的 3. 0t 丰田凯美瑞目前在俄罗斯市场卖到了 130 万元。再比如奔驰 E 级在国内的售价是 44 万—56 万元不等，在俄罗斯的售价则为 100 万—150 万元左右。奔驰车系中最贵的奔驰大 G 在国内的售价为 189 万元，俄乌冲突后在俄罗斯的售价则达到了 300 多万元。

俄罗斯本土的拉达等经济型车，在 2022 年价格也大幅地上涨。根据俄罗斯当地汽车网站信息，俄乌冲突前，拉达的平均售价约为 5 万元，目前涨至 10 万元上下。中国品牌汽车在俄乌冲突后，售价也出现了较快的上涨，部分产品售价直逼 30 万元。如奇瑞瑞虎 8 在俄罗斯市场售价为 25. 5 万—29. 6 万元，哈弗 F7 在俄罗斯售价为 24. 97 万—29. 3 万元，涨幅均接近 1 倍。

“如果韩国和日本品牌的价格上涨是由于可购性受限的话，中国品牌的价格上涨是由于市场的整体趋势和其快速提高盈利的能力。”罗尔夫公司新车销售总监马克西姆·兹拉托克雷列茨在接受媒体采访时表示。记者在采访中了解到，汽车品牌在涨价时会留出一定的利润空间，多数品牌已经习惯了汇率波动，一般都会留一些利润值来抗衡汇率的波动。

值得注意的是，在供需关系、汇率、原材料价格、供应链以及新车价格变动多重因素的影响下，俄罗斯汽车平均成交价格快速地上升，但整体上却出现了消费降级的现象。

数据显示，2023 年一季度，俄罗斯本土品牌市场占有率为 52.2%，而 2022 年同期仅为 24.2%。4 月份，拉达品牌继续在市场上占据主导地位，当月销量同比增长 225% 至 2.8 万辆，这是自俄乌冲突爆发以来的最高单月销量。

“主流市场仍是售价 10 万元上下的产品，只不过过去花 10 万元可以买一辆外资品牌的汽车，现在只能买拉达这类级别的车，所以车型下探的趋势非常明显。此外，低端车市场本身更换车辆的意愿就不强。俄乌冲突后，他们的消费理念更趋保守。”李力对记者表示。

一位俄罗斯市场车企人士在接受第一财经记者采访时表示，俄罗斯整体购买力较低，但贫富差距较大。也因此，在俄罗斯市场，豪华品牌的车不愁卖。随着汇率的波动，奥迪、奔驰、宝马和保时捷等品牌的汽车产品每年都在涨价，但销售依然未受到影响。这是因为购买豪华车的人群对于价格敏感度不高，同时由于汇率波动较大，俄罗斯人购买汽车存在投资心理。

“如果今年不买万一明年又涨价了，还不如今年买，这样过两年就算卖掉也比较合适。”该人士表示，俄乌冲突后，由于供给不足，豪华车在俄罗斯某种程度上变成了“理财产品”。

多名俄罗斯当地汽车行业的受访人士告诉第一财经记者，一些欧美汽车品牌的 4S 店虽然仍处于营业状态，但正常的新车与配件供应均已中断，这导致售后不仅无法得到保障，价格还十分昂贵。

在俄罗斯生活多年的汽车贸易商刘开宇对记者表示，很多外资 4S 店的配件并非原厂件，一些零部件是从中国市场购买的，“经常看到一些开着欧美品牌的车主去中国品牌的 4S 店修车，换机油、滤芯等用的都是中国本土品牌的”。

上海北斗会展有限责任公司发布的一份报告显示，俄罗斯35%—37%的汽车配件是自己生产的，而进口汽车配件的市场占比较高，在63%—65%之间浮动。俄罗斯对发动机、车身部件、车灯等产品需求较大，近年来，中国制造的零部件已成为最受欢迎的零部件之一。此外，俄罗斯的汽车配件市场分为两个部分：一级市场和二级市场。一级市场（OEM）销售的零部件用于在工厂生产汽车，而二级市场（汽车市场）销售的零部件则在汽车商店中售卖。在其他国家，一级市场占主导地位，而在俄罗斯，占主导地位的是二级市场，其中以俄罗斯汽车的零配件为主。

俄罗斯汽车保险公司联盟（RSA）的数据表明，车门、发动机盖、保险杠以及光学挡风玻璃等零部件，2022年在俄罗斯的价格已上涨了60%—70%。目前，这些零部件只能通过平行进口方式获得，且极为困难，到货时间无法保证，俄罗斯国内也没有替代产品。

对于潜在购车的消费者来说，他们很关注供应链有没有保障。“俄乌冲突后，在俄罗斯街头经常会看到一辆车没有保险杠也在跑，用户不是没钱去修，而是没有地方可以修，同时修车周期也很长。”李力表示。

中国品牌市场份额飙涨

圣彼得堡革命公路65号上有一家奇瑞4S店。2020年3月，这家门店关停了一段时间，店主改经营雷诺品牌的汽车。2022年3月后，这家店又恢复为奇瑞汽车的专卖店，并且更加专业和聚焦，只售卖奇瑞瑞虎系列的产品。在整个圣彼得堡，奇瑞的专卖店也由过去两三家，增加到了如今的七家。

“俄罗斯的汽车消费者比较崇尚欧洲品牌，一开始对中国汽车产品不太“感冒”。随着中国制造水平提升，中国车的性价比竞争优势凸显，俄罗斯人开始接受中国汽车产品。等到俄乌冲突后，路上看到的中国品牌汽车就越来越多了。”刘开宇表示。

刘开宇解释说，欧美品牌撤出后，俄罗斯汽车市场产品供给存在严重不足，这对于具备供给能力的中国品牌来说迎来了机遇。此外，无论是消费者还是经销商，在俄乌冲突后更加关注供应链的保障能力，这关系到车辆的售后服务和长期使用成本。

AEB 数据显示，2022 年，在俄罗斯汽车市场上，韩国品牌汽车市场份额从 28.3%降至 11.2%，欧洲品牌汽车市场份额从 28.3%降至 7.3%，日系品牌汽车市场份额从 17.9%降至 6.6%，美系品牌汽车市场份额从 1.1%降至 0.9%。中国汽车品牌市场份额则从 9%增至 37%。

俄罗斯“欧洲计划”租车公司在接受媒体采访时表示，俄罗斯汽车租赁行业尤为关注中国产跨界车，对奇瑞、吉利、哈弗、江淮等中国汽车品牌颇为青睐。俄罗斯汽车市场分析机构 Autostat 此前也表示，2022 年俄罗斯人购买的中国品牌汽车数量创下纪录。该机构数据显示，2022 年中国奇瑞、哈弗和吉利汽车在俄市场上最受欢迎，在俄罗斯购买的所有中国汽车中，上述品牌占 82%。

2023 年第一季度，中国品牌在俄罗斯的市场占有率进一步提升。AEB 数据显示，一季度中国品牌共销售 6.4 万辆汽车，同比增长 160.9%，市场份额由 1 年前的 8.9%快速扩张至 42%。在 2023 年一季度销量排名前十的汽车品牌中，中国品牌占据了五个席位，包括奇瑞、哈弗、吉利、星途和欧盟达，长安则排在第 12 位。2023 年 4 月份，哈弗销量排名第二，同比增长 805%至 7 352 辆，吉利以 6 113 辆的销量紧随其后，长安汽车则是市场上第六大畅销品牌，4 月销量为 2 112 辆，同比增长 722%。

除了本土品牌拉达和中国品牌外，2023 年一季度销量排名前十的品牌中还包括起亚、现代和丰田。其中，起亚和现代排在第五和第六。过去，韩系车市场份额占比较高。虽然现代和起亚仍位居前列，但销量也已经出现了大幅下降。

俄罗斯分析人士指出，虽然中国汽车如同欧美车型价格都出现了接近于100%的上涨，但由于车价本身的差异，相比之下中国汽车仍然具备明显的性价比。此外，中国车企在智能化领域的进步，也使得中国汽车产品具备差异化的竞争优势。

俄罗斯汽车专家米列什金表示，只有中国汽车大量安装了大型触摸屏和数字仪表板，而在欧洲，此类选项仅提供给豪华车型。他还认为，中国设计师已经开始更有效地利用车内空间。例如，中国汽车前排座椅通常会布置智能手机和其他设备的充电端口，这种解决方案可以让消费者无须购买额外的配件。

“如果说俄罗斯市场近几年最大的改变是什么，就是消费者对中国品牌（奇瑞、吉利、哈弗）的看法发生了根本性的变化，客户的态度比5年前要积极得多，这也是中国品牌能够取得成功的原因。”Sergey Burgazliev对第一财经记者表示。

第 2 节

疫情风暴中的马来西亚车市

“疫情发生后，生产和消费都停摆了，全马来西亚的人都在家里，汽车行业整个都停止了。”宝腾汽车销售部部长张强说。

马来西亚 2021 年 6 月 1 日开始“全国封锁”。汽车和芯片工厂全面停产，而这里聚集了全球多家跨国企业的半导体工厂。中国东盟汽车行业委员会会长、马来西亚车业总会会长、拿督许综文在接受第一财经记者独家专访时表示，汽车几乎停产了 3 个月，给马来西亚造成了至少 15 万辆的产量损失。

而此轮马来西亚疫情并非只给本国车市带来影响，更对本就缺芯的全球汽车产业链造成了连锁反应。

牵一发而动全身，疫情笼罩下的马来西亚扼住了汽车芯片供应的“咽喉”。“很多中国车企的老总亲自给我打电话，问有没有办法找到一些芯片。这说明芯片紧缺的情况已经很严重了，否则车企的大老板是不会亲自处理的。”许综文对第一财经记者表示。

20 世纪 80 年代初，马来西亚开始发展汽车民族工业，更一度成为 20 世纪“亚洲四小虎”之一。而作为东盟之窗，马来西亚也是中国车企选择生产基地的战略要地。

全球无货可扫

按照感染人数占总人口比例，截至 2021 年 9 月，马来西亚是疫情最严重的国家之一。“新车从 6 月份开始停止生产，芯片厂也停产了，几乎停产了三个月。”9 月时，许综文对记者表示，当前马来西亚的疫情依然较为严重，芯片全面复产的时间还无法确认。

“这一次影响是比较大的，在全球范围内引起了连锁反应。受东南亚疫情恶化的影响，一些其他汽车零部件供应也受到了很大挑战。2021 年 9 月时，马来西亚芯片厂逐步恢复了生产，乐观交货周期在 22 周左右。”宝腾汽车 CEO 李春荣对记者表示。

许综文提供给记者的数据显示，东南亚占据全球半导体供应约 27%的市场份额，其中马来西亚是东南亚半导体供应量最大的一个国家，占据了 13.8%的市场份额。马来西亚的半导体公司大多数是跨国公司，目前已经超过了 50 家，包括英飞凌、意法半导体、英特尔以及恩智浦等。马来西亚的半导体产业在世界半导体产业链中占有非常重要的位置，近年来已成为芯片测试和封装的主要中心。

然而马来西亚并不会享受到近水楼台之利。许综文坦言，马来西亚的缺芯情况与全球市场是同步的。不过，由于体量不大，马来西亚受“缺芯”的影响并不大。

马来西亚半导体生产基地仅是芯片生产环节中的一环，整个芯片产品的推出需要经过多个环节。产业链上涉及主要有日本、美国、马来西亚、新加坡和中国五个国家。而作为芯片生产最后一公里的核心步骤，马来西亚的芯片封装在产业链中发挥着关键作用。

牵一发而动全身，马来西亚疫情的不确定性因素让本就紧张的“缺芯”形势雪上加霜。自芯片危机爆发以来，汽车厂商开始在全球进行扫货。“扫完了之后，缺芯的情况依然非常严重，至少要持续到 2022 年。”许综文对记者表示，芯片逐步恢复供应后，汽车的产量依然会受到很大的影响。

按照汽车的生产制造流程，在完成冲压、焊接后，要将整个汽车放在电容器中，而目前最大的瓶颈就在于电容线，在马来西亚，每小时只能生产2—8辆汽车，在中国每小时也只能生产12辆汽车左右。因此，即便芯片恢复供应，汽车的产量也不会大幅度增加。全球汽车产量一年大概是9 000万辆，2021年时预计当年新车的生产至少会减少8%到10%。此外，疫情等不确定性因素可能会加大产量的损失。

60万辆的天花板

2021年上半年，马来西亚累计销量达24.9万辆，同比增长43.6%。从4月份到6月份，马来西亚销量已经连续三个月环比下滑。其中，6月全国封锁后，当月销量不足2 000辆。制造行业2—3个月没有现金收入，经销商已经两三个月不卖车了。许综文表示，马来西亚一个月内销大概为5万辆，2021年4—6月已经损失了15万辆的产量。

李春荣认为，马来西亚的汽车厂商受到芯片短缺的影响不大，主要还是受疫情带来停工和供应链恢复需要时间的影响。马来西亚车业协会提供给第一财经记者的一份数据显示，2021年6月份，马来西亚汽车销量仅1 921辆，2020年同期销量为4.5万辆。2021年7月份，马来西亚销量为7 086辆，汽车生产和销售仍处在疫情笼罩之下。

“预计2021年全国上牌量预估也就在48万辆左右，创15年来历史最低，同比2020年本就比较低的基数还会继续下滑9%左右。”李春荣对记者表示。

目前，马来西亚的产能为一年100万辆左右，这包括一些外资品牌的产能。“每年的产能是100万辆，但每年没有生产这么多。”许综文对记者表示，马来西亚一年的新车销量为60万辆左右，二手车销量约为40万辆。

马来西亚20世纪80年代初就开始发展汽车民族工业，是伊斯兰国家第一个拥有民族汽车品牌的国家（宝腾汽车），汽车产业号称是现代制造业皇冠上的明珠，工业链长、制造技术门槛高、产品迭代升级快、新技术应用层出不穷等，这一切都需要依靠强大的市场作为基础，否则很难有竞争优势，也会失去发展机会。马来西亚汽车产业起步早，但在发展过程中错失发展良机，比如：没有建立完整供应链体系、没有形成自主研发能力、没有坚决走出去寻求更大发展空间等。

“马来西亚汽车工业起步很好，但没有转型成功，产业没有升级。汽车产业链较长、投入大且产品迭代快，需要规模优势，而马来西亚市场不大，很难发展价值链。”张强表示。

李春荣表示，如果放在 10 年维度或者更长时间总结马来西亚汽车行业，有三个显著特点：一是汽车销量一直在 60 万左右徘徊，很难有突破；二是受居民收入以及财富分布等因素影响，很难形成消费升级；三是未来很长一段时间内 6 万元以下的汽车产品依旧是主流，占比会一直在 50%左右。

车型驱动市场

从不同品牌市场占有率来看，马利西亚的本土品牌占据了绝大多数市场份额。马来西亚的国产车以 Perodua 和宝腾为主。Perodua 专注于小型车，被日本大发控股，与大发专注的车型一致，年产量约 20 万辆，目前市占率第一。宝腾曾为马来西亚第一大国产车，但宝腾近几年销量下滑被 Perodua 超越，自吉利收购宝腾后，宝腾汽车销量开始上涨。

许综文认为，如果没有疫情因素，预计宝腾 2021 年销量能达 13 万—15 万辆。而随着新产品的推出和原有车型的升级，宝腾销量很可能会回到 20 万辆，宝腾的回归也将对其他品牌带来一定的影响。

记者获得的 2021 年前七月数据显示，马来西亚累计销量达 25.6 万辆。

其中，Perodua 以 9.8 万辆的成绩排在第一，其次是宝腾汽车（5.8 万辆）、丰田（3.5 万辆）和本田（2.6 万辆），其他品牌的销量均不足万辆。也就是说，两大本土品牌占据了 60%的市场份额。

“马来西亚新车销量较为稳定，年销量为 60 万辆左右，其中商用车销量在 6 万—8 万辆左右。宝腾和 Perodua 的销量之和大概为 38 万辆，占据了绝大多数的乘用车市场份额。商用车以丰田的皮卡为主，上汽大通 MAXUS 皮卡通过在马来西亚代工的模式销售，销量也在增加。”许综文对记者表示，除了两大本土品牌外，丰田、本田和日产占据了一定的市场份额，这五大品牌的市场份额达 80%以上，其他品牌的市场占有率很低。奔驰、宝马、马自达每年销量在 1 万辆左右，其他品牌的年销量为一两千辆。

从细分市场来看，6 万元马币以下的市场年销量约为 30 万辆，98%是本土品牌；6 万元马币以上的市场份额也在 30 万辆左右，以日系品牌为主，而宝腾的崛起逐步打破了这个格局。“原来宝腾的老款车打入 6 万元以下的市场，新导入的吉利车型打 6 万元以上的市场。”张强对记者表示，在中国市场，SUV、轿车、MPV 等的发展是根据消费趋势带动的。

在 SUV 领域，日系品牌 CR－V（约 15 万元马币）等车型的竞争力较强，本土品牌同样价格的车型受到的冲击较大，但在 8 万—10 万元马币价格区间的 SUV 市场目前仍处于真空地带。从轿车领域来看，威驰等日系热销车型价格为 8 万多马币。“马来西亚市场较小，竞争不充分，一款新车上市就可能改变细分市场的份额。从近几年来看，SUV 车型比较受欢迎，本土品牌市占率大概在 60%。”李春荣表示。

此外，值得注意的是，九至十年前，现代汽车集团在马来西亚乘用车市场曾红极一时，占据 10%左右的份额。但由于产品尚未跟上市场需求的步伐，同时面临日系品牌的竞争，现代和起亚走上了下坡路。据悉，日系品牌在东盟布局接近 50 年，已经与东盟各国发展深度结合，在产业法规政策、供应链布局、品牌认知认同等方面都有较好的融合。“中国品牌开始登场了，东盟汽车市场的争斗才刚刚开始，汽车竞争格局其实就是国家之间竞争格局的体现。”李春荣说。

东盟之窗

“马来西亚是东盟之窗，考虑到政治、经济以及宗教等因素，中国汽车想要在东盟获得发展，在马来西亚建立生产基地是一个好的选择。”许综文对记者表示，泰国、印尼和越南市场也有重要的战略地位，其中越南是左舵车生产基地的首选。

记者在采访中了解到，在东盟十国中，左舵右舵国家各占五个。泰国的汽车市场最大，其次是印尼，马来西亚排在第三。其中，泰国一年生产汽车 200 万辆，国内销售 100 万辆，出口 100 万辆，形成了以东盟右舵车为核心的制造基地，其在配套、政策等方面都相对完善，丰田、本田都把泰国作为出口中心。此外，不同于马来西亚市场，泰国车市的竞争较为激烈。许综文告诉记者，马来西亚和新加坡的市场较为成熟，其中马来西亚的千人汽车保有量约为 400 辆，而新加坡本身不生产汽车，车辆全部依赖进口。其他八个国家的汽车保有量较低，因此整个东盟市场仍有较大的发展空间。据统计，东南亚人口超过 6 亿，汽车市场容量有望突破 400 万辆，但千人保有量还处于低位。

目前，中国汽车出口在全球有四大市场，分别为欧洲、北美、东盟和新兴市场（巴西、南美、非洲等）。“不考虑当地政策法规的因素，去欧洲还是有点早，新兴市场量又太小，还没发展起来。东盟是最好的选择，市场容量大，且在文化等方面有较好的融合。”张强对记者表示。

在李春荣看来，东盟已经是全球车厂与零部件厂经营重点区域，有望复制中国车市的成长模式。东盟的战略价值就是中国车企“走出去”的试水地，右舵市场的桥头堡。宝腾就在吉利全球化发展中承担着这样的角色。许综文表示，未来马来西亚的汽车出口能否增加，要看吉利会不会把右舵车放在宝腾来生产。宝腾的目标是在马来西亚占据 20 万辆的市场份额，而宝腾原有的生产基地产能可以扩展到 30 万辆，因此有 10 万辆的产能可以用来出口。“以马来西亚为右舵市场中心，逐步拓展海外市场。比如巴基斯坦，我们已经在当地建立 CKD 工厂，成功导入 2 款车型，在文莱的市占率也大幅提升，正在研究进军泰国、印尼市场。”李春荣说，未来 1—2 年会进入泰国市场，鉴于过去宝腾失败的经验，再进去要做非常充分的准备，而不是小规模的投资。

最近几年，中国车企明显加快了在东盟市场扩张的步伐。除了吉利并购宝腾外，长城和上汽也在东南亚市场砸重金投资。长城汽车收购了通用汽车在泰国的工厂，上汽乘用车则在泰国建立了合资工厂，通过名爵覆盖东盟市场，上汽通用五菱则把工厂建在了印尼。按照东盟协议，在东盟任何一个成员国建厂，只要本地化程度达到一定比例，就能出口到东盟任何一个国家，中国汽车品牌正在以重资产形式试图重新敲开东盟市场的大门。

许综文告诉记者，现代汽车也曾想进入泰国市场，但泰国市场被日系和美系车垄断，在汽车供应方面日系和美系车有很大的话语权，这使其他车企较难进入泰国市场，中国品牌想要在泰国发展同样会受到这样的影响。与零部件供应商独立性较强的马来西亚市场不同，泰国的零部件供应商多数都是配套性的品牌。“供应方面一旦受到影响，就不能实现国产化，在价格方面就会失去竞争力。所以上汽等中国品牌在泰国投资建厂，成立了自己的汽车配件供应体系。与欧美系车相比，中国品牌大批量生产的模式将有效降低成本，未来在东盟的影响力将越来越大。”

“中国品牌进军东南亚，必须要经历与日系品牌的正面交锋，短期来看，在品牌影响力、供应链、成本等方面处于弱势，但中长期来讲，这些都会克服的。最大机遇就是中国品牌具备在新能源领域的优势，这是中国品牌争夺东盟市场绝好的利器。”李春荣对记者表示。

芯片和疫情笼罩下，全球市场缺少新车供应，这给中国的新能源汽车和二手车出口提供了机遇。许综文表示，只要疫情一减缓，全球市场的二手车一定会有较大的需求，而且左舵车的市场很大。不过，东南亚电动车的发展仍较为缓慢。一方面油价便宜，电动车在使用环节的成本优势不明显；另一方面，充电桩等基础设施不健全，同时政府在新能源汽车方面尚未给出补贴等支持政策。在新能源汽车方面，泰国发展相对较快，新加坡电动车在公共交通领域推动地相对较快。“我现在的一个工作就是推动马来西亚充电桩的发展，目前有 480 个充电站，以快充为主，最近在跟政府谈判再增加 100 个充电站，希望中国企业来东南亚投资合作。政府对油的补贴很多，只要政府不给油这么多的补贴，将一些优惠给到电动车，东南亚的电动车发展起来也是很快的，马来西亚和联合国工业签署了减碳减排协议。”许综文对记者表示，先扩展马来西亚充电桩，其次是覆盖泰国和印尼市场。

据外媒报道，2019 年 8 月，印尼总统佐科·维多多签署了一项新法令，计划为该国电动汽车产业发展提供政策支持。印尼的目标是成为东南亚地区的电动汽车制造中心，该国计划于 2022 年开始大规模生产电动汽车，到 2025 年使电动汽车产量占全国汽车总产量的 20%。印尼拥有丰富的用于生产电动汽车电池的钴、锰等资源，有利于制造出成本低、竞争力强的电动汽车。

“从东盟电动车政策来看，现在还没有下雨，不代表未来不会下大雨，它是狂风暴雨一起来的。所以中国的电动车未来在东盟市场有很大的机遇，主要聚焦在新加坡、文莱、泰国、马来西亚和印尼。对于东盟市场，希望中国企业生产两种电动车，一种是续航里程大于 500 公里的，另一种是续航里程一两百公里的，但要达到欧盟认证的指标。”许综文对记者表示。

第 3 节

疫情重创下的印度车市

“虽然绝大部分印度人都买不起车，但他们的中产尤其是富裕阶层，对互联网和创新科技的应用，丝毫不弱于中国的消费者。”一位熟悉印度市场的业内人士江山（化名）表示，对于上汽名爵（MG）来说，其希望更加专注于这样的市场，与日韩系等在当地布局多年的品牌拉开差异，目前印度已经成为上汽集团旗下重要的规模级市场之一。

印度曾被看作全球最具消费潜力的市场。但在 2020 年，大批中国公司撤出印度；2021 年，中资企业又在考虑回到印度继续“掘金”。在老牌汽车公司通用、福特等都在印度车市产生了巨额亏损并铩羽而归后，上汽却逆风而行。

2021 年 10 月 21 日 11 时，上汽名爵在印度推出的第 4 款车 MG ASTOR 正式开启预售，20 分钟 5 000 个预售名额便被抢购一空；两小时内，订单已累积到 1.1 万余张。上汽印度公司不得不紧急宣布，因全球芯片短缺，为保证用户购车体验，MG ASTOR 预售活动暂停。

江山谈道，印度汽车市场消费以 10 万元为分界线，有 70%以上的消费集中在 10 万元以下的价格区间，上汽在印度市场采取的正是差异化优势策略。“当地市场的车型，基本上都是小型车，日系带到印度的车型都相对老旧，但上汽基本上是把最新的产品带到当地，所以有差异化的竞争优势。”

除了上汽，长城汽车也计划进军印度。

一个人口超过13亿的大国，为何难以支撑起跨国车企的市场“掘金”梦想？2010年汽车年销量就达到187万辆，为何10年来销量规模仍然止步于300万辆左右？在这样一个短期内空间有限又波动不已的市场，中国车企如何才能掘金成功？

汽车普及率不足3%

“在印度公路上行车，你会经常碰到各种动物。恍惚之间你可能会感觉正行进在20世纪80年代中国的部分城市的道路上。”江山谈道，20世纪80年代至今，中国的高速公路建设取得了举世瞩目的成就，但印度的基建因为资金不足等各方面原因，仍然相对落后。

与全球其他市场不同，印度虽然人口众多，但印度的乘用车市场并不发达。印度的两轮车和三轮车较为盛行。印度汽车制造协会的数据显示，在整个机动车市场中（两轮车、三轮车、乘用车、商用车），两轮车占据了约80%的市场份额，而乘用车占比仅为13%左右。2021财年，印度两轮车销量为1 600万辆左右，较前几年有所下滑，而乘用车销量仅为271.1万辆，商用车为56.9万辆。

从2001年到2010年，印度汽车市场的增长速度超过了12%，但在2011年到2019年，行业增长仅为3%左右。IHS Markit印度汽车市场副总监Puneet Gupta认为这主要是因为政府进行了太多的结构性改革，导致印度经济在短期内失去动力并崩溃，但从长期来看，这些改革将有助于经济的高速增长，进而促使汽车业的增长速度。此外，印度每1 000户家庭的汽车普及率仍然不到27辆。

“对于大部分人来说，汽车的价格太高了，有了积蓄后，人们首先选择去买房。汽车在涨价，汽油的价格也很贵，很多人是买不起汽车的。”一名在汽车行业工作的印度人对记者表示，大部分人买车会选择贷款的方式。

“印度的财富基本上都掌握在几大家族手中，这些人生活的奢靡程度超出我们的想象。”一位10年前在印度工作过的汽车业内人士韩光明告诉记者。但与此同时印度又是一个特别“分裂”的国家，普通人的月薪可能只有1 500—2 000元人民币，还有一些清洁工、环卫员等底层人士，月薪可能只有300元。

所以十多年前，时任上汽通用五菱副总经理的姚佐平在调研印度市场时，对这个市场的白领定义是“精通英语、年收入达到5 000美元以上、出门招手打人力车，能开得起凯越的车主”。而他所说的这个白领阶层，基本已是印度白领阶层中处在最高层级的细分人群，在当时至少有一半多的白领还消费不起凯越这样的车型，因此这部分群体的汽车消费基本集中在微型车市场上。“印度的劳动力成本特别便宜，便宜到什么程度，当时开三厢赛欧车型的人，都要请司机。”韩光明告诉记者。

除了收入水平外，印度的基础设施建设缓慢。据印度本土媒体报道，印度公路基础设施的质量非常差：只有3%的公路是国道，75%的公路仅为双车道。印度道路交通拥挤，且养护资金不足。与此同时，印度40%的路段路面是土路，超过30%的村庄没有可全天候使用的道路。

“道路坑洼且狭窄。”上汽印度公司总经理助理陈舟谈道，所以当地人喜欢小型车，喜欢爆发力和扭矩相对较大的柴油车。

不过，印度车市也在升级，这给中国车企带来机会。“由于印度的路况和基础设施很差，入门级的SUV很受欢迎。但随着排放法规的严格，一些厂商生产的入门级SUV已经过时了。所以我认为宝骏和长城汽车在印度市场的表现会很好。但是最近因为监管问题，长城汽车推迟了进入印度市场的计划。”塔塔汽车全球设计战略主管Ajay Jain（张昂智）对第一财经记者表示，SUV市场仍会保持增长，这类车型的利润率和市场需求更高。另外，部分外资品牌的退出，也给中国品牌带来机遇。

通用汽车在印度市场耕耘26年，累计亏损达到400亿卢比（按照当时汇率约合5.88亿美元），在2017年退出当地市场时，通用汽车在印度乘用车市场的市占率仅为1.2%。

2021年9月，福特汽车首席执行官吉姆·法利宣布，福特汽车在印度的生产制造将立即结束，大约4 000名员工将下岗。他解释说："福特汽车过去10年间在印度的营业亏损累计超过20亿美元，印度市场对福特新车需求同样弱于预期。"

福特汽车印度分公司负责人阿努拉格·梅赫罗特拉说，印度分公司没能找到一条"通往长期盈利的可持续道路"，比如实现汽车制造本土化。此外，菲亚特和标致退出了印度市场，雷诺、斯柯达也在考虑撤出印度。

"印度车市未来的规模和市场渗透，还是取决于中产阶层的扩大和经济的恢复。"陈舟谈道，印度的中产阶层都非常重视教育，民众受教育水平的提升，将有望推动社会的进步，这对于未来的汽车市场消费将是一大潜在的利好。另外，业内对于现任印度总理的改革，也有一定的期待。

印度人口众多（13.6亿人）且人口结构非常年轻，2018年14岁以下人口占总人口的27%，与中国2005年时的结构相当。年轻的人口一方面意味着经济增长的潜力，一方面也意味着巨大的潜在购车人群。2018年印度人均GDP迈入2 000美元门槛；而中国车市正是在2006年人均GDP超过2 000美元之后起飞的。

年销量规模300万辆

庞大的人口基数让全球汽车公司一度十分看好印度汽车市场。和中国一样，跨国汽车巨头认为，印度市场也将是21世纪最具增长潜力的新兴市场。不过，这两大市场最终没能平行发展。中国市场年销量在2018年一度高达2 800万辆，成长为全球最大的新车市场，消费结构不断转型升级，中级车以及豪华车的市场份额逐年攀升，而印度车市虽然在 2010 年就达到 187 万辆，在 2019 年创纪录地达到 381.7 万辆，但 2020 年受疫情冲击后销量骤降 37%。

2021 年，自第二波疫情（德尔塔变异病毒）发生以来，印度车市再次陷入了低迷。

即便是一年中最大的节日排灯节的到来，也未能推动印度汽车销量的大幅增长。在过往，从十胜节到排灯节，经销商往往会积极地建立库存，同时给出较大的优惠力度来冲刺业绩。但在疫情、芯片短缺双重影响下，2022 年印度的汽车厂商似乎度过了一个最坏的排灯节。有印度汽车媒体称，这对印度汽车经销商来说，是近十年来受到的最大打击。

虽然潜在的需求有待释放，个别月份销量快速增长——尤其是从 2021 年 1 月份起，印度乘用车市场连续 3 个月销量超过了 30 万辆——但纵观整个印度车市发展的轨迹，其销量规模尚未有较大的突破。从 2016—2020 年的销量来看，印度乘用车市场的规模徘徊在 300 万辆左右。

“2008 年时，卡洛斯・戈恩预测到 2025 年，印度车市年销量将达到 1 500 万辆。我当时告诉他这是不可能发生的，除非车企在基础设施建设和城市规划方面开始提供帮助。他告诉我这是政府办的事，而不是雷诺-日产的事。”Ajay Jain 对第一财经记者表示，预计印度乘用车市场规模在很长一段时间内不会超过 500 万辆，在印度生产和制造的任何车企都应该把印度作为出口东南亚市场和其他右舵车市场的制造和研发中心。

从汽车市场结构来看，印度以小型车闻名。Puneet Gupta 告诉记者，消费者过去信奉“小即是美”的概念，不过 SUV 和大型轿车的需求正在逐渐增长。“原来市场主要是以掀背车为主，现在有相当大的市场份额转向了 SUV。购买力的提升以及更多 SUV 新品的推出，将推动市场向 SUV 和大型轿车转变。”Puneet Gupta 表示。

Ajay Jain 告诉记者，乘用车的市场规模较小，汽车制造商更少。日系、韩系和本土品牌占据了主流。其中，马鲁蒂铃木一家独大，占据了近50%的市场份额，随后是现代和起亚。印度本土品牌塔塔汽车（Tata Motors）和马恒达汽车仅占据25%—30%的市场份额。日系的本田、丰田和日产以及中国汽车品牌上汽也占据了一定的市场，但规模不大。

“在印度车企中，塔塔汽车正在强势回归，并引领着印度的电动汽车革命。像雷诺这样在印度研究节约型工程艺术的车企，相较其他欧洲同行，处于领先地位。中国车企尚未在印度大举进军。名爵汽车进入印度市场并引进新一代产品和技术后，取得了成功。”Puneet Gupta 表示。

以本土化产品引爆市场

“电气化、智能化这两大标签都是我们率先在印度市场推出的。”上汽印度公司副总经理徐捷告诉记者。“出海”是上汽集团一直以来的梦想，此前上汽集团曾与通用汽车在当地成立合资公司“借船出海”，但因为市场和盈利预期等问题，上汽随后向通用汽车出让了合资公司股权，退出当地市场。

2017年初，在通用宣布退出印度的前夕，上汽宣布投资32.75亿元人民币，收购并改造位于印度古吉拉特邦巴罗达市的通用汽车 Halol 工厂，设立整车制造基地及配套供应商园区，并在印度投放上汽自主品牌产品。

“上汽本来就面向欧洲市场做全球开发，有右舵产品可以导入，加上前几年印度市场经济发展也相对平稳，国家也有‘一带一路’政策，因此在通用有出让印度工厂的意愿时，上汽顺理成章地接手了。”江山告诉记者。

鉴于通用、福特在印度都产生了巨额亏损并铩羽而归，大众在当地市场的经营也并无起色，因此作为一个新的品牌，上汽名爵要在当地进行运营，陈舟谈到，首要的问题就是“首款产品如何选择”。

“2017 年上海车展我们就带了印度当地公司的总经理来看车，然后根据他们的意见进行配置修改。”陈舟告诉记者，受收入水平和税收影响，印度当地的主流汽车消费都集中在 A0 级市场，总车长不超过 4 米，价格基本集中在 5 万—6 万元之间，10 万元以上的价格就算是相对豪华的车型了。

“因为进口关税等问题，上汽瞄准的并不是日系车所在的市场，而是可能仅有 5%—10%人群关注的中高端市场。”陈舟说，这样的市场在当地算是蓝海市场，比如上汽 2019 年 4 月在当地上市的第一款车型——名爵 HECTOR——瞄准的就是中型 SUV 市场，其原型车是上汽通用五菱的宝骏 530，以大空间和良好的成本控制著称，同时上汽在外观和内饰方面，又针对当地消费者做了很多适应性的改变，“比如在外观和内饰上，当地消费者的审美和我们 20 世纪 80—90 年代有一些类似，比如说喜欢一些繁复的装饰等。”上汽名爵在 HECTOR 的中控加入与荣威 RX5 一样的大屏，很快获得当地消费者的热烈反响，陈舟告诉记者，这款车在印度当地一上市就引爆了市场，当月销量便达到 10 302 辆，在细分市场的占比超过 50%。

此后，上汽名爵在当地投放了以名爵 ZS 电动车为原型的电动车以及以上汽大通 D90 为原型车的 MG Glostor，两款车在当地市场的销售价格分别超过 25 万和 50 万元人民币。“在当地算是中高端市场了。”陈舟谈道，25 万元的售价在当地相当于奥迪 A3 的价格。“虽然绝大部分印度人都买不起车，但他们的中产尤其是富裕阶层，对互联网和创新科技的应用，丝毫不弱于中国的消费者，比如说最近 EDG 夺冠，当地很多人都在关注，而年轻的中产一族也会非常依赖 Instagram 等社交媒体。”所以对于上汽名爵来说，其希望更加专注于这样的市场，与日、韩系等在当地布局多年的品牌拉开差异，目前印度已经成为上汽集团旗下重要的规模级市场之一。

2020 年 1 月 17 日，长城汽车与通用汽车签署收购通用汽车印度塔里冈工厂协议。印度哈弗汽车有限公司市场和销售总监哈迪普·布拉尔表示："长城汽车将在2021年为印度消费者带来旗下两个品牌，一个是哈弗品牌，长城汽车将在印度投放的产品线涵盖全系SUV产品。另一个是长城EV。"

根据此前长城印度公司发布的推特，欧拉R1、哈弗H9、哈弗H2等车型将率先被引入印度市场。

电动车是巨大的挑战

在全球大规模的电气化浪潮下，上汽名爵通过ZS电动车试水当地市场，特斯拉也在日前表示有意愿进入印度，电动车会是中国品牌在当地"换道超车"的机会吗？

当前，印度电动车计划主要围绕两轮车和三轮车展开。在汽车领域，Puneet Gupta告诉记者，电动车在整个汽车市场中的占比不足0.1%。

"特斯拉正在进入印度，但我确信他们每年只能销售1 000辆汽车。特斯拉不会在印度建厂，因此成本不会降低，同时它会保持高端市场的定位，而印度对于电动车的需求是小型电动车。"Ajay Jain对记者表示。目前，除了名爵外，中国车企未在印度市场推出电动车。

"空气污染是一个大问题，而且现在汽油的成本很高。虽然政府想要并且需要转向电动车，但这将是一个巨大的挑战。因为印度的能源供给主要是煤炭，不生产清洁电力，同时印度没有能力建设充电网络基础设施。此外，印度也不生产电池和电机，印度汽车内燃机供应商也没有能力转型到电动车零部件的生产。"Ajay Jain对第一财经记者表示，对于消费者来说，他们没有里程焦虑，但他们会有堵车焦虑。"当堵在路上和使用空调时，就会放电，所以电池寿命也是一个大的问题。此外，电动车还面临安全问题。"

"美国公司正在全面转向电动车，印度还需要4—5年的时间才能实现电动汽车革命。此外，印度汽车的平均价格仍在 1 万美元左右，与目前市场上的电动车相比，这一价格要低得多，而行业整体价格的提升和电动车实现平价，还需要几年的时间。”Puneet Gupta 对记者表示。

“印度将继续受到中国车企的关注，而中国车企也将成为印度的潮流引领者，因为他们可以为印度消费者带来先进技术和物有所值的产品，中国车企获得批准并在印度腾飞只是时间问题。”Puneet Gupta 对记者表示。

Ajay Jain 则认为，中国车企进入印度需要慎重。印度市场与中国市场不同，其制造成本高且效率低下，同时官僚作风也让一些许可和审批流程很缓慢。此外，本土供应商几乎没有技术上优势。所以，上汽使用的是通用的工厂，长城汽车也收购了一些遗留工厂。印度由 55 个地区组成，各地区有不同的语言和文化，这意味着市场非常复杂，销售渠道很难建立，投资也很昂贵。

“我觉得会有企业去买福特的工厂。”Ajay Jain 表示，中国车企认为它们可以在印度销售，而印度车企也认为它们可以在中国市场卖车，但这两个市场完全不同。产品组合和市场需求都不相同，印度人希望用较低的价格买一个安全的产品。

第 4 节

2011 年以来全球汽车产业链最严重的断裂如何修补

虽然各家车企极力遮遮掩掩，但芯片在 2021 年毫无疑问已经成为车企们的切肤之痛。

第一财经记者独家获悉，一汽大众 2021 年二季度计划减产 30%，减产数量高达 20 万辆；本田在华合资公司也因芯片短缺，将夏季高温假提前到 6 月初。中国一家头部自主车企的高管告诉记者，该公司新一代发动机的芯片缺口达到 30%；另一家自主车企高管直言“等米下锅，满世界找芯片”。

2020 年年底汽车行业内曾预测汽车芯片紧张情况将从 2021 年二季度起缓解，但根据第一财经记者的调研，2021 年二季度的汽车芯片短缺有增无减。中国汽车行业协会数次预警汽车芯片短缺，但缺口究竟有多大、短缺将维持多久，在当时并没有定论。

罗兰贝格全球高级合伙人方寅亮认为，中国汽车产业芯片缺货率为 15%—20%，远高于欧洲、美国几家咨询公司的预测。基于消费电子挤占、新建芯片产能的周期、结构等因素，2021 年时 IC 咖啡创始人王欣宇、万业企业（600641. SH）副总裁兼董秘周伟芳、信达证券电子行业首席分析师方竞以及华虹半导体（01347. HK）、英飞凌等芯片公司人士普遍认为，汽车芯片的短缺将持续到 2022 年。

而回顾过去 10 年，除了 2011 年日本福岛地震曾导致国内日系汽车公司供应链集体断裂外，本轮汽车芯片短缺影响面之广、影响时间之长在全球汽车行业从未有过。

芯片短缺过程中，代理商坐地起价。许多原本单价几块钱的芯片，价格普遍上涨了10倍到20倍，意法半导体生产的一款冷门芯片价格甚至上涨了70倍。芯片的短缺不仅伤害到汽车厂商和供应商的利益，还给一些小微科技创业公司带来了灭顶之灾。

由于拿不到芯片或无法承受芯片价格暴涨的压力，多地已经有多家小微科技创业公司倒闭。中国本土一家头部汽车影音娱乐系统供应商在2021年三季度时不无担忧地说："如果芯片短缺持续两年，中小科技创业公司会成片地倒闭。大企业大多保守，小企业才会拼了命地去创新，中小企业活不下去，对中国整体的科技创新都是伤害。"

满世界找芯片

新车上市前一周，国内某自主车企总经理专程飞到上海。

"你等我几天，我先去找一下供应商和芯片公司，摸排一下芯片供应的情况。"他对公司营销负责人说。然而情况并不理想，供应商告诉他，只能确保接下来3—4天的芯片供应情况，一周之后还有多少、还有没有，都是未知数。

汽车公司通常以年制定生产计划，每季度、每月滚动更新，确定所需零部件的数量。和供应商签订合同时，单件价格也与采购量挂钩。一辆车上万个零部件，庞大的供应链系统需要缜密而精确的预测、供货、物流等管理，才能确保整个链条顺畅高效地运行。

芯片危机发生后，原本相对稳态的节奏被打破，汽车公司不得不面临着缺芯片导致的停产，为了最大化芯片使用而调整产线、制造设备和人员的调配方式等频繁变动带来的压力。

2020年12月，大众在华合资公司因缺乏ESP（电子车身稳定系统）间歇性停产，首次将汽车行业的芯片短缺危机暴露于水面之上。时至今日，ESP依旧是大众汽车第二大资源瓶颈（详见第一财经独家报道——《芯片短缺影响29款车型，一汽大众二季度计划减产30%》）。2021年4月，蔚来汽车主动披露因芯片短缺停产5天，主要原因是NXP恩智浦的MCU芯片断供。

第一财经记者采访的中国汽车产业主要的汽车厂商中，绝大部分受访汽车公司则明确表示芯片不仅短缺，且在二季度有加剧的趋势。多家车企高管用“等米下锅”“工人在产线上干等配件”来形容短缺程度。本田在华合资公司往年都在8月份放高温假，产线工人放假休息的同时，也对设备进行检修升级。但2021年6月份，本田在华合资公司将提前2个月放高温假，计划在三季度将减产的损失弥补回来。蔚来汽车CEO秦力洪表示：“每天缺的芯片都不一样。”

“在所有生产瓶颈资源中，芯片毫无疑问是最大也是最具不确定性的一个。”一家韩系汽车公司高管向记者说道。

由于高度垂直一体化的供应链模式和供应商风险控制系统，丰田曾被认为是汽车行业最不缺芯片的公司之一，但丰田在华一家子公司管理层人士告诉记者：“覆巢之下无完卵。”该人士补充说，对汽车公司而言最坏的局面就是停产，停产意味着整个产业链条中断，每天都在“失血”，“可见形势有多么严峻”。

所有受访汽车公司中，仅比亚迪明确表示不缺芯片。比亚迪早在20年前就开始从事IGBT（绝缘栅双极型晶体管）的研发，并自行研发和生产部分MCU，相对而言芯片自给率较高。但一家外资汽车供应商向记者表示，比亚迪的采购人员也在委托该公司寻找部分芯片。不过上海比亚迪经销商告诉记者，到2021年5月为止终端供货一切正常，没有出现其他品牌缺货或产品延迟交付的情况。

多家汽车公司、一级供应商向记者表示，主要缺的是 MCU（微控制单元）。一辆汽车要用到几十颗 MCU，涉及控制车子动力系统、娱乐系统、空调系统等。以大众高尔夫为例，传统燃油车通常有 70 个控制器，每个控制器要用到约 20 颗芯片。以此推算，一辆传统燃油车的芯片使用量是 1 400 颗左右。智能化程度更高的纯电动车如特斯拉，如果将传感器算进来，一辆 Model 3 使用的芯片数量达到了近 2 000 颗。根据各家公司反馈的情况，目前短缺的芯片主要是应用于 ESP 和 ECU（电子控制模块），以及仪表盘和中控屏的 MCU。

一家一级汽车供应商告诉记者，2021 年 5 月时，绝大多数 MCU 主控芯片交货周期超过 30 周，功率器件交货周期要达到 40 周，部分 MCU 交货周期超过 50 周，整体而言交货周期和之前相比延长了 4 倍。

"MCU 交付期现在至少 30 周，很多都不保证交付期。由于现在自主品牌供应链备货周期更短，有的只有 1—2 个月，而且很多是向代理商买，可能缺的更多。"方寅亮对记者表示。

2020—2021 年，福特、通用、丰田、Stellantis 等公司在欧洲和美国已经发布多起因缺芯片而停产的消息。2021 年时，欧洲和美国一些咨询公司对全球汽车芯片短缺所引起的汽车减产数量和经济损失做了多轮预测，认为 2021 年全球汽车减产数量将达 450 万辆。

反观国内，2021 年时绝大多数车企对芯片短缺问题都"犹抱琵琶半遮面"。直到 2021 年 5 月，除了蔚来汽车主动披露因芯片短缺停产 5 天外，并没有其他公司主动披露芯片短缺情况。与此同时，中国汽车行业的协会也没有就汽车芯片的缺货率等信息进行披露。

不过方寅亮、王欣宇、周伟芳等咨询公司高管或芯片行业从业者均认为 2021 年中国汽车产业芯片缺口为 15%—20%，按照 2019 年汽车产销量预计，将导致中国汽车减产 385 万—514 万辆。

在终端零售市场，丰田、本田、大众等不同品牌的汽车经销商都不同程度感受到芯片短缺带来的影响。福特一家经销商告诉记者：“只要看一下系统里面哪些车的指标为零或者是个位数，就知道这些车缺芯片了。”由于产量缩减，“缺芯”的产品如大众迈腾、本田雅阁等多款车型终端优惠普遍回调。

为了降低损失，车企普遍在内部调节资源，把芯片优先提供给利润更好的高端车或中大型车。如一汽大众优先保供奥迪，沃尔沃优先保供 XC60 和 S90。但即便如此，汽车公司也要承担因产线、制造设备调整或者混线生产带来的劳动效率下滑带来的损失。

汽车芯片价格上涨 10—20 倍

芯片的最上游是硅材料，在硅材料中提炼出多晶硅，再进一步提炼出用于半导体和光伏的单晶硅。把单晶硅棒切片，就得到晶圆片，对晶圆片进行湿洗、光刻、离子注入、干蚀刻、湿蚀刻、等离子冲洗、电镀等工艺，就能生产出芯片。对芯片进行封装，通过导线使内部芯片与外部电路实现连接，再进行测试，才完成芯片的制造。

芯片短缺过程中，整个产业链的成本都有不同幅度的上涨。2021 年开年后，硅料价格持续猛涨：4 月初，多晶硅的报价为 13. 5 万元/吨；5 月份已上涨至 18 万元/吨。全球最大的工业硅材料生产企业合盛硅业（603260. SH）一名高管告诉记者，芯片短缺发生前硅料价格约为 6 万元/吨—7 万元/吨。

铜箔基板、电子材料、硅晶圆、元器件专用材料等芯片相关产业 2021 年 4 月起均集中发起新一轮提价，普遍上涨幅度 10%—20%。如生产硅晶圆的信越化学的所有硅产品价格上调了 10%—20%，生产通箔基板的南亚电子全线产品上涨了 15%—20%，生产电子材料的长兴材料的面板价格上涨了 10%—20%。

芯片制造环节，2020年以来，晶圆代工价格已调涨30%—40%。2021年4月份起，联华电子、力积电等公司价格提高了10%—30%。7月起，联华电子计划将12英寸晶圆代工报价提高约13%。全球最大的汽车MCU代工厂台积电虽然没有涨价，但已取消连续两年的销售折让，并将2021年二季度剩余产能进行拍卖，中标者付出了15%—20%的溢价。封装厂龙头日月光及其他厂商都已在2021年第一季度对打线封装涨价5%—10%，第二季和第三季还逐季上调10%价格。

欧洲第二大芯片制造商意法半导体宣布将从2021年6月1日起提高其产品线的价格。MCU制造商瑞芯微的调价函中提到，晶圆、基板、封测的成本已经发生了不同程度的大幅上涨，公司在继续自行承担大部分成本上涨的基础上，决定对芯片产品进行不同程度的价格上调。

8英寸代工厂的部分产品已比2020年下半年涨价30%—40%，研究机构Counterpoint 2021年5月时预测，供需失衡的局面的持续将导致芯片报价还将上涨至少10%—20%。

而到汽车供应商手中，多数供应商面临着芯片价格上涨10—20倍的压力。一家创业时间不长的电池热管理供应商告诉记者，该公司采购的芯片单件价格原本是8元，最新的价格是100元，该公司目前已经停止了芯片采购。

2021年5月，一家一级供应商告诉记者，汽车使用量最大的MCU主控芯片单价通常为几块钱，但当时汽车MCU芯片均价在5美元左右，导航主机Soc芯片价格要达到70多美元。该供应商称，意法半导体一个单价不到10元的冷门芯片，价格被炒高了70多倍。

该供应商认为，芯片原厂涨价通常会公示，且涨价幅度有限，到供应商手中芯片价格上涨10倍乃至20倍的主要原因是分销商囤货、炒货，“很多人有货不放，你越吃我越囤，这里面水很深，代理商和原厂都有参与”。

上述一级供应商介绍说，相对于消费电子，汽车芯片的产值占比较低，计划性较强，周期长，芯片原厂倾向于用较短的时间来完成长时间的订单。加上汽车零部件公司不会建长时间的库存，所以市场上出现了中间分销商。

大的汽车一级供应商直接和芯片公司谈业务，交货由分销商来执行，后者帮助它们建库存和维持供应链的弹性，相当于缓冲池。对于小供应商来说，它们的采购体量不足以和芯片原厂直接对话，于是团结在分销商周围，通过代理商拿货。随着时间的推移，一些分销商开始提供技术支持，从单纯的转手贸易变成了提供贸易与技术解决方案、售前售后服务一体化的公司。

最后形成的市场格局是，汽车主机厂通过一级供应商下需求，一级供应商找代理商拿货，代理商和芯片原厂打交道。记者查询到，德州仪器、瑞萨电子等公司都有其全球数个分销商，包括大联大世平、安富利、文晔科技等。

但上述供应商强调说："上游源头数据拿不到，究竟囤货的人囤了多少，募集了多少资金用于囤积芯片，我们不是身在其中，很难搞清楚影响究竟有多大。"

某外资芯片公司相关人士告诉记者，芯片危机发生后，一个显著的变化是汽车厂商触角延伸，主动找到芯片公司谈长期订货协议。公开信息显示，2020 年起，德州仪器转采直营模式，大刀阔斧砍掉代理商。瑞萨电子也对代理商进行调整，终止大联大世平的代理，全球仅保留三家分销商。

值得一提的是，虽然芯片成本不断攀升，但截至 2021 年 5 月汽车厂商中仅特斯拉上调了产品售价。特斯拉在美国 5 次上调产品售价。其中 Model 3 累计涨价 2 500 美元，Model Y 长续航版累计涨价 2 000 美元。在中国市场，特斯拉 3 月以来分别上调了 Model Y 和 Model 3 标准续航升级版价格，分别上调 8 000 元和 1 000 元，官方解释是生产制造成本上涨。

此前特斯拉 CEO 马斯克在财报电话会议上表示，芯片短缺是一个“巨大的问题”。但其他的汽车厂商并没有跟进，更多表现为经销商减少减产车型的优惠幅度。

“虽然芯片价格上涨了很多，但到目前为止多半是供应商承担的。因为供应商和汽车厂签订的合同有其长期性和对赌性，主机厂达不到提货量或者供应商不供货，都要面临天价的罚款。”华阳集团一位内部人士向记者表示。

缓解迹象何时出现?

汽车芯片短缺将持续多久？包括汽车公司、汽车一级供应商、芯片公司以及芯片相关产业链在内的受访对象给出的结论不尽一致，但 2022 年一季度前没有缓解迹象，是所有受访对象的共识。

国内汽车芯片短缺的源头始于新冠肺炎疫情暴发后，对市场需求的低估带来的芯片供需错配，以及芯片产业自身受疫情冲击产能利用率大幅下滑，芯片产业链由于中间环节庞杂和全球化分工的特性，重启时间长达 1 年。

但多名受访对象指出，汽车芯片短缺以及长期紧缺更核心的逻辑在于，万物互联大趋势下消费电子对汽车芯片的产能挤兑，以及汽车芯片主要使用的 8 英寸晶圆产能扩张停滞。

2021 年 5 月，生产离子注入机的万业企业副总裁周伟芳告诉记者，从产业发展的角度来看，半导体产业已进入 5G、新能源汽车、人工智能、云计算、物联网等创新技术驱动的新增长阶段和规模平台。

“万事万物都在做互联网+，智能家居、物联网、智能指纹门、农业无人机，电子监测围栏，所有互联网的基础都是芯片。各行各业的信息化给商业的发展带来无穷无尽的想象空间，它们都是基于芯片的解决方案。国内28条晶圆生产线不能满足芯片每年的消耗量，芯片紧缺会是长期趋势。”周伟芳表示。

华泰证券的研报显示，新冠肺炎疫情发生后，远程办公、教育带动PC的增长，而5G基站、电动车充电桩等新型基础设施建设也进一步推动半导体需求走高。2021年第一季度，国内市场手机出货量同比增长100%；第一季度全球范围内5G手机同比增长13.9%。个人电脑全球发货量第一季度增速为16.7%。由此估计，全球芯片供需缺口可能会达到20%—30%。

在这一轮产能挤兑中，汽车芯片又由于制造门槛高、单价低，又使得其在和消费电子抢芯片的过程中处于不利位置。

汽车芯片又称为车规级芯片，和消费电子芯片相比，车规级芯片通常要求工作温度为-40—155℃，消费电子芯片为0—70℃。汽车设计寿命普遍都在15年或20万公里左右，消费电子产品的寿命要求通常为3年，因此汽车芯片的产品生命周期通常要求在15年以上。此外，车规级芯片在环境湿度、粉尘、抗振动、冲击等方面的要求都远高于消费电子芯片。由于汽车与生命安全密切相关，其对于产品可靠性、一致性和安全性的要求也非常苛刻。按照AEC-Q100标准，车规级芯片的可靠性必须达到PPM（每百万件次品率）小于1。

由于汽车本身空间较大，加上传统汽车公司采用分布式电子电气架构，大量的汽车芯片应用于发电机、车窗控制器、雨刮控制器、车灯等低算力板块，因此汽车芯片并不追求先进的制程工艺，大量应用业内俗称的“单片机”，所以成本也比较低。

麦肯锡的调研显示，传统燃油车平均每辆半导体成本约为350美元，每辆纯电动汽车中的半导体成本约为704美元。按照每辆燃油车搭载1 400颗芯片、每辆纯电动车搭载2 000颗芯片计算，单个燃油车平均芯片成本约为1.6元，纯电动汽车为2.2元。

上汽与博世合资的联合电子公司一位工程师告诉记者，该公司采购的芯片中，“单颗价格超过 100 元就已经是非常贵的了”。而一颗高算力的手机芯片价格甚至超过一台低端手机的售价，目前最先进制程的 5 nm 手机 SoC 芯片单价已经达到 170 美元。

台积电是全球最大的芯片代工厂，其汽车 MCU 产能占到全球 70%，但 2020 年，汽车芯片业务产值仅占台积电 2020 年销售收入的 3%。

方寅亮指出，全球半导体业务规模约有 5 000 亿美元，汽车芯片则有 475 亿美元，中国汽车芯片产业规模不足 150 亿元人民币，占据全球份额的 4. 5%；而中国整车占据全球业务的 30%。相比之下，汽车芯片从规模到技术、从品牌到品类，全面落后于整车业务。

周伟芳认为，由于汽车芯片比起消费电子新品在制造端要求更多，但产值和利润回报有限，所以晶圆厂倾向于扩建或新建代表更先进制程、更高工艺水平和更高利益回报的 12 英寸晶圆产能。IC 咖啡创始人王欣宇也表示：“以前卖给车厂，各种要求，价格和采购量比起来优势也不明显，不如卖给消费电子。”

信达证券电子产业首席分析师方竞在其研报中表示，汽车芯片近 8 成使用 8 英寸晶圆，长期以来 8 英寸晶圆厂扩产动力不足，使得设备供应商不再供应 8 英寸晶圆的制造设备。日本的火灾、地震、欧洲的罢工、美国的暴风雪等意外事件使得海外 IDM 企业生产受到不同程度影响，使本就紧张的产能雪上加霜。

2010—2020 年，8 英寸晶圆厂的产能几乎没有提高。2020 年 12 月，二手设备供应商 Surplus Global 曾表示，行业需要 2 000 至 3 000 多个新的或翻新的 8 英寸设备或核心部件来满足 8 英寸晶圆厂的需求，但可用的不到 500 个。

方竞认为，车载芯片晶圆厂生产平均需 2 到 3 个月以上，封装环节需 1 月左右。而当前整体晶圆代工紧缺，芯片交货期延长至 26 周以上，部分需求较大的组件更是延长达 38 周，因此包括芯片生产在内的整车生产周期至少需半年以上。

为了缓解产能紧缺，中国本土以及外资在华晶圆厂纷纷加大扩建、升级和新建产能力度。但是根据各家披露的信息，包括英飞凌、华虹半导体、中芯国际等在内的芯片公司主要推进的是 12 英寸晶圆扩产。

华虹半导体一位工程师告诉记者，新建晶圆产能主要有盖厂房车间、买设备、调工艺三个阶段，整个周期大约是 18 个月。

“扩产不是现有基础上拷贝，会结合对未来市场的预测和判断，比如第三代炭化硅等，有一个结构性的问题。”上述外资芯片公司相关人士认为，汽车芯片的短缺最终会持续多长时间，“不是完全取决于汽车产业，还要看消费类产品的需求是不是快速达到了饱和，甚至是下滑”。

国产芯片替代的机会?

“缺货是很大一个利好，但我们还没有准备好。”王欣宇说。

中国汽车半导体大体萌芽于 20 世纪 90 年代，汽车公司中最早布局的是比亚迪，在本次“缺芯”事件中体现出了其优势。比亚迪 IGBT 自主研发已经到了第五代，2021 年，以 IGBT 为主的车规级功率器件累计装车超过 100 万辆。在 MCU 方面比亚迪和华为合作，在中美“贸易战”背景下通过采购华为的麒麟 710A 芯片取代高通的骁龙 820A，该芯片由中芯国际代工，有效缓解了“卡脖子”风险。另外国内至少有数个汽车品牌已经在用华为的中控系统。

无论汽车公司还是一级汽车供应商都在积极搭建战略合作或自建能力。2018 年，上汽集团同英飞凌成立了车用 IGBT 合资公司——上汽英飞凌汽车功率半导体（上海）有限公司。2020 年 5 月，北汽集团同 Imagination 集团和翠微股份联手进行自动驾驶芯片和语言交互芯片的研发，并成立了合资公司北京核芯达科技有限公司。2020 年 10 月吉利汽车也与安谋科技共同出资成立了芯擎科技，未来将围绕自动驾驶、微控制器、智能座舱等芯片领域制定长远的研发及量产计划。在新造车势力中，理想和蔚来均已搭建自动驾驶团队，并开始了自动驾驶芯片自研进程。

但总体来看，中国大陆晶圆代工自给率较低，2020 年中芯国际和华虹半导体（01347. HK）共计占到全球 6. 5%的市场份额。而汽车芯片领域，具备车规级 MCU 产品或规划的国内公司主要有比亚迪半导体、兆易创新（603986. SH）、中颖电子（300327. SZ）、四维图新（002405. SZ）等。

王欣宇介绍说，车规级 IGBT 芯片在全球范围内一直都被英飞凌、三菱、富士电机、安森等少数 IGBT 芯片巨头垄断，我国车规级 IGBT 芯片进口比例超过 90%，国产 IGBT 芯片自给率不足 10%。车规级 MCU 也主要由欧美日厂商占据，国产渗透率极低；SOC 高端芯片更是主要受控于欧美芯片公司。

认证壁垒是国内芯片公司进入汽车芯片市场的障碍之一。华虹半导体工程师介绍，国内芯片公司进入汽车市场需要获得 AEC - Q100 等车规级认证，该认证由欧美相关机构掌控，认证时间长度为 12—18 个月，费用约为 5 000 万元。

如前所述，汽车芯片虽然看起来采用了较为落后的制程，单品价格低，但在工作环境、可靠性、安全性方面存在较高的技术壁垒。其 PPM 要求为零，即每 100 万个交付良品率小于 1，消费电子类别 PPM 则要求小于 200。

而即便通过了认证门槛，还需要与汽车厂商或一级供应商进行时间长度为 2—3 年的车型导入测试验证。测试验证完成后，汽车厂商往往也不会立即切换，而是要求供应商以第二供应商或者第三供应商的身份“陪跑”，逐步提高装机量。

“因为汽车跟安全相关，会产生转嫁责任的问题。如果产品出了问题需要召回或者索赔，英飞凌无疑让人更放心些。”王欣宇说。

国内一家动力电池热管理供应商告诉记者，国内一些造车新势力公司的配套体系相对门槛更低，但它们也不太敢用国内新创业公司的产品，同样是出于风险防范的考虑。而这导致了一个结果——国内芯片公司想要给汽车厂商配套，首先要花几年时间和几千万元的费用做认证和验证，做完之后不一定拿得到订单。

“从表面上看‘缺芯’是主机厂对芯片备货不足、其他消费电子行业挤压产能、全球芯片‘炒货’现象和芯片供给端停产、灾害影响造成的供给短期问题造成的，但也暴露出了中国本地芯片产业链的薄弱和主机厂在极端供应链压力测试下的反应。”方寅亮说。

2013 年起，中国开始大力发展半导体产业。有观点认为，中国半导体产业已培养了大量人才，拥有较大产业规模和巨大市场容量，也不缺乏资金，已具备了承接全球产业转移的条件，将迎来产业大发展的战略机遇期。

周伟芳认为，半导体风口虽然来了，“但是大部分是做产品定义，实用型或者场景化的芯片设计公司，真正啃硬骨头的，比如芯片制造工厂、芯片设备、芯片材料，这个方面尤其往上游芯片的基础研究方面，其实并没有非常多的产业投资人”。

王欣宇也认为，包括比亚迪、华为在内的公司虽然取得了很多成就，但跟国际相比还有很大差距。在封测等领域我国局部可以领先或持平于国际水平，但整体设计、制造等很多方面跟海外头部还有相当差距。

“中国本土汽车芯片制造几年前近乎一片荒漠，最多在沙漠边上种了点防护林。随着第三代半导体的发展，部分功率器件和非核心控制部件会有一定的国产化，但短期还撑不起本土汽车业。”王欣宇说，中国芯片产业链从晶圆材料到制造设备等全体系的能力还有很大的提升空间，成为供应链的主力还很遥远，不是短期能弥补的。

记者了解到，由于芯片成本上涨或买不到芯片，一些深圳、东莞的小微科技创新企业有数家近期破产或者宣布停止营业。一家从事汽车蓝牙智能互联系统开发的科技公司破产时，接近该公司创始人的一位人士告诉记者，直接原因就是芯片严重缺货和成本上涨，客户没有利润不再下单，公司资金链断裂。

“创业公司是靠二级至四级供应商发展起来的，东西刚做出来，大公司不敢用，先跟中小型公司合作起来，获得一定的实际业绩后，再跟大厂去交流，这是正常的商业扩张路径。中小企业活不下去，中国芯片突围之路在哪里？”

第 5 节
中国车企抢滩欧洲

技术革命带来的红利

2022 年 10 月初的德国斯图加特，一辆蔚来 ET7 停在了奔驰研发中心的停车场里。此时距离蔚来正式宣布在德国提供服务还有几天时间。长期旅德的张文向记者表示："从停车场的照片来看，这肯定不是一辆蔚来官方送到德国的车，红色的车牌代表了试驾车，再加上它出现的位置，大概率是一辆奔驰在中国买入，运送到德国用于测试的产品。"

这并不是德国豪华汽车巨头第一次测试中国的新能源汽车产品。2021 年 11 月下旬，德国慕尼黑宝马研发中心附近，一辆小鹏 P7 和带有伪装的宝马 i7 测试车同框出现。更早之前，大众集团前任 CEO 迪斯 · 赫伯特被人拍到在中国试驾比亚迪的 SUV 唐。

中国品牌的汽车产品成为欧洲头部车企研发过程中的对标对象，在过去二十年中几乎是不可想象的。欧洲是汽车诞生之地，也被认为是全球最为封闭和固化的市场。中国车企曾多次尝试进军欧洲，但大多折戟沉沙。但是在欧洲减碳与中国汽车电动化转型的历史交汇下，中国车企迎来历史性机遇。

2022 年 10 月上旬，比亚迪和蔚来汽车相继发布欧洲战略，东风岚图 500 辆新能源车发往挪威。据中汽协统计，目前已有近 10 家中国车企向欧洲出口新能源车，中国电动汽车已经占到欧洲电动汽车总销量的 10%。德国《经济周刊》撰文称，如果进展顺利，中国品牌将在几年内占领欧洲约8%的市场份额，抢走约300亿欧元的蛋糕。

“过去相当长一段时间里，我们从欧洲买品牌、买技术回来，把买回来的东西做成商品再出口。到今天，电动汽车的发展让我们迎来了从商品出口到技术输出的升级转型的关键窗口。”一家自主车企海外业务高管王峻（化名）向记者表示。

但他同时强调，不能因为数字的高涨而过于乐观。虽然总体上中国品牌在欧洲新能源车市场占有一席之地，但除了上汽、领克、比亚迪和红旗之外，其他品牌的销量有限，还谈不上大获成功，“我们距离理解这个市场还早着，路上还有很多‘坑’，一定要冷静”。

抢滩欧洲

中国车企进军欧洲，最早可以追溯到2005年，但早期10年的经历极其惨痛。

2005年，陆风便开始出口欧洲，推出以1.5万欧元价格起售的陆风越野车型，意图以低价打开欧洲市场。然而ENCAP（欧洲新车评价项目）的标准碰撞测试中，陆风0星的成绩被ADAC（全德汽车俱乐部）称为“过去20年的撞击测试历史中最糟糕的成绩”。

紧随其后试图进军欧洲的华晨汽车也只收获了一颗星。受制于技术、质量等多重因素，意图以性价比打开欧洲市场的中国车企们并未获得想象中的成功，还给欧洲用户留下了“低价、低质”的印象。

国内一家自主车企欧洲公司负责人张航告诉记者：“几年前，我们在和当地经销商洽谈时，他们对于引进中国产品的兴趣并大，还有人说，你们的陆风在欧洲做碰撞，把ADAC碰撞测试的假人都撞坏了，一个可要好几百万元。”

2012 年，英国知名汽车类节目《TOP GEAR（巅峰拍档）》曾推出中国汽车特辑，彼时三位主持人将中国汽车和“山寨、低质”画上等号。张文告诉记者，2013 年，教授他车辆工程的德国老师曾拿出一台中国品牌手机，竖起了一个大拇指，但随后又说道，中国的汽车不行，还是得买德国的。

2013 年，观致再次代表中国车企进军欧洲，并获得 ENCAP5 星碰撞测试成绩，彼时欧洲媒体对这个来自中国的汽车品牌一片叫好。但 2014 年观致在欧洲的销量仅为 51 辆，全年亏损 3 亿欧元，2015 年宣布退出欧洲市场。

2016 年，记者在法兰克福车展与多位欧洲记者交谈时，他们能够说出的中国汽车品牌只有收购了沃尔沃的吉利，和大众汽车有着合作的一汽、上汽，其他中国车企和品牌在欧洲几近透明。

“在燃油车时代，中国车企进入欧盟可以说是毫无胜算，我们在技术、成本、排放等方面跟欧洲百年车企相比都没有优势。我们进入欧盟唯一的选择是新能源车。”华东一家自主车企海外公司管理层人士周鹏（化名）说道。

2014 年、2019 年，上汽大通和名爵先后进入欧洲是两个节点性事件，两家公司的发展也正好浓缩了中国汽车在欧洲最近 7 年的变化——以燃油车为主的尝试，转型为以电动车为切入口，再到电动车大军形成全面进入态势。

2020 年下半年以来，蔚来、小鹏、比亚迪、红旗、领克、岚图等中国车企纷纷进军欧洲市场，它们推出的产品毫无例外是新能源车。

乘联会数据显示，2018 年，中国车企出口至欧洲的汽车数量为 4.9 万辆，2019 年为 5.8 万辆，2020 年为 8.8 万辆，2021 年在中欧两地新能源汽车市场均飞速扩大的大环境下，中国车企出口至欧洲的销量大幅增长至 18.9 万辆。2022 年前 8 个月，中国车企已向欧洲出口产品 19.3 万辆，超过 2021 年全年。

德国墨卡托中国研究所的报告称，2021 年中国电动车在欧洲的市场份额仅次于德国品牌。EU - wvs 统计的数据显示，2022 年前 9 个月，在包括英国、德国、法国、瑞典等在内的欧洲十四国电动汽车销量中，名爵品牌市占率已达到 2.7%，超过福特、日产、丰田等全球车企巨头。上汽大通 MIFA 5 在挪威细分市场的市占率更是长期稳居第一。

德国联邦汽车运输局发布的 2022 年 9 月纯电汽车销量数据中，MG5 排名第 12 位，超过斯柯达 ENYAQ 和奥迪 Q4 E - iron。在英国 9 月纯电产品销量中，名爵品牌更是进入前三，仅次于特斯拉和宝马。

在挪威市场，比亚迪唐 2022 年前 9 个月销量达到 1 440 辆，在纯电车型中排名第 18 位，红旗 EHS9 则以 1 274 辆的成绩排名第 21，两款车型在挪威的定价均在 6 万欧元左右。

2022 年“十一”前后，比亚迪和蔚来汽车相继发布欧洲战略。比亚迪计划在年底进入十多个欧洲国家，蔚来汽车将在欧盟 4 个国家率先展开业务，并计划到 2025 年在欧洲建立数百座换电站。

在此之前，上汽集团已经在欧洲耕耘多年，长城汽车在德国慕尼黑建立总部，并考虑在欧洲建厂。小鹏、岚图等众多造车新势力也纷纷借道挪威，进入欧洲。

“欧洲坚定的减碳方针与当地政府对电动车的补贴，带来了蓬勃的电动车需求。但是日、韩、欧、美车企在电动车方面的投入远不如中国，导致欧洲电动车市场增量的一大块，几乎被中国厂商抢占。”王峻向记者表示。

张文告诉记者，在荷兰的道路上，已经能够不时看到名爵、爱驰和领克的产品，这在之前几乎不可想象，他相信未来会有更多中国品牌汽车出现在欧洲的道路上。

历史机遇的交汇

2019 年 9 月的法兰克福中央火车站，一辆从西安出发，历时 53 天、行驶里程超过 1.5 万公里的爱驰 U5 摆放在站厅的进口处。尽管没有出现在同期举办的法兰克福车展上，这辆爱驰 U5 依旧吸引了站内不少行人的驻足观看。

“爱驰和上汽，是国内最早开始在欧洲布局新能源电动车的两家企业，其中爱驰在欧洲的销量成绩可能远比国内好。”周鹏说。

不过以交付时间来看，最早进入欧洲的中国电动车公司是上汽。2019 年 12 月，名爵 EZS 在荷兰销售了 967 辆，开启了上汽名爵电动车进军欧洲的第一步。

彼时在碳中和的目标下，欧洲各国开始大力推进新能源汽车。比如，德国规定购买纯电动车的车主将得到 4 000 欧元补贴，购买插电式混合动力车的车主将得到 3 000 欧元的补贴。法国、英国、西班牙、丹麦、瑞典、比利时等国也制定了不同的补贴标准，还包括诸如免费充电、停车，免除购置税、过路费等其他促销措施。

激励政策让欧洲新能源汽车市场迅速扩大，在经历 2016—2018 年的破冰期后，2019 年，欧洲新能源汽车市场的拐点出现。2018 年，欧洲每个季度新能源车销量不到 10 万辆，2019 年增长到了每季度超过 13 万辆，在 2019 第四季度更是达到了接近 16.4 万辆，全年销量达到了 56.4 万辆。2020 年这一数据达到 136.59 万辆。到 2021 年则进一步攀升至 226.34 万辆。

而就在欧洲新能源汽车拐点的 2019 年年底，新冠疫情暴发，随后是影响全球的芯片短缺危机，全球各地的汽车供应链陷入此起彼伏的断裂，大量汽车工厂出现产能空置。根据 AutoForecast Solutions 数据，由于芯片短缺，2021 年全球汽车市场累计减产量约为 1 020 万辆。其中北美洲减产 317.8 万辆，欧洲减产 295.4 万辆，亚洲减产超 360 万辆。

进入 2022 年，欧洲、北美和日本等主要汽车生产国的汽车产能并没有缓解。丰田汽车自 2022 年 4 月以来工厂持续减产，后宣布 10 月份计划减产 15 万辆。

标准普尔全球移动（S&P Global Mobility）发布的一份报告称，在最坏的情况下，欧洲能源危机可能会导致其汽车产量减少近 40%，即每季度产量可能削减 100 万辆左右。欧洲汽车行业的供应链已经受到新冠疫情和俄乌冲突的影响，而冬天还可能面临能源成本飙升，甚至停电的巨大压力。

而另一方面，中国由于主管部门的推动，即便是在疫情最严峻的 2022 年 3 月到 5 月，通过各式各样的举措确保了主机厂、各级供应商和物流公司的生产运输，保证业务链路的通顺，保住了大部分的产能。

在海洋船运方面，由于日韩车厂在疫情时期的产能不足，无法完全满足日韩货运公司发往欧洲的需求，加上中国强劲的出口运力需求，中国车企用扫货的方式大量整包日韩货轮，使得中国汽车产业既有供应能力，又有运输能力。

王峻表示，欧洲坚定的减碳方针与电动车的补贴，带来了蓬勃的电动车需求。供应、运力和技术路线的电动化，这三个关键领域中国都占据了优势，这是最近 3 年中国汽车出口得到前所未有的发展，以及中国车企全面进入欧洲最核心的原因。

站在更宏观的角度来观察，中国电动车产业从 2010 年前后开始兴起，早期靠补贴政策推动了销量的增长。经过多年发展，中国的电动车已经度过了补贴退坡的阵痛期，电动车进入了市场化阶段。也正因此，中国电动汽车上游原材料、中游三电系统和下游整车企业整体实力不断增强，新能源汽车“三电”底层技术已实现自主可控。在产业链方面，中国的宁德时代和比亚迪均走在了世界前列。宁德时代近年来的装机量稳居全球第一。

对比欧洲市场，从欧洲等车企巨头战略来看，虽然推出了电动车产品，但仍有不少产品为“油改电”，产品迭代速度远低于中国新能源车。日本和韩国车企转型相对较慢，其推出的电动车产品较少。一直以来，日本车企在油电混合动力汽车的市场占据主导地位，但在纯电动车市场还未激起声浪。据 IHSMarkit 数据，2022 年上半年，日本的新能源汽车市场份额在日本整个汽车市场中的占比近 30%，但纯电动车的市场份额还不到 1%。

“汽车产业到今天已经不只是卖整车了，卖的是全业务链的竞争力，包括上下游的质量安全和合规性审查，以及上下游的完整成本控制。这是全产业链竞争的时代，不再是早先只卖整车的时代了。”王峻表示。

王峻把中国汽车的出口大致分为三个阶段，2000—2010 年为第一个阶段，中国汽车出口以北非、中东、俄罗斯为主。2010—2015 年为第二阶段，中国车企渐渐进入拉美、东盟，并且开始在海外建厂，其中以上汽在澳洲、泰国，奇瑞、长城在拉美地区建厂为代表。2015—2019 年为第三个阶段，中国车企开始进入欧洲、澳大利亚、新西兰等发达市场。2019 年之后为第四个阶段，这个阶段的典型特点是中国新能源车出海。

欧洲碳中和目标与大量的电动车补贴、新冠疫情和全球芯片短缺导致的欧、美、日汽车减产，中国强有力的汽车产能复苏，加上中国电动车长达 20 年的技术转型，几个历史性的机遇交汇，造就了中国走到商品出口转型技术输出的关键转型期。

另一家自主车企海外业务高管高岭（化名）指出，随着汽车制造的自动化，中国汽车质量跟以往不可同日而语，产品市场口碑大幅改善，产品性价比也很高，这让中国车企走出国内具备了基础的能力。同时，中国有大量的汽车产能，倒逼中国必须要走大规模出口的道路，不光欧洲，北美也是中国车企瞄准的目标。他预计在 2023 年，借道墨西哥进入北美的中国车企将显著增加。

仍需冷静

尽管蔚来发布了雄心勃勃的欧洲战略，但从其挪威公司第一份年度报告来看，未来还存在诸多挑战。据挪威媒体报道，2021 年蔚来挪威公司营业额为 1.042 亿挪威克朗，税前亏损为 1.377 亿挪威克朗，因此 2021 年的运营成本超过 2.4 亿挪威克朗。而这几乎是所有计划深耕欧洲的中国公司共同面对的难题——盈利性。

一家自主车企高管向记者表示，如果完整在当地建设品牌、渠道和服务能力，年销 10 万辆是一个盈利门槛，而当前中国能实现这个目标的企业并不多。

除此之外，多数中国车企仍主要在以挪威为主的北欧四国开展业务。挪威属于欧洲但不属于欧盟，一方面，挪威属于特别激进的市场，制定了高额的政策补贴和汽车电动化率目标。另一方面，中国电动汽车进入挪威不需要通过欧盟认证，相当于没有门槛。因此，进入挪威并不等同于给中国不能达到欧盟标准的车企开了一扇大门。

还有一些中国车企的产品先从中东进行中转，然后再出口到欧洲市场。“在中国生产的电动车先在中国市场上牌，上牌后新车成为二手车，以二手车的身份出口到中东，然后再到欧洲市场。这样做的目的是规避认证等方面的费用，实现利润最大化，同时效率较高。”一家自主车企海外业务管理层人士刘亮（化名）对记者表示，出口认证、汇率和海运是汽车出口到欧洲市场的三大挑战。

造车新势力公司如蔚来、小鹏进入欧洲时，部分复制了其国内的成功经验，但新零售与服务的商业模式，在欧洲也许会水土不服。

张航认为，蔚来在中国的成功在于其创新的车主生态圈打造，以保姆式服务为突出卖点。同时中国人普遍把车当作核心的家庭资产，除了交通工具属性之外，还有强大的社交属性和生活属性。比如一些人喜欢跟开比较贵的车的人做朋友，一些人把豪车与社会地位相关联。但是基于车辆的社交属性和生活属性，在欧洲几乎不存在。

一些观点认为，在欧洲建厂是深耕当地的必要投入。但高岭指出，海外建厂涉及几个核心内容，最重要的是产业链，其次是综合成本，最后是进入门槛的规避方法。

高岭表示，欧洲燃油车的产业链非常发达，但是电动车的产业链不如中国。产业链聚集必然带来综合成本下降，欧洲没有这样的产业链基础，综合制造成本就不会低。而在进入门槛方面，欧洲对于来自中国的产品是低关税。

“从以上三个方面来说，我完全看不到欧洲建厂的必要性。”高岭说，但如果考虑到中国本土芯片短缺可能加剧，到欧洲建厂有可能保住当地的市场份额。但建厂要充分考虑当地的法规等多种要素，充分考虑投资风险。

王峻指出，计划在欧洲建厂的中国车企还应该对 Avanci 有所了解。所有车联网都是基于车机的数据通信底层功能，数据通信的知识产权大部分掌握在通信企业手上。2016 年成立的专利许可运营平台 Avanci 在汽车领域已经拥有了 49 家专利许可人。过去几年里面，戴姆勒、苹果都和 Avanci 打过官司，并且都赔付了几十亿美元。

“如果贸然去欧洲投资的话，一定逃不掉被清算的风险。”王峻表示，提前和相关的机构进行谈判，以双方都能接受的方式、在充分合规的前提下解决专利许可的问题，是到欧洲建厂的前提条件之一。

针对 2023—2024 年欧洲汽车市场的前景，所有受访对象都表达了谨慎态度。王峻、高岭等人表示，未来一个时期，欧洲的天然气、石油大概率会结束本区域内的自给自足，大量依赖美国进口，这可能导致欧洲原有的政策发生翻天覆地的变化，包括很快终止或者降低电动车补贴，原本被抛弃的 PHEV 技术路线起死回生，欧盟大面积出现滞涨乃至衰退等。这些都可能给中国车企带来新的挑战。

“对于计划进入欧洲的中国车企我有三点建议，第一是可持续的产品供应，满足前期市场投入的回收；第二是对合规足够地重视，保证你在市场上安全地‘玩’。第三是坚决不能闭门造车，要选择当地认可的产品定义，切忌‘我以为欧洲要什么’的思维方式。”王峻说。

高岭则认为，中国汽车公司热衷于进军欧洲，是因为欧洲代表着全球最高的标准，认为征服欧洲就可以征服全世界，但是快速发展中的国家才是更好的选择。中国车企可以借鉴日本汽车公司全球化的路径，找到适合自身的差异化道路。

“我们在海外应该做更深层次的技术输出与合作，以更高的站位，从利他之心出发，帮助发展中国家的汽车产业发展。用自己的技术去发展他国的本土品牌，这种‘隐形’的公司能够相对获得更大的欢迎度。”高岭说。